Steffen Reiche

Tief träumen
und hellwach sein

Politiker und Pfarrer mit Leidenschaft

Ein autobiografischer Essay

Bibliografische Information der Deutschen Nationalbibliothek

Die Deutsche Nationalbibliothek verzeichnet
diese Publikation in der Deutschen Nationalbibliografie;
detaillierte bibliografische Daten sind im Internet
unter *http://dnb.dnb.de* abrufbar.

ISBN 978-3-8012-0461-7

© 2020 by
Verlag J. H. W. Dietz Nachf. GmbH
Dreizehnmorgenweg 24, 53175 Bonn

Umschlaggestaltung: Ralf Schnarrenberger, Hamburg
Umschlagbild: © Jens Jeske / www.jens-jeske.de

Satz:
Kempken DTP-Service | Satztechnik• Druckvorstufe • Mediengestaltung, Marburg

Druck und Verarbeitung: Bookpress, Olsztyn

Alle Rechte vorbehalten
Printed in Poland 2020

Besuchen Sie uns im Internet: *www.dietz-verlag.de*

Inhaltsverzeichnis

Kapitel 1
Herkunft und Lebensgefühl an der deutsch-deutschen Grenze 7

Kapitel 2
Junger Pionier und Konfirmand, Studium am Sprachenkonvikt
und Tischlerlehre 17

Kapitel 3
Geburtstagsreisen in den Westen und die Idee, in der DDR
eine SPD zu gründen 40

Kapitel 4
Gründung der SDP am 7. Oktober 1989 in Schwante 61

Kapitel 5
Die Reise nach Bonn und die Präferenz der Kontakte
der SPD zur SDP 73

Kapitel 6
Die Mauer wird durchlaufen, die SPD gründet sich überall vor Ort,
verliert aber die Volkskammerwahlen 93

Kapitel 7
Erster Landesvorsitzender der SPD Brandenburg, Manfred Stolpe
wird Ministerpräsident 124

Kapitel 8
Der Aufbruch in das neue Land und der Brandenburger Weg 153

Kapitel 9
Minister für Kultur und Wissenschaft und die
gescheiterte Länderfusion 178

Kapitel 10
Die umkämpfte Bildung und der jähe Amtsverlust 212

Kapitel 11
Abgeordneter im Deutschen Bundestag 238

Kapitel 12
Vom Politiker zurück zum Pfarrer 246

Bildrechte 263

KAPITEL 1

HERKUNFT UND LEBENSGEFÜHL AN DER DEUTSCH-DEUTSCHEN GRENZE

D as Grenzgebiet hat mich und mein Denken seit Kindertagen geprägt. Von der Rosenstraße in Babelsberg, einem Stadtteil von Potsdam, wo ich aufgewachsen bin, war es nicht weit bis zum Eisernen Vorhang, der Grenze zu West-Berlin. Das blieb auch so, als meine Eltern in einem Ringtausch eine größere Wohnung bekamen, und wir in der alten Filmstadt von Babelsberg, in der Lessingstraße wohnten. Abends, wenn ich im Bett lag und der Wind aus Osten kam, konnte ich die Ansagen auf dem Bahnhof Griebnitzsee hören. Von dort fuhren die Züge Richtung BRD, Richtung Westen ab. BRD sagten wir so, wie wir DDR sagten. Beides mit einer gewissen Distanz. Bundesrepublik klang zu vertraut. So vertraut waren wir nicht mit dem Land, das wir nicht besuchen konnten, das Land, in dem der Klassenfeind lebte, aber auch meine Großeltern.

Manche Freunde von mir wohnten direkt an der Grenze. Das Gebiet war zwar für uns gesperrt, aber Kinder durften ihre Klassenkameraden manchmal mit zu sich nach Hause nehmen. Auch meine Schule lag in Grenznähe. Die Polytechnische Oberschule Hans Marchwitza, die ich bis zur zehnten Klasse besuchte, lag im Babelsberger Park mit seinem preußischen Schloss, in dem sich meine Eltern kennenlernten, als dort die Filmhochschule noch untergebracht war. Jeden Tag fuhr ich mit dem Obus, dem Oberleitungsbus wie man sie aus der Sowjetunion kannte, zu meiner »POS« im Babelsberger Park. Die »Hochschule für Staat und Recht« umgab uns dort, die auf die Gebäude verteilt war, die an den Rand des Parks, der von Pückler gestaltet worden war, einfach hineingebaut wurden. Wenn wir im Winter Sportunterricht hatten, gingen wir zu Fuß über die kleine Havel-Brücke, die als Ersatzbrücke für die alte, im Krieg zerstörte Enver-Pascha-Brücke gebaut worden war, nach Klein-Glienicke. Unsere Sporthalle war im dortigen alten Bürgersaal untergebracht. Die berühmte Glienicker Brücke, auf der 1962 der sowjetische Agent Rudolf Iwanowitsch Abel in einer Nacht-und-Nebel-Aktion gegen den amerikanischen Piloten Francis Gary Powers ausgetauscht worden war, nachdem Chruschtschows Generäle ein geheimes US-Aufklärungsflugzeug vom Typ U-2 über der UdSSR abgeschossen hatten, lag nur einige Steinwürfe entfernt. Unten am Tiefen See, ganz in der Nähe der Grenze, gingen wir im Sommer oft baden, weil man da, anders als in der Badeanstalt vom Babelsberger Park, ungestört war.

Manches in der Babelsberger Rosenstraße ist heute noch so wie früher. Die lang gestreckten Häuser der ehemaligen Arbeiter- und Wohnungsbaugenossenschaft »AWG Karl Marx«, vierstöckige Ziegelbauten aus den 1950er-Jahren, und der große Sportplatz an der Sandscholle existieren noch. Die DEFA, bei der mein Vater als Leiter der Abteilung für Beleuchtungstechnik und meine Mutter im Zentrum der Kameramänner arbeiteten, war praktisch um die Ecke. Hier lebten meine Eltern, mein jüngerer Bruder Matthias und ich, eher kleinbürgerlich, in einer Zweieinhalb-Zimmer-Wohnung, wie sie vom Arbeiter-und-Bauern-Staat für kleine Familien errichtet worden war. Als 1970 mein jüngster Bruder Daniel zur Welt kam, zogen wir um in ein Dreifamilienhaus in der Lessingstraße mitten in der Filmstadt. In der Nähe hatten einst Erich Kästner, Marika Rökk und viele andere UFA-Filmgrößen gewohnt. Unter uns wohnte ein Major der Volksarmee, über uns ein Wissenschaftler.

Es hatte etwas Besonderes, in der Filmstadt zu arbeiten. Das färbte auf uns Kinder ab, denn wir besuchten die Eltern regelmäßig in den Ferien, sahen die großen Hallen und wie dort in sich ständig wandelnden Requisiten Filme gedreht wurden. Die Zeiten der Rökk waren zwar lange vorbei, aber es lag noch immer eine gewisse Exklusivität in der Luft. Hier herrschte ein anderes Klima als sonst in sozialistischen Betrieben, wo die Partei den Ton vorgab und man sich in ein strenges Kollektiv einfügen musste. Hier aber gab es bei manchen Sachen ein Augenzwinkern, wurde manches freier gesehen, obwohl man sich natürlich auch hier an die große Linie halten musste. Mein Vater und meine Mutter waren trotz ihrer Berufe keine kunstfanatischen Cineasten, sondern eher technisch orientierte, nüchterne Menschen, Ingenieure, wie die meisten ihrer Freunde und Bekannten auch. Die intellektuellen Freiheiten, die die ostdeutsche Traumfabrik meinen Eltern hätte bieten können, darf man natürlich nicht überschätzen, denn der politische und ökonomische Rahmen, in dem wir lebten, war auch in der Filmstadt klar abgesteckt und relativ eng.

Aber mir gaben dieser Fantasieraum und die Grenznähe eine Inspiration der Freiheit. Durch meine Klassenkameraden bin ich mit Geschichten von Menschen aufgewachsen, die über Tunnel in den Westen gelangten. Ich träumte als Kind manchmal davon.

Im Winter, nachmittags nach dem Hort, der an der Karl-Marx-Straße lag, die am »geteilten« Griebnitzsee entlang ging, denn die andere Seite war schon West-Berlin, ärgerten wir die Grenzsoldaten. Da gab es wie überall an der Grenze nicht nur eine Selbstschussanlage, sondern auch eine Warnanlage mit Drähten. Diese Drähte lösten bei Berührung Alarm aus, und eine Rakete flog in den Himmel. Umso eine Rakete starten zu sehen, warfen wir Schneebälle auf die Drähte. Die Chance zu treffen, war gering, aber manchmal klappte es. Dann gab es ein Zischen und Blitzen. Die Grenzsoldaten kamen auf ihrem Motorrad angefahren. Weil sie keine Fußspuren sahen, waren sie verwirrt. Fehlalarm? Wir freuten uns.

West-Berlin war einen Katzensprung entfernt und doch unerreichbar. Der Fernsehturm auf dem Schäferberg lag für uns viel näher als der Fernsehturm am Alexanderplatz, »Ulbrichts Protzstängel«, bei dem sich im spiegelnden Metall der Aussichtsplattform ein Kreuz ergab – ausgerechnet ein Kreuz. Da hatte jemand nicht aufgepasst und so guten Grund für Witze geschaffen. Den einen Turm, zu dem wir nicht gehen durften, konnte man sehen. Zu dem anderen musste man um Berlin im Süden mit dem »Sputnik« herum über zwei Stunden fahren. Daher hatten wir eine bessere Antenne für das West- als das Ostfernsehen. Die Sendungen auf Programmplatz fünf waren langweiliger als ARD auf Kanal 7 und das ZDF, was man nur mit einem zusätzlichen Konverter empfangen konnte, den man auch für das zweite DDR-Fernsehen brauchte. Einzig am Sonnabend lohnte sich das Ostfernsehen. Da liefen »Professor Flimmrich« oder Märchenfilme der DEFA. Von Babelsberg aus war die Fahrt nach Berlin, die man vor dem Mauerbau in einer halben Stunde absolvieren konnte, eine Tagesreise, zuerst mit der »Eule« nach Potsdam-Pirschheide, die so hieß, weil der Triebwagen mit seinen Lampen wie eine Eule aussah. Von dort fuhr der »Sputnik«, ein Doppelstockzug auf einer nach dem Mauerbau neu geschaffenen Strecke, der nicht um die Erde, sondern um Berlin kreiste. Genannt wurde er so mit dem Stolz auf die Leistung der Sowjets, den ersten Menschen in das Weltall gebracht zu haben. Im weiten Bogen um ganz West-Berlin fuhr man nach Karlshorst, um dort, wo die Kapitulationsurkunde unterzeichnet worden war, endlich in die S-Bahn umzusteigen und nach bestenfalls zwei Stunden in Berlin am Alex, an der Weltzeituhr zu sein. Das war der Platz, an dem sich die ganze DDR verabredete und traf. Aber eben für mich erst nach mindestens vierfach längerer Fahrt als heute oder zu Beginn meines Lebens, als meine Mutter mit mir vor dem Mauerbau von Potsdam Richtung Osten direkt durch den Westen fuhr.

Meine Jugend in der DDR war geprägt von ambivalenten Gefühlen. Vielleicht lässt sich das am besten an Gerüchen erläutern. Jede Kindheit hat ihre besonderen Düfte und Gerüche, gute wie schlechte, an die man sich ein Leben lang erinnern kann. Bei mir war da der beißende Geruch von verbrannter Braunkohle, die fast wie Blumenerde aussah. Der Geruch stieg einem bei stillen, ruhenden Wetterlagen in die Nase und ätzte sich regelrecht in die Schleimhäute. Ich erinnere mich auch sehr gut an den Duft der Intershops. Dieser Geruch erregte, prägte sich ein. Es gab in Potsdam vier solcher Orte, wo man nur mit Westgeld oder später mit »Forum«-Schecks einkaufen konnte. Mit diesen Parallelwährungen konnten DDR-Bürger im Intershop West-Waren einkaufen oder einen Handwerker bezahlen, der für DDR-Mark nur schwer zu bekommen war. »Forum dreht sich's« hieß ein bekannter Slogan und meinte: Wenn man mit Westmark oder »Forum«-Schecks bezahlte, gingen Dinge, die sonst nicht gingen. In den Intershops gab es diesen seltsamen, mir aber wie Balsam in der Nase liegenden typischen Geruch, der sich aus den verschiedenen Gerüchen von verschiedenen Westprodukten ergab – Textilien, den Jeans von Wrangler oder Levis, Fa Seife und »Irischer Frühling«, Waschmittel von Persil und Perwoll, Kaffee (Jacobs Krönung), Schokolade von Sprengel und Sarotti. Alles wurde in dem von einer Einheitspartei geführten Staat zu einem wunderlichen Einheitsduft. Ich muss lachen, wenn ich heute daran denke, aber damals konnte ich mich an diesem Duft berauschen. Da mischten sich auch Wrigley's Kaugummi und tic tac, und wenn ich heute die Wohnung verlasse und mir einen Kaugummi in den Mund schiebe, um anderen im Notfall erträglich zu sein, flackert vor meinem inneren Auge wieder der Intershop auf und steigt mir der Geruch in die Nase. Der Frühling hat in der DDR wohl nicht anders gerochen als in der BRD. Aber dieser Intershop-Duft hat sich bei mir tief eingeprägt, weil er das Besondere unserer konsumisolierten DDR-Existenz zum Ausdruck brachte und zugleich verlogen war. Wenn wir historisch fortschrittlicher waren als der Westen, warum konnte man gute Dinge nur im Intershop kaufen und mit Geld, das man im Osten nicht legal verdienen konnte. Ein gutes Parfüm zum Beispiel habe ich in DDR-Zeiten nie gerochen. In meiner Erinnerung gab es nur die schweren, süßlichen russischen Parfüme, die sich über einen wie eine Glocke legten. Einmal besuchten wir mit dem Ferienlager des DEFA-Spielfilmstudios ein Werk für Kunstschmuck in Gablonsk, das heute in Tschechien liegt. Da wurden schwere Klunkern hergestellt, Strass, billiges Faschingszeug wie wir meinten, untragbar zu normalen Anlässen. Wir durften uns mit Ausschussstücken die Taschen füllen. Ich weiß noch, wie verwundert ich als 13- oder 14-Jähriger war, weil man uns auf der Werksführung sagte, dass die Hauptabnehmer die USA und die UdSSR seien.

Die Ambivalenz bestand vor allem darin, dass es eine behauptete Wirklichkeit gab und eine wirkliche Wirklichkeit. Und dann gab es noch die andere Wirklichkeit des Westens, der faulende, modernde Kapitalismus, der Imperialismus in seiner Endstufe. Diese Wirklichkeit kannte man nicht, aber man sah etwas im Fernsehen und die Großeltern erzählten davon und später Freunde. Diese verschiedenen Wirklichkeiten kannte man, musste sinnvoll zwischen ihnen hin und her gleiten. Trotz dieser Ambivalenz in vielen Dingen, die ich bis heute in mir wachrufen kann, war meine Jugend in der DDR nicht schlecht. Ich erinnere mich gern und ohne Bitterkeit, und in meiner Erinnerung dominiert eher das Gefühl von Zufriedenheit. Wir hatten kaum Vergleichsmöglichkeiten, wir wussten nicht, wie es anderswo aussah und was uns vorenthalten wurde. Wo wir hingehen durften – das waren die sozialistischen Bruderstaaten im Osten – sah es überall gleich aus. Ich spürte und dachte: Gott sei Dank lebe ich in der DDR. Tschechien, Polen, Sowjetunion – im Vergleich hatten wir die komfortablere Lebenssituation, und wer wie ich Großeltern im Westen hatte, die immer mal wieder Pakete oder Geld schickten, erst recht.

»Lieber Steffen«, hieß es da in den Geburtstagsbriefen, die mein Großvater aus dem Sauerland schrieb, »wir haben Dir auch wieder ein Bild beigelegt« – das war ein 10- oder 20-D-Mark-Schein. Und diese »Bilder« sammelte ich so lange, bis ich mir zum Beispiel eine Jeans für 55 D-Mark kaufen konnte.

Ein anderer Geruch hat sich mir noch eingeprägt. Immer wenn ich zu der neuen Schwimmhalle ging, die es heute nicht mehr gibt, dann wehte einen der Geruch von Mohrrübensuppe an, denn auf dem Weg zum Brauhausberg arbeitete anfangs noch die Brauerei. Ich begann mit dem Schwimmen im Werner-Alfred-Bad, einem eiförmigen Becken in einem wunderbaren Gebäude, das seltsam aus der Zeit gefallen schien und heute Denkmal ist. Es besteht noch, obwohl das neuere sozialistische Bad, was uns anfangs so begeisterte, schon abgerissen wurde. Der Sport sollte die Überlegenheit des Sozialismus zeigen. Im direkten Wettbewerb insbesondere bei Olympischen Spielen wollte die DDR gegen die BRD triumphieren, die

Sowjetunion gegen die USA.»In corpore sano, mens sana est« hatte sich bei den alten Kämpen um Ulbricht und Honecker festgehakt. Wenn sie gegen die kapitalistischen Gegner gewannen, war zugleich die Überlegenheit des Systems bewiesen, so ihr fester Glaube. Daher begründeten sie Kinder- und Jugend-Sportschulen, wo sie die in sorgsamen Screening-Verfahren ausgewählten Kinder dann triezten. In jede Grundschule kamen sie und maßen die Körper und ordneten eventuell begabte Kinder zu. Meine Mutter hat es stolz gemacht, dass ich gerade für das Leistungszentrum Schwimmen ausgewählt wurde. Und so begann für mich mit dem neuen Schuljahr eine ganz neue Wochenaufteilung. Viermal in der Woche musste ich nun zum Schwimmen. In der Nähe von Sanssouci mussten wir unter Leitung eines ASK-Sportlers, also vom Armeesportklub, wie beim Militär harte Ertüchtigung mitmachen und laufen, Liegestütze machen, bis wir uns nach Erlösung sehnten. Vielleicht wäre ich länger dabeigeblieben, aber da wir dort nun auch noch permanent wie beim Militär mit Nachnamen gerufen beziehungsweise angeschrien wurden:»Reiche, den Arsch hoch« und das bei 50-Meter-Bahnen, auf denen wir kraulten oder uns das Herz aus der Brust schwammen, trennten sich unsere Wege. Ich verweigerte das Training schon nach einem Vierteljahr, und meine Mutter wurde getröstet und tröstete sich damit, dass die Kinder dort Mittel bekamen, die die Leistung steigern sollten, aber eben auch bleibende negative Wirkung haben konnten. Das Wort Doping kannte ich nicht, aber ich wusste, was es ist.

Es gab einen Joke, der unsere Situation gut beschrieb: Wenn einem die DDR über ist, muss man nur in die Sowjetunion fahren, dann wird sie einem wieder lieb. Und so war es wirklich, wie ich mit 19 Jahren zum ersten Mal erfahren sollte. Als Ältester der drei Brüder bin ich früh meine eigenen Wege gegangen und viel durchs Land getrampt. Aus der Not geboren erzeugte das Trampen zugleich ein aufregendes Kribbeln von Freiheit in mir und hatte zudem den Lerneffekt, selbst zurechtkommen zu müssen. Die DDR auf eigene Faust erkunden zu können, war ein kleines, später die Sowjetunion auf die gleiche Weise zu bereisen, war ein großes Abenteuer. Von der Sowjetunion, unserem Brudervolk, sollten wir Ostdeutschen ja »siegen lernen«, aber wer das Vorbild näher kannte, wollte ihm lieber gerade nicht nacheifern und hielt den Satz nur für ungeschickte Propaganda. Wenn mein Vater von Dienstreisen aus der Sowjetunion kam, merkte und hörte man an seiner Art zu erzählen, wie viel besser wir es hier hatten. Trotzdem musste ich in der Schule ständig diese gestanzten Worthülsen über die siegreiche Sowjetunion und den Sieg des Kommunismus auswendig lernen, was bei mir Abwehr und Distanz zur Folge hatte. Zudem lernte ich von der 5. Klasse an Russisch als erste Fremdsprache. Beides zusammen hat mir Russland, genauer die Sowjetunion, also die Union von 15 verschiedenen Republiken und Kulturen, als Jugendlichem verleidet. Ich sträubte mich schon früh dagegen, in eine Massenorganisation wie die Deutsch-Sowjetische Freundschaft einzutreten. Der Grund war nicht nur die Aversion gegen das, was wir in der Schule lernen mussten, sondern auch persönliche Erlebnisse. Als Kind habe ich angesehen, wie in den Kasernen, die im Norden, am Rande der alten Garnisonsstadt Potsdam standen, sowjetische Soldaten von den eigenen Offizieren gezüchtigt und wie Vieh behandelt, unterdrückt und gedemütigt wurden. Alles in mir sträubte sich, und in jeder Hinsicht erschien mir die UdSSR vor allem als der große Bruder, vor dem man sich fürchten musste und der sich seinen Respekt bei uns DDR-Bürgern ebenso wie beim einfachen russischen Volk durch Gewalt, Demütigungen und Unterdrückung erzwang. Oft, wenn ich mehr über die Geschichte der DDR erfahren wollte, wurde mir nur gesagt, wie schlimm es 1953 war, als die Panzer den Aufstand niederschossen und wie stark die Kirchen bedrängt wurden in jener Zeit. Viele erlebten daher die Zeit, in der ich meine Jugend verbrachte als viel freier, entspannter und angenehmer als ihre eigene Jugend.

Ich habe immer viel gefragt, wollte Dingen auf den Grund gehen, sie verstehen und begreifen. Die Unendlichkeit von Raum und Zeit hat mich eigenartig umgetrieben, aber sie war nicht fassbar. Also wollte ich wenigstens in dem Endlichen möglichst viel verstehen, wissen, wie etwas funktioniert, wo etwas herkommt, wie es sich begründet. Schon früh habe ich mich sozial engagiert, für andere eingesetzt, man könnte auch sagen, in Dinge eingemischt, die mich zunächst eigentlich gar nicht betrafen. Diese Eigenart prägte mich, wurde zu einem bestimmenden Charakterzug in meinem Leben. Es hat, denke ich, etwas mit meinem Elternhaus zu tun, vielleicht tiefenpsychologisch mit einer Lektüre meiner Mutter. Es gab in meiner Kindheit das Buch einer tschechischen Pädagogin, Hanna Fügnerova, die über die Erziehung von Kleinkindern schrieb. In den 1960er-Jahren war es in der DDR populär. Darin wird beschrieben, dass man Kinder auf Abstand halten muss und sie nicht so lange stillen soll, damit aus ihnen keine Tyrannen werden, eine wirklich fatale Auffassung. Meine Mutter hatte dieses Buch gelesen, regelrecht aufgesogen und mich in der Hoffnung, das Beste für ihr Kind zu tun, versucht mit Kühle und Distanz zu erziehen. Das führte bei mir dazu, dass ich als Kind oft an so etwas wie innerer Leere gelitten habe, an dem Gefühl, nicht genügend geliebt zu werden. Als Folge davon stellte sich bei mir eine mich peinigende, fast pathologische Angst vor dem Tod ein. Schon als Kind! Kinder haben eigentlich keine manifeste Angst vor dem Tod. Ich hatte sie. Ich saß in der Klasse und beneidete meine Mitschüler, die solche Gedanken nicht hatten. Ich entwickelte eine große Sehnsucht, von Menschen geliebt zu werden, ihnen so zu erscheinen, so zu begegnen, etwas für sie zu tun, dass sie mich mögen, tragen, halten. Daher wollte ich angenommen werden, Zuneigung bekommen, Wertschätzung finden, um diesen mich folternden Gedanken, sterben zu müssen und für unendliche Zeit tot zu sein, ertragen zu können. Heute weiß ich, es liegt in der Natur der Sache, dass sich an dem, der mit Leidenschaft etwas verändern will, die Geister scheiden. Ich fordere Menschen heraus, überfordere sie manchmal, weil sie der Intensität oder der Wucht meiner politischen Leidenschaft etwas zu organisieren, was bleibt, was Bedeutung hat, manchmal nur schwer standhalten.

Meine eigene pathologische Angst vor dem Tod habe ich überwinden können, quasi mit einem Sprung aus dem Kinderglauben in den Glauben des Erwachsenen, wie ihn Sören Kierkegaard beschreibt. Dieser Moment gehört zu den wichtigsten meines Lebens, obwohl oder weil ich noch sehr jung war. Man könnte ihn wohl als Bekehrungserlebnis beschreiben. Es war Ostern 1973, ich war 13 Jahre. Damals predigte ein früherer Jugendpfarrer, Pfarrer Günther in der Beelitzer Kirche, und seine Predigt war für mich ein Bekehrungserlebnis, denn plötzlich ist mir klar geworden, dass sich für mich alles an dieser Botschaft von Ostern entscheidet. Der Text im 1. Brief von Paulus an die Gemeinde in Korinth, Kapitel 15, hat mich vor die Entscheidung gestellt. Kann ich dieser Botschaft glauben, will ich ihr vertrauen, sie zur Basis für mein Leben machen oder nicht. So begann ich den Aussagen der Bibel, dem was Jesus erzählte und gemacht hat, zu glauben. Ich wollte ihm glauben, weil das mein Leben trägt und mich rettete vor dieser Furcht und Angst.

KAPITEL 2

JUNGER PIONIER UND KONFIRMAND, STUDIUM AM SPRACHENKONVIKT UND TISCHLERLEHRE

Hätte mir in den 1970er-Jahren jemand prophezeit, dass ich einmal Mitglied einer Partei werden würde, ich hätte ihn vermutlich für verrückt gehalten. »Die Partei« kannte ich nur als Monstrum SED, das durch mehr als 2 Millionen Mitglieder in der DDR allgegenwärtig war. Über diese Partei musste man absurde Sätze lernen, wie dass sie »immer recht« habe, was zwar nicht wahr sein konnte, aber von vielen als gesetzte Wahrheit und sozialer Mechanismus akzeptiert wurde. »*Die Partei, die Partei, die hat immer recht* ...«, sangen wir manchmal resigniert, wenn wir etwas nicht verstanden und nicht akzeptieren wollten und konnten.

Die SED hatte ihre führende Rolle als »Partei der Arbeiterklasse« in der Verfassung verankert. Ihr führendes Organ war das Zentralkomitee, eine Riege alter Männer, die ein teilweise grotesk organisiertes Staatswesen verwalteten oder nach sozialistischen Vorstellungen zu verwalten suchten. Ihr Zentralorgan, das »Neue Deutschland«, musste man ab und an lesen, um für diese unwirkliche Wirklichkeit, die in der DDR entstanden war, wenigstens Namen und Begriffe zu haben. Diese halfen, sich mit anderen gefahrlos über diesen Staat zu verständigen und um einfach zu wissen, wie die herrschende Clique dachte und tickte. Denn es war schon wie ein Tick, man sah und spürte, dass es nicht so war, aber musste es dennoch für wahr halten.

Man brauchte das »Neue Deutschland« kurioserweise, um überhaupt sprachfähig zu bleiben in dieser realen Scheinwelt. Denn diese Partei bestimmte und veränderte auch Biografien. Das erfuhr ich schon als Kind. Wer SED-Mitglied war, konnte allein dadurch schon oft über andere bestimmen. Meine Klassenlehrerin zum Beispiel war die Parteisekretärin der Schule gewesen, eine einflussreiche Person. Sie entschied, dass ich nicht an die Erweiterte Oberschule gehen durfte, um dort das Abitur zu machen, weil ich mich nicht genügend gesellschaftlich engagiert hätte. Da stand ich nun. Als pubertierende Jungen spotteten wir über die »Vorhut der Arbeiterklasse« oft als »Vorhaut der Arbeiterklasse«, aber wir merkten, dass sie im wirklichen Leben über vieles gezogen wurde und einem das Scherzen ordentlich vergehen konnte.

Als SED-Mitglied musste man sich regelmäßig einer Gehirnwäsche unterziehen, die Parteilehrjahr hieß. Zwar konnte man deswegen innerhalb der Partei noch lange nichts bestimmen. Aber wer kein SED-Mitglied war, konnte erst recht nichts bestimmen. Wer nicht weiterwusste, weil er nicht weiterkam, zeigte in diesem Staat immer nach oben. Die im Kreis zeigten auf die im Bezirk, die im Bezirk auf die in Berlin. Und wenn die vielleicht gewollt hätten, aber nicht konnten, gab es die in Moskau. In der Volkskammer, so erzählte es ein Witz, gäbe es keine Toiletten, weil die sowieso wegen jeder Scheiße nach Moskau fahren.

Und wenn das alles noch nicht genug erklärte, war da ja noch die »historische Mission der Arbeiterklasse«, die eben Opfer verlangte.

Die SED-Mitglieder waren erkennbar am sogenannten »Bonbon«. So hieß das ovale Abzeichen, das den historischen Händedruck des Kommunisten Pieck und des Sozialdemokraten Grotewohl am 21./22. April 1946 zeigte – ein demütigender Moment für die alte SPD und eine der Gründungslügen der DDR. Je länger die DDR existierte, umso mehr gab es von diesen »Bonbons«. Und je mehr »Bonbons« es gab, desto seltener sah man sie. Am Ende der DDR gab es dann viele helle Flecken an Millionen von Sakkos.

Ich hatte sogar ein gewisses Verständnis für die, die in die SED eintraten. Die Mitgliedschaft war wie eine Eintrittskarte, vor allem für den beruflichen Aufstieg, für mehr Komfort im Alltag, für eine gute Schulausbildung der Kinder. Das Leben ging dann plötzlich leichter. Doch mir war alles, was man dort glauben und denken musste, schon sehr früh so fremd, dass ich nie eingetreten wäre. Eine solche Lüge zur Grundlage des Lebens zu machen, war mir fremd. Zu den Jungen Pionieren, der DDR-Massenorganisation für Kinder, kam ich, wie man eben in die Schule kommt. Plötzlich war ich drin. Keiner hatte mich gefragt. Es wurde nicht nur erwartet, sondern man hielt alles andere auch für nicht denkbar. Als Schüler war man eben auch Jungpionier. Meine Cousine Katharina, Tochter meines Patenonkels, der Pfarrer war, war das aber nicht. Und auch ich wollte deshalb zwei Jahre später dann zumindest kein Thälmann-Pionier mehr sein. Denn mit der dritten Klasse wurden aus Jungpionieren dann Thälmann-Pioniere. Ich ging zu der Veranstaltung, wo meine Klassenkameraden feierlich Thälmann-Pioniere wurden, einfach nicht hin. Aber mein Mitgliedsbuch bekam ich trotzdem am nächsten Tag, unaufgefordert. Den Mut, da zu widersprechen hatte ich damals noch nicht.

Mein Widerspruch bestand einige Jahre später dann darin, dass ich Gruppenratsvorsitzender wurde. »Wenn, dann richtig« dachte ich mir. Nun musste ich mittwochs nicht nur die wöchentlichen Sitzungen der Pioniergruppe unserer Klasse nach der Schule leiten, sondern konnte wenigstens darüber bestimmen, welche Themen wir behandelten, welchen Unfug wir Schüler trieben. Es war vieles vorgegeben, aber man konnte auch weniger politische Dinge machen.

Für die Entscheidung meiner Klassenlehrerin, mir die Erweiterte Oberschule und damit das Abitur zu verwehren, weil ich mich nicht genügend gesellschaftlich engagiert hätte, revanchierte ich mich mit politischem Engagement und wurde FDJ-Sekretär meiner Klasse. Aber die Konditionen wollte ich selbst bestimmen und trug deshalb zugleich mein Bekenntnisabzeichen, das mich als Mitglied der Jungen Gemeinde der Evangelischen Kirche auswies. Es war ein Kreuz auf einer Weltkugel, und manche verstanden es als umgekipptes Zeichen für eine Frau, denn in Biologie hatten wir in Genetik dieses Zeichen kennengelernt.

Für meine Klassenlehrerin Lehme hatte sich ihr politisches Engagement bereits ausgezahlt, sie wurde auf einen besseren Posten versetzt. Für mich aber auch, denn mein neuer Klassenlehrer Prenzlow verteidigte mich nach Kräften. Er war kein SEDler und sammelte, um mich gegenüber der Schulleitung zu verteidigen, aus der Zeitung Berichte über Christen in der Volkskammer. Auch das Abitur an der Erweiterten Oberschule schien nun möglich. Doch es war schwer, sich der informatorischen Übermacht der SED zu entziehen. Alles was ich zu lesen bekam, alles was ich zu hören bekam, war getränkt von Parteiideologie. Stimmte es nicht mit ihr überein, gab es keine Druckerlaubnis. Die DDR existierte, als ich 1969 Thälmann-Pionier wurde, schon 20 Jahre, und die Grenze der DDR war wenige Monate nach meiner Geburt mit Mauer und Zaun geschlossen worden. Aber ich hatte Glück. Meine Eltern lebten nicht im »Tal der Ahnungslosen«, wie die Dresdner, sondern in Babelsberg. Ich wuchs mit der Grenze und Westfernsehen auf. Das Unerreichbare war so doch irgendwie real. Meine Mutter erzählte, sie habe mich im Kinderwagen über den Kurfürstendamm in West-Berlin geschoben. Ich hütete diese Erzählung wie einen Schatz in meinem Kopf. Ich war also schon im Westen gewesen! Dort, wo ich 2025 wieder hingelangen könnte, wenn ich Rentner war und für die DDR als Arbeitskraft uninteressant geworden sein würde.

Ich hatte das Glück, in einer Kirchgemeinde aufzuwachsen. Meine Eltern waren keine sonderlich frommen Menschen, aber ab und an gingen wir in die Kirche, genauer gesagt ins Gemeindehaus, denn die kleine Kirche unserer Gemeinde war Ruine und stand völlig nutzlos an einem Ort, den keiner besuchte, auf einem Anger, der völlig abseits aller Verkehrsströme lag. Dieses Gemeindehaus wurde mir zum lieben und vertrauten Ort, weil wir mit den Eltern am Sonntag manchmal zum Gottesdienst gingen und weil dort in den Ferien Kindertage stattfanden, die sich wohltuend von all der staatlichen Kinderbetreuung abhoben. Kirche und Gemeinde schufen, obwohl sie eben gerade nicht Mainstream waren, einen Bereich, der mir zum Refugium wurde, zu einer Nische, in der man freier denken konnte, anders und spürbar von anderen Werten getragen. Christenlehre, später Konfirmandenunterricht und Junge Gemeinde öffneten mir Freiräume, in denen die Uhren anders tickten als bei den Jungen Pionieren. Hier gab es kein Diktat der Partei, keine Hierarchie der Opportunisten. Hier wurde freier gesprochen. Menschen begegneten sich auf Augenhöhe. Über die natürliche Verbindung zu Verwandten hinaus existierten hier Kontakte zu Partnergemeinden im Westen Deutschlands, die von den Kirchen über die ganze Zeit der DDR aufrechterhalten und eine wichtige Grundlage blieben für das Gefühl, eine deutsche Nation zu sein, zurzeit beziehungsweise auf lange Sicht eben nur in zwei deutsche Staaten geteilt.

DDR-Staat und Kirche standen in Konkurrenz zueinander und hatten sich in den 1950er-Jahren vehement bekämpft. Manchmal erzählten Ältere davon, und man merkte ihnen an, dass sie froh waren, dass die Verfolgung von Christen, insbesondere der Jungen Gemeinden, nicht mehr so brutal war. An einer Stelle aber wurde der Konflikt noch immer mit großer Härte ausgetragen – das war die Jugendweihe. Die kommunistische und später die sozialistische Bewegung waren ja in der Mitte des 19. Jahrhunderts entstanden, mit der Bitterkeit, dass die Kirchen sich viel zu stark mit den Mächtigen arrangiert hatten und ihren Auftrag, den Widerspruch zwischen dieser Welt und dem kommenden Reich Gottes zu mildern, vergessen hatten. So wurde zwar in den Kirchen des 19. Jahrhunderts davon geredet, dass Gott eine andere Welt will, dass wir nicht mit dieser Welt zufrieden sein, sondern die zukünftige suchen sollen, aber in Wirklichkeit stabilisierten die Kirchen die Macht der Mächtigen. So wandten immer mehr Menschen der Kirche den Rücken und versuchten auf weltliche Weise das zu erreichen, wovon die Kirche nur träumen und es auf den Sankt-Nimmerleinstag verschieben wollte. Diese aus der Kirche Ausgezogenen aber kannten die Traditionen der Kirche und wollten, weil auch ihre Kinder danach fragten, vergleichbare Übergangsriten anbieten. Bei Hochzeit und Beerdigung war das vergleichsweise einfach, schwieriger wurde es bei der Konfirmation, dem Ja zur eigenen Taufe, die damals die Kleinkinder erlebten. Die Kommunisten führten anstelle der Konfirmation die

Jugendweihe ein, die den Übergang, die Passage des Jugendlichen ins Erwachsenenalter feierlich gestalten sollte. Während bis 1945 die Jugendweihen ein Randdasein führten, wurde im Osten nun sukzessive die Konfirmation an den Rand gedrängt. Waren zur Gründung der DDR noch 75 Prozent der Bürger Mitglied einer Kirche, waren es an deren Ende nur noch ca. 25 Prozent. Das heißt, in den 40 Jahren DDR hatte die Hälfte der Bevölkerung den Kirchen den Rücken gekehrt. Und alle wurden gedrängt, ihre Kinder zur Jugendweihe zu schicken. Als ich mich 1975 in der achten Klasse entscheiden musste, war klar, dass alle an der Jugendweihe teilnehmen würden, und dass ich massive Nachteile bis hin zur Berufswahl in Kauf nehmen müsste, wenn ich nicht an der Jugendweihe teilnehmen würde. Ich entschied mich, an beidem teilzunehmen. Früher hatten die Pfarrer dagegen leidenschaftlich opponiert, nun waren sie milde geworden, wollten ihre Gemeindeglieder nicht unnötig in die schwierige Situation der Entscheidung bringen, die viele auch überfordert hat. So kaufte ich also mit meiner Mutter in einem Jugendmodeladen in Potsdam meinen ersten Anzug und ging damit tapfer zur Jugendweihe im Jugendzentrum »Drushba«. Wir hatten Jugendweihestunden absolvieren müssen und sprachen ein Gelöbnis, in dem wir dem sozialistischen Staat Treue gelobten. Mein Großvater mütterlicherseits, der über die SPD in die SED gerutscht und nun ein treuer Kommunist war, war stolz seinen Enkel zur Jugendweihe zu begleiten. Aber es gab einen Eklat bei der Feierstunde, der mir bis heute in Erinnerung ist. Die Festrednerin, eine Professorin von der Potsdamer Pädagogischen Hochschule, rief uns, den über 50 Schülern zu, dass wir die Klassenfeinde im Westen hassen sollten. Was uns sonst nur allgemein in der Aufforderung begegnete, einen Klassenstandpunkt einzunehmen, gipfelte nun in einer mit Geifer heraus geschrienen Forderung zu hassen. Einige, insbesondere Gäste aus dem Westen, verließen demonstrativ den Saal. Ein Jahr später war dann meine Konfirmation. Das Fest ist mir besser und harmonischer in Erinnerung geblieben, verband damit mehr und ließ es nicht nur widerwillig über mich ergehen.

Kurz vor meinem 18. Geburtstag lernte ich bei der Pastorin unserer Gemeinde, die mich auch konfirmiert hatte, ein gleichaltriges Mädchen aus Westdeutschland kennen, die mit ihrer Mutter zu Besuch gekommen war. Ich wurde als Gesprächspartner für sie mit dazu geladen. Durch sie kam mir der Westen nun in neuer Weise nahe. Als Gleichaltrige hatten wir ähnliche Interessen und Fragen. Wir standen vor ähnlichen Entscheidungen. Sie kam von da an regelmäßig zu uns und brachte bald ihre Freunde aus West-Berlin mit. Der Westen blieb für mich zwar immer noch unerreichbar, aber er schien mir nicht mehr so fremd zu sein. Gemeinsam kritisierten wir jeweils den Staat, in dem wir lebten. Bei ihnen war das erlaubt. Bei uns war das verboten, und es gab nur wenige, die sich trauten, das Verbot öffentlich zu brechen. Keiner der vielen Freunde aus dem Westen, die ich im Laufe der Jahre kennengelernt habe, wäre bereit gewesen, mit mir zu tauschen. Und doch fühlten wir uns in der Kritik am eigenen Staat auf seltsame Weise einig. Dabei waren die Unterschiede riesig. Ich wäre schon zufrieden gewesen, wenn die DDR uns so viele Rechte und Freiheiten gewährt hätte wie die BRD meinen Freunden aus dem Westen. Ihre Kritik empfand ich daher ein wenig als Meckerei, als einen Luxus, den ich auch gern genossen hätte.

Noch einen Luxus hätte ich gern genossen, erlebte ihn aber nur sprachlos mit. In unsere Klasse am Gymnasium, in die fast doppelt so viele Mädchen gingen wie Jungen, kam plötzlich ein Chilene – Alejandro Morales. Sein Vater gehörte zu den Kommunisten, denen nach dem Militärputsch von 1973 die Flucht gelungen war und nun saß er mit uns in einer Klasse, und wollte wie wir sein Abitur machen. Er war also genau das, was wir nicht sein wollten, Kommunist, aber genoss all die Rechte oder aus unserer Sicht wunderbaren Vorteile, die uns die DDR-Kommunisten vorenthielten. Für uns alle war unvorstellbar, am Nachmittag nach der Schule einfach mal so nach West-Berlin zu fahren, an den Ku'damm, und dort etwas einzukaufen. Er aber erzählte oft, dass er am Vortag gerade dort war, wo keiner von uns hinkommen konnte oder gewesen war. Er war ein Grenzgänger und durfte das, was uns die kommunistischen Genossen seines Vaters vorenthielten.

Als ich mich während des Abiturs entscheiden musste, was ich studieren sollte, fiel mir die Wahl schwer und leicht zugleich. Ich hatte beim sogenannten »Theaterwettstreit« der Schulen zweimal Regie geführt. Das war normalerweise Leuten vom Theater vorbehalten, aber wir hatten keinen gefunden, und so stellte ich mich zur Verfügung. Wir haben dann trotzdem beide Male gewonnen. Gern wäre ich Regisseur geworden und wollte Regie bei Manfred Wekwerth am Berliner Ensemble oder an der Filmhochschule in Babelsberg studieren. Aber in dieser Zeit machte ich Erfahrungen, die mir zeigten, es würde schiefgehen. Mir kam mein literarischer Geschmack dazwischen und demonstrierte mir, wie leicht man in Ungnade fallen konnte. Zuerst verbot mir die Schulleitung, unser Schulleiter Mösing, »Die neuen Leiden des jungen W.« von Ulrich Plenzdorf zu inszenieren. Ich hatte das Stück im Hans-Otto-Theater in Potsdam gesehen und war beeindruckt. Aber Plenzdorf war in jener Zeit gerade aus der Partei ausgeschlossen worden und die Schulleitung verbot uns, dieses Stück aufzuführen. Im Gespräch mit ihm stellte sich dann jedoch heraus, dass er selbst ausgetreten war, um einem möglichen Rauswurf zuvorzukommen. Für mein Projekt, sein Stück beim Schülerwettstreit zu inszenieren hatte sich jedoch dadurch nichts gebessert, eher im Gegenteil. Aber mein Respekt für ihn war weitergewachsen und der Wunsch, sein Stück zu inszenieren, auch. Er gab mir jedoch einen wunderbaren Hinweis. Wie wäre es, wenn ich das Stück »Das Vorkommnis« von Uwe Saeger inszenieren würde. Es war gerade in der DDR-Theaterzeitschrift »Zeichen der Zeit« veröffentlicht und auf der Probebühne des Deutschen Theaters in Berlin uraufgeführt, dann aber auf persönliche Intervention von Margot Honecker sofort wieder abgesetzt worden. Was aber in Potsdam so schnell vermutlich keiner wissen konnte. Margot Honecker, die Frau des SED-Generalsekretärs und Ministerin für Volksbildung der DDR, war mit dem Bild von Schule und dem gezeigten Verhalten von Lehrern in dem Stück nicht einverstanden. Ihrer Meinung nach widersprachen die gezeigten Charaktere dem Bild der entwickelten sozialistischen Persönlichkeit, und nur die war es wert, auf einer Bühne gezeigt zu werden. Die anderen hatte man schon genügend in Wirklichkeit, man sollte sie nicht auf der Bühne sehen, da sie nicht vorbildlich genug waren. Mit diesem Stück gelang es uns dann, den ersten Platz im Theaterwettstreit unserer Schule zu gewinnen. Es brach ein großer Jubel los und wir waren auch die Einzigen seit langer Zeit, die ihr Stück dann sogar noch einmal auf der Bühne des Potsdamer Pionierhauses zeigen konnten. Aber nicht nur, dass es ein kritisches Stück war und den Schulalltag einmal von ganz anderer Seite besprach, machte solchen Eindruck, sondern auch, dass wir das, was sich vor dem eigentlichen Stück ereignet hatte und im Stück diskutiert wurde, zwischen den Akten in einer Art pantomimischem Tanz nach Musik von Orgel mit Panflöte zeigten und mit farbigem Licht von Scheinwerfern beleuchteten. Mit den nur ein Jahr jüngeren Schülern verband mich durch die Proben eine enge Freundschaft, mit einer der Darstellerinnen, Claudia, ging ich sogar einige Wochen, wie wir das nannten. Mit den Jungen der Klasse habe ich damals auch über meine Entscheidung, den Wehrdienst an der Grenze zu verweigern, gesprochen, ohne zu ahnen oder zu beabsichtigen, dass dann sechs Jungen aus der Klasse diese Entscheidung für sich übernehmen würden.

»Der Friede muss bewaffnet sein!«, war eine überall präsente sozialistische Doktrin. Und für mich, der ich an der Grenze, dem antifaschistischen Schutzwall aufgewachsen war, auch irgendwie einleuchtend. Nun aber, wo ich selbstbewusster wurde, zu immer mehr bisher vertrauten Dingen auf Distanz ging, faszinierte mich ein Antikriegsstück wie »Draußen vor der Tür« von Wolfgang Borchert.

Ich hatte es bei meinem Vater im Bücherschrank gefunden. Es war bei Reclam verlegt worden, und gegen den Gebrauch eines solch schwarz-weißen Heftes konnte niemand etwas sagen. Denn was dort erschien, war approbiert, gehörte oft sogar zur Schulpflichtlektüre, denn auch Goethes »Faust«, Schillers »Kabale und Liebe« und Lessings »Nathan der Weise« hatten wir aus jenen Heften gelesen. Die Lesung aus Borcherts Buch, die ich nun an der Schule organisieren wollte, sollte nun jedoch verboten werden. Wieder wurde ich zum Schulleiter einbestellt und fragte ihn dann aber, ob er wirklich Reclam-Bücher verbieten wollte und was gegen pazifistische Literatur einzuwenden wäre. Ich ließ durchblicken, dass ich ein solches Verbot diesmal öffentlich machen würde. So entschied sich unser Schulleiter Herr Mösing lieber durch Vorbemerkungen von Jürgen Johann, des FDJ-Sekretärs der Schule, der zugleich in vielen Klassen Deutsch gab, uns die Grenzen von Wolfgang Borchert aufzuzeigen. Jürgen Johann aber machte das so hölzern und hörbar selbst nicht überzeugt, dass es eher wie eine zusätzliche Werbung wirkte. In dieser Zeit musste ich mich entscheiden, was ich nach der 12. Klasse mit dem Abitur in der Hand studieren wollte. Ich musste mich bewerben. Mit dem doppelten Erfolg von zwei Schülerwettstreits hatte ich viel Selbstbewusstsein und zugleich viel Freude an der Arbeit als Regisseur gefunden.

Die Ereignisse machten mir aber klar, dass ich, ohne mein Rückgrat erheblich zu verbiegen, weder Regisseur noch Lehrer in der DDR werden konnte. Ich habe meine Entscheidung für ein Theologiestudium stolz und fröhlich getroffen. Ich wusste, das ist das freieste Studium, was es in der DDR gab, und Pfarrer waren in jeder Hinsicht in der DDR auch die freiesten Bürger. Sie lebten ohne die DDR-Ideologie, sie konnten frei reden und denken, in Häusern, die nicht dem Staat gehörten und hatten ständig mit Menschen zu tun, die sich in großer Mehrheit eine kritische Distanz zu diesem Staat bewahrten.

Als ich 1978 während der 11. Klasse gemustert wurde, erklärte ich, dass ich den Wehrdienst zwar nicht verweigern würde, aber den Dienst an der Grenze. Zufälligerweise machte das ein Schüler aus meiner Klasse ebenso. Da es so etwas bisher kaum gegeben hatte, vermuteten sie Absprache, und als ein Jahr später aus der Klasse, in der ich Regie beim Schülerwettbewerb geführt hatte, sechs Jungen das machten, vermuteten sie eine staatsfeindliche Aktion. Als ich dann 1979 zur Volksarmee eingezogen werden sollte und erst Tage später beim Wehrkreiskommando erschien, unter der Androhung, sonst polizeilich vorgeführt zu werden, erklärte ich, dass ich gerade mein Theologiestudium begonnen hätte und den Wehrdienst mit der Waffe deshalb verweigern wolle. Für Studenten des Sprachenkonvikts, das der Kirche gehörte und nicht dem Staat unterstand, zog das meist keine Konsequenzen nach sich. Zudem hatte ich ein Schreiben des Ephorus vom Sprachenkonvikt, das bestätigte, dass ich dort studiere und bat, mich dafür freizustellen. Die Offiziere bei der Musterung fragten, warum ich Pazifist geworden wäre. Darauf erklärte ich, dass ich kein Pazifist sei und schlug, um das zu beweisen vor, dass man mich ja zu den Blauhelmen ziehen könne. Im UN-Auftrag sei ich bereit, eine Waffe zu tragen, sonst nicht. Ich musste nicht zum Wehrdienst.

Im Juni 1979 besuchte Karol Wojtyla als gerade gewählter Papst Johannes Paul II. sein Heimatland Polen. Ein Freund und ich fuhren kurz nach den Abiturprüfungen nach Gnesen (Gniezno), um zu erleben, wie dieser Papst im sozialistischen Polen zu den Gläubigen spricht. Weit über eine Million Menschen waren zusammengekommen, eine unglaubliche, fröhlich-gespannte Menge. Der Papst war für seine polnischen Landsleute ein Popstar. Die Menschen standen in feierlicher Stimmung auf den Straßen und warteten auf den Mann, der Kardinal Karol Wojtyla in Krakau gewesen und nun Papst der Weltkirche war. In der Nacht zuvor hatte diese Stimmung ganz Gnesen verwandelt und auch von uns Besitz ergriffen. Überall brannten Kerzen in den Fenstern, die Menschen sangen und gingen in der lauen Nacht des Sonnabends vor der großen Messe auf den Straßen umher, sangen und waren voller Erwartungen. Die Stimmung verzauberte uns alle. Am Sonntag kam dort die größte Menschenmenge zusammen, die ich bis dahin erlebt und mit eigenen Augen gesehen hatte. Jede Mai-Demonstration wirkte lächerlich klein dagegen. Und diese Menschen waren freiwillig hier, ja gegen den Willen des sozialistischen Staates. Wir fuhren verändert nach Hause zurück. Nicht für möglich Gehaltenes war in diesen Tagen passiert, und ein Papst, ein Glaubensmann, war der Katalysator. Auch die Gründung von Solidarność, der ersten freien Gewerkschaft nicht nur in Polen, sondern im gesamten Ostblock, war ein Paukenschlag. Wir hatten von Protesten im Juni 1953 in Berlin gehört, vom Aufstand 1956 in Ungarn oder 1968 in Prag, hatten bei Berichten die tiefe Enttäuschung, ja die Verbitterung über das Geschehene gespürt. Und jetzt passierte etwas Neues, was sich irgendwie anschloss, und wir waren dabei. Die Spannung der Situation übertrug sich auf uns, und wir waren voller Erwartung, ohne genau zu wissen, was eigentlich passieren könnte.

Dass wir auf der Rückreise aus Polen von DDR-Grenzsoldaten auf Solidarność-Material gefilzt wurden, hat uns in diesem Gefühl natürlich bestärkt. Wir fühlten: Widerstand blieb gefährlich, war aber möglich. Er war nicht zwecklos, sondern brachte Dinge in Bewegung. Im Sommer 1980, ich war 20, war wissbegierig und voller Lebenshunger und wollte mit meiner Freundin, meiner späteren Frau Katrin, eine kleine Weltreise machen. Wir wollten alles ertrampen und waren zum Schluss über einen Monat lang rund 5.000 Kilometer unterwegs gewesen. Wir waren durch die Tschechoslowakei und Ungarn, Rumänien und Bulgarien in die Moldauische Sowjetrepublik und in die Ukraine getrampt. Prag und Bratislava, Budapest und Bukarest, Sofia und Plowdiw, Lwiw und Kiew lagen auf unserer Route. Reisen bildet! Das wussten wir, aber nun erlebten wir es, denn wir lernten andere Menschen, andere Kulturen kennen, der Horizont weitete sich und zugleich machte uns stolz, dass wir eine solche Reise geschafft hatten. An der Grenze von der Sowjetunion, also genauer von Weißrussland, Belorussland, denn wir kamen von Minsk nach Polen, gab es natürlich Ärger, denn wir waren länger unterwegs gewesen, als uns das Transitvisum erlaubte.

Im Juli 1981 hatte ich dann mit Freunden verabredet, eine einmonatige Reise nur durch die Sowjetunion zu machen. Das war verboten, und die eigentlich einzige Weise, das Land zu besuchen, bestand darin, über Jugendtourist eine Reise zu buchen, bei der einem dann ausgesuchte Orte gezeigt wurden. Aber es existierte eine reizvolle studentische Reisemöglichkeit, die einem einen wunderbaren »Kick« gab – wenn man sich traute! Und mit Katrin hatte ich mich ja schon getraut und Überraschendes erlebt. Es war wie ein jugendlicher Sport, ein Experiment, ein Wagnis. Die Sowjetunion war der größte Staat der Erde. Sie bedeckte ein Sechstel der Erdoberfläche und bestand aus 15 verschiedenen Sowjetrepubliken. Wir hatten in der Schule lernen sollen, dass sie der erste kommunistische Staat der Welt ist und deshalb auch der fortschrittlichste, der, in dem sich die Geschichte, die alle Staaten ergreifen würde, schon vollzogen hatte. In Wirklichkeit war die Sowjetunion ein imperialistischer Staat, denn sie bildete ein Imperium, das völlig verschiedene Völker in ihren Rechten unterdrückte. Um in die UdSSR zu kommen, musste man sich ein Transitvisum zum Beispiel von Polen nach Rumänien besorgen. Das Visum galt dann für 48 Stunden. Aber war man einmal in die Sowjetunion eingereist, konnte man illegal kreuz und quer durch das Riesenreich reisen, bis man erwischt wurde und wieder nach Hause geschickt wurde. Von uns vier Freunden hatten nur zwei die Reise angetreten, und mein Freund Friedrich Demke wurde schon in Kiew im Bahnhof aufgegriffen und zurückgeschickt. Also fuhr ich allein mit dem Obschi-Waggon, quasi der 4. Klasse, über Tiflis und Jerewan nach Baku und lernte so die Sowjetunion kennen. Im Obschi-Waggon hatte man einen großen Waggon, in dem man besonders billig fuhr, wo auf einer Holzpritsche eine Matratze ausgerollt war, man schlafen konnte oder eben mit den weit über 50 Leuten den ganzen Tag, an dem man ununterbrochen fuhr, ebenso ununterbrochen redete. Ich fuhr aus der russischen Sowjetrepublik durch die ukrainische, dann die georgische, armenische und aserbaidschanische Sowjetrepublik, also ein Fünftel der Republiken, die die Sowjetunion bildeten und heute fünf verschiedene Staaten und Nationen darstellen. Gerade weil die Sowjetunion mir in der Propaganda so fremd und in der Wirklichkeit so anders erschien, haben mir meine Reisen die Augen für vieles geöffnet. Südlichster Punkt der Reise war Jerewan in Armenien. Ich war fasziniert von den verschiedenartigen Menschen und Völkern, aber desillusioniert vom Staat und vom politischen System. Noch weniger Rechte und Freiheiten als bei uns in der DDR, sichtbar größere Infrastrukturprobleme und deutlich weniger Wohlstand. Ich hatte das alles geahnt, ja gewusst, aber es nun so zu erleben, war eine Extra-Lektion. Das GUM, das Glawny Universalny Magasin, das größte Warenhaus des größten Staates der Erde in Moskau, hatte in seinen vielen Schaufenstern in den Arkadengängen nur Gummistiefel ausgestellt und das Angebot war so dürftig, dass einem ein Warenhaus in der DDR zum Beispiel in Potsdam, wie ein Einkaufsparadies vorkam. Alles war noch strenger reglementiert als in der DDR und die Überwachung durch den allgegenwärtigen Staat war fast erdrückend. Ich konnte in kein Hotel gehen, denn dafür hätte ich ein Visum zeigen müssen, was ich nicht hatte. So schlief ich im Zug oder in den großen Wartesälen der Bahnhöfe der großen Städte. Nur einmal, in Georgiens Hauptstadt Tiflis, habe ich im Studentenwohnheim geschlafen und auf der Rückfahrt hatte mich in Gori, der Stadt, wo damals und heute ein großes Stalin-Museum die Verklärung seiner Verbrechen betreibt, eine Familie zum Essen eingeladen und mich dann mit den großen Trinkhörnern voll georgischen Weins unter den Tisch getrunken, sodass ich dann bei ihnen schlafen musste.»Ruinen schaffen ohne Waffen« wurde kritisch in der DDR gesagt, da keine kontinuierliche Pflege der Häuser stattfand. Hier aber war seit 1917 kaum noch Geld da und vor allem auch kein Privateigentum vorhanden und so kein Interesse, die Häuser, in denen man wohnte, zu pflegen. Insofern war der allgegenwärtige Verfall zu spüren. Die Straßen, jenseits der sozialistischen Prachtboulevards, waren ohne ordentliche Bürgersteige.

In diesen Wochen habe ich so viel Russisch gelernt, wie nie zuvor, weil ich mich ständig unterhalten und reden musste mit Menschen, die freundlich waren und Verständnis dafür hatten, dass mein Russisch schlecht war. Trotzdem führten wir Gespräche über gesellschaftspolitische Fragen, philosophische Probleme und über den Glauben.

Wenn man sich geschickt anstellte, wurde man in der UdSSR selten oder nie kontrolliert. Das größte Problem war, gesund zu bleiben. Mir wurde gesagt, wenn ich mir zum Beispiel eine Fahrkarte besorgen wolle und gefragt würde, warum mein Russisch so schlecht sei, solle ich immer sagen »Estonez«,»ich bin Este«, weil Esten deutlich hörbar schlechter Russisch sprächen. Aber einmal in Suchumi bin ich doch von der Polizei aufgegriffen worden, da half »Estonez« nicht mehr weiter. Auf der Wache habe ich gesagt, ich sei »na marschrute miru« – auf einer Weltreise. Aber »Mir« ist das russische Wort für Welt und Frieden. Also war ich auf einer Friedensreise oder eben einer Weltreise, beides stimmte. Sie schauten unwillig, aber akzeptierten schließlich meinen Erklärungsversuch, und so kam ich wieder frei und konnte auf den Bahnhof gehen, wo ich erleichtert zwischen den vielen älteren Frauen schlief, die auf den nächsten Zug warteten und zum Kauf anboten, was sie in ihren Gärten angepflanzt hatten.

Aserbaidschan war für mich das erste Land, in dem ich etwas über den Islam und die islamische Kultur gelernt und erlebt habe. Heute ist es ein prosperierender Staat, geprägt von aberwitziger Korruption und einer dynamischen Entwicklung zugleich, die mit dem Erdöl und dem Erdgas zusammenhängt, das dort seit weit über hundert Jahren gefördert wird. Ich aß damals unregelmäßig und meist auf der Straße. Dabei zog ich mir in Baku einen furchtbaren Durchfall zu. Nur mit der Hilfe von westdeutschen Touristen, die ich in Baku kennengelernt hatte und die mir Medikamente gaben, bin ich wieder gesund geworden.

Die Unterschiede zwischen den einzelnen Sowjetrepubliken waren oft stark zu spüren – in der Kultur, im Wohlstand, im Lebensniveau. Die Menschen auf meiner Reise haben mit mir wenig über »den Westen« gesprochen, aber viel über das Verhältnis der DDR zur Sowjetunion. Auch in Russland wusste man gut zwischen Ost- und Westdeutschland zu unterscheiden. Die drei südkaukasischen Sowjetrepubliken waren spürbar anders und hatten sich, was mich beeindruckte, von Moskau spürbar emanzipiert. Ihre Bewohner besaßen ein ganz Eigenes, aus der Tradition ihrer Völker begründetes Selbstbewusstsein. Dort sagten die Menschen immer wieder: Die intelligentesten Menschen seien für sie die Juden, die Deutschen und die Georgier oder eben die Armenier.

In der Zeit habe ich ein völlig neues Verhältnis zu Russland, zur Sowjetunion und zur russischen Sprache gefunden. Mein Respekt den vielen verschiedenen Menschen gegenüber ist gewachsen. Eine weitere Folge dieser Reise war, dass mich nun die russische Literatur interessierte. Interesse war nicht mehr von der Schule, vom Staat vorgegeben, sondern die russische Liebe zu den eigenen Dichtern, der Nationalstolz auf die großen Dichter, die die Seele des Volkes zum Ausdruck brachten, faszinierte mich.

Der für mich wichtigste Autor ist Dostojewski, vor allem mit seinen großen Werken »Die Brüder Karamasow« und »Der Idiot«.

Als ich diese Riesenwerke zu Ende gelesen hatte, war ich wie verändert. Der alte Karamasow hatte drei Söhne, so wie mein Vater drei Söhne hatte, und die Dialoge, auch das Berühren tiefster Glaubensfragen, das Ergründen von existenziellen Fragen haben mich aufgewühlt. Ich fand so vieles, dass mich bewegte, über mich und meine Welt. Auf mysteriöse Weise berührte und veränderte Dostojewski meine eigene Wirklichkeit. Die Fragen nach Schuld und Sühne, Leidenschaft, Leiden und Mitleid trieben mich stark um, auch die Gottesfrage, die Freiheitsfrage in der grandiosen Legende vom Großinquisitor. Als ich Dostojewski las, war ich einmal mehr froh, Pfarrer zu werden.

Anfang der 1980er-Jahre begannen die großen Friedensdebatten auch in der DDR. Die Sowjetunion rüstete im großen Stil mit SS-20-Raketen, einer neuen Generation von Mittelstrecken auf und die NATO reagierte darauf seinerseits mit neuen Mittelstreckenraketen. Den Staat UdSSR hatte ich inzwischen gut genug aus eigener Anschauung kennengelernt. Er bot seinen Bürgern ökonomisch weniger als uns Ostdeutschen die DDR, war viel schlechter organisiert als die DDR und gestand seinen Bürgern kaum Freiheitsrechte zu. Von Anfang an konnte ich deshalb die Position der NATO nachzuvollziehen: Wenn ein schlecht organisierter, schwacher Staat, massiv aufrüstet, obwohl genügend Atomwaffen auf beiden Seiten vorhanden sind, dann musste es darauf eine Antwort geben. Alles andere wäre ein Hasardspiel gewesen. Das war mir klar, anders als vielen im Westen und anders als vielen in der DDR. Man konnte nicht einfach zuschauen und sagen, wir verhandeln dennoch weiter. Man musste beides machen, denn ohne glaubhafte Drohung war man kein ernstzunehmender Verhandlungspartner. Der Doppelbeschluss der NATO, auf die sowjetische Aufrüstung zu reagieren und zugleich zu verhandeln, leuchtete mir ein. Am Ende hat die Absurdität des Wettrüstens zu einem friedlichen Ende geführt, weil der Seite, die begonnen hatte, die Luft ausging, bevor man sich gegenseitig das Licht ausgepustet hatte.

Mit Anfang 20 ist mir schreckhaft klar geworden, was uns vorenthalten wurde, wie rückständig wir in der DDR waren. Als ich auf der großen Ostseeinsel Usedom als junger Kurprediger arbeitete, dort Urlaub machte und in der Gemeinde Veranstaltungen anbot, besuchte mich ein Italiener. Er war freundlich, fast doppelt so alt wie ich, und nahm mich im Auto mit auf eine Inselrundfahrt über Usedom. Er war begeistert, voller Dankbarkeit für alles, was ich ihm zeigte, und brachte sein empathisches Gefühl auf den Punkt, als er sagte:»Das ist hier alles so wie in meiner Kindheit.«Ich begriff mit einem Schlag – so wie wenn jemand ein Fenster aufstößt: Wir leben in der DDR 25 Jahre hinter dem Westen zurück. Die Tschechoslowakei oder die Sowjetunion waren noch weiter zurückgeblieben, noch mehr in der Vergangenheit stehen geblieben. Ein beklemmendes Gefühl. Ich war Deutscher, und das Erbe des Zweiten Weltkrieges war nicht nur die deutsche Teilung, sondern verwirktes europäisches Erbe im Osten Deutschlands. Die europäische Teilung hatte nicht automatisch am Ende dieses schrecklichen Kriegs stehen müssen, aber sie strafte einen Teil des Kontinents einseitig für das unmenschliche Nazi-Regime. Ich empfand es nun als ungerecht, dass ich oder irgendwer, der in der DDR, in der Tschechoslowakei, in Ungarn oder Polen geboren wurde, automatisch zeitlebens auf der ärmeren Seite des Eisernen Vorhangs leben sollte. Für uns war der Osten des Eisernen Vorhangs ein Geburtsschicksal. Aber musste man es auf Dauer ertragen und hinnehmen? Politisch war der Eiserne Vorhang ein die Menschen missachtender Irrweg. Von daher leuchtete mir die Position, für die Helmut Schmidt kämpfte, ein und ich vertrat sie gegen die Meinung im Osten, selbst in der Friedensbewegung, aber auch in den Gesprächen mit den westdeutschen Freunden. Nur wer mit der Sowjetunion die klare Sprache der Macht, für die sie sich ja selbst entschieden hatte, sprach, hatte eine Chance sich und auch seine Friedensposition durchzusetzen.

Ich lebte zu der Zeit im Prenzlauer Berg am Helmholtzplatz und hatte dort meine zweite Wohnung besetzt. Während es in West-Berlin Hausbesetzer gab, um kommunitäres Leben als Protest gegen Staat und Gesellschaft zu ermöglichen, gab es in Ostberlin Besetzungen von Wohnungen. Nicht Protest, sondern reine Not war hier der Grund. Die Wohnungsverwaltungen hatten oft nicht den Überblick, wo was frei war, und den anderen Mietern war es oft sogar lieber, dass eine Wohnung nicht mehr leer stand. Irgendwann begann man dann die Miete zu bezahlen, und da keiner eine wirkliche Kontrolle hatte, wurden die Mieten meist angenommen. Und hatte man erst einige Monate oder gar Jahre bezahlt, wurde das als Zustandekommen eines Mietvertrages anerkannt.

Ich hatte 1981 nach zwei Jahren Studium meine Ausbildung am Sprachenkonvikt in Berlin unterbrochen, um allein für mich frei studieren zu können. Die sozialistische Schule, wo ich meist zu den Besten gehört hatte, hatte mich so vieles nicht gelehrt, was meine Kommilitonen, die aus Pfarrhäusern kamen, oft ganz selbstverständlich kannten. Wolfgang Ullmann, der Kirchengeschichtsdozent am Sprachenkonvikt setzte voraus, dass man nicht nur Platon kannte, sondern auch den Dialog von Sokrates mit seinen Schülern in seinem Buch »Politeia« gelesen hatte und genau wusste, was das Höhlengleichnis ist. Ich hatte nur flüchtig und kritisch von Platon gehört, nichts gelesen von ihm. Aber so ging es mir ständig. In den Vorlesungen fiel ich von einem Bildungskrater in den anderen. All das wollte ich nun selbstständig nachholen, aber merkte sehr bald, dass ich meine Kräfte überschätzt hatte. Ich setzte mich zwar morgens früh an meinen Schreibtisch inmitten meiner Jaffa-Möbel, aber sehr bald wurde ich müde, merkte, dass ich mich nicht konzentrieren konnte. Immer stärker rutschte ich so in eine Sinnkrise. Aus dieser Krise wurde eine Lebenskrise, ich bekam Depressionen und hatte das Glück, dass mir mein Freund Friedrich Demke half, einen Beratungstermin bei dem ehemaligen Probst der Berlin-Brandenburgischen Kirche, Siegfried Ringhandt zu bekommen. In seiner Studierstube, in einer für ihn scheinbar viel zu kleinen Wohnung, empfing mich dieser wahrhaft große Mann. Die Art, wie er Menschen begegnete, löste mir die Zunge. Er hatte eine wunderbare Klarheit im Urteil, konnte gut und lange zuhören und wenn man sich dann ausgesprochen hatte, füllte er das entstandene Loch, half, das Problem zu verstehen, und gab Orientierung. Er nannte mir auch Titel von Büchern, die mir weiterhelfen würden. Mit seiner Hilfe lösten sich die Irrungen und Wirrungen, die ich in meinem Kopf hatte, langsam auf. Was für ein Glück hatte ich gehabt, in DDR-Zeiten einen solchen Menschen treffen zu dürfen, der mir half, meine Fragen zu strukturieren, der mir half, mich selbst zu verstehen und anzunehmen. Viele andere finden ein solches Gegenüber nie oder nicht zur rechten Zeit. Ich hatte das Glück, meine Probleme besser zu verstehen, mit ihnen ohne Selbstmitleid umzugehen und im Horizont des eigenen Glaubens Lösungen dafür zu finden.

Ich entschied mich, bevor ich wieder ins Studium einstieg, handwerklich zu arbeiten und eine Ausbildung als Tischler zu beginnen. Ich hatte Glück, dass mich der ehemalige Werkstattmeister der Komischen Oper, der unter Walter Felsenstein gearbeitet hatte, Meister Kay annahm und ich in knapp einem Jahr mehr lernte als viele in ihrer Tischlerausbildung in einem Volkseigenen Betrieb, wo sie oft nur Maschinenbetreuer waren. Das merkte ich sehr deutlich, als Lonny Becker, der Sohn von Jurek Becker am Ende meines ersten Jahres bei Meister Kay anfangen konnte und trotz einer zweijährigen Ausbildung in einem Volkseigenen Betrieb als Möbeltischler weniger konnte als ich.

Meine kritische Distanz zum Staat wuchs in dieser Zeit immer weiter. Immer deutlicher wurde mir, dass es nicht reicht, nur resigniert zu meckern. Ich wurde immer politischer und bekam meine politische Sozialisation in der Zeit, als die sozialliberale Koalition in Bonn zerbrach. Ich konnte in dem von Staub und Sägespänen bedeckten Radio stundenlang die Debatten und Nachrichten verfolgen, während ich mit Raspel und Sandpapier Chippendale-Beine für Tische bearbeitete. Immer stärker wollte ich einen Platz finden, wo ich etwas verändern und gestalten konnte, anstatt nur ohnmächtig zu schimpfen. In den Debatten, die ich im Radio gehört hatte, war mir klar geworden, dass man Parteien brauchte, um nachhaltig etwas zu verändern. Wenn das in der Demokratie im Westen der normale Weg war, dann war das auch für uns nicht falsch. Die SED schied für mich aus. Sie war der Grund allen Übels. Sie zu benutzen, um das Übel zu mindern oder zu beseitigen, schien mir nicht logisch.

Aber die Blockpartei Ost-CDU schien mir ein denkbarer Ort für solchen sinnvollen Protest und war ein denkbarer Ort für politischen

Streit. Wer in der CDU war, wollte nicht in die SED, sah also manches, wenn auch nicht alles kritisch. Ich sah mich in Gedanken schon mit den Älteren dort streiten und Bewegung in eine solche Parteigruppe bringen. Wenn es nicht gelingen würde, könnte ich ja immer noch wieder austreten. Als ich meinen Vater von dieser Absicht in Kenntnis setzte, warnte der mich wenig später, nach dem er mit meinem Patenonkel, der in Leipzig Pfarrer war, darüber gesprochen hatte. Der hielt es für Hybris, das zu versuchen und erinnerte mich daran, dass alle, die es versucht hatten, nicht nur gescheitert waren, sondern korrumpiert waren oder sich kompromittiert hatten. Ich fühlte so viel Kraft in mir, dass ich dachte, einen Weg zwischen Skylla und Charybdis zu finden. Aber das Wort Hybris hatte sich bei mir festgehakt. »Hochmut kommt vor dem Fall.« Selbst wenn ich etwas erreichen könnte, man mich gewähren lassen würde bis zu einem gewissen Punkt, wäre das Missverständnis, dem ich Vorschub leisten würde, viel größer als jeder optimal vorgestellte Nutzen! Die Idee war dann schneller verflogen, als sie mir gekommen war. Es blieb ein schales Gefühl, so nah an einer Klippe gestanden zu haben – aus Hochmut und in unzulässiger, wenn vielleicht auch verständlicher Unbedarftheit der Jugend.

Im September 1984 setzte ich mein Studium fort. Meine Ausbildung zum Theologen fand wieder am Sprachenkonvikt in Berlin statt, auf dem Hof der Golgatha-Gemeinde, die sich keine fünf Minuten von der Ständigen Vertretung der Bundesrepublik in der DDR befand. Ursprünglich war das Sprachenkonvikt der Ort der Sprachausbildung für die Studenten der Kirchlichen Hochschule, die von der Bekennenden Kirche 1936 in Leben gerufen wurde, weil sie die Ausbildung der Theologen nicht den gleichgeschalteten Hochschulen überlassen wollte. Als die Mauer gebaut wurde, musste hier die Ausbildung fortgesetzt werden, und obwohl wir nur ca. 110 Studierende waren, war diese Ausbildungsstätte wohl die Beste in der ganzen DDR, obwohl alle DDR-Universitäten theologische Sektionen und die Evangelischen Kirche von Sachsen in Leipzig und die von Sachsen-Anhalt in Naumburg noch eigene Lehreinrichtungen hatten.

Das Sprachenkonvikt war durch seine Entstehung, seine Rolle und die Lehrenden, die den Titel Professor nicht tragen durften, sehr stark von dem großen Theologen Karl Barth geprägt. Barth hatte seine Theologie im Widerspruch zu den Bindestrich-Theologien des Kulturprotestantismus des Jahrhundertwechsels formuliert. Nicht in der Geschichte, sondern in der biblischen Offenbarung sah er die Grundlage für die Arbeit der Kirche. Er war kein religiöser Sozialist, trat aber, als er in der Nachkriegszeit in Bonn lehrte, bewusst und provokativ der SPD bei und nicht der CDU, einer sich christlich nennenden Partei. Durch meinen Kirchengeschichtslehrer Wolfgang Ullmann wurde ich an den großen Denker und Vater des Kreisauer Kreises Eugen Rosenstock-Huessy herangeführt. Sein Buch »Die Europäischen Revolutionen« veränderte mein Denken so stark wie wenig andere Bücher. Hier begriff ich, wie die christliche Verkündigung über ein Jahrtausend hinweg immer wieder zu Revolutionen in Europa geführt hatte. Die Revolutionen schufen nicht nur menschlichen und geschichtlichen Fortschritt, sondern waren Teil der realen Heilsgeschichte Gottes mit seiner Welt. Also nicht in der menschlichen Geschichte kann man Gottes Offenbarung sehen, sondern Gottes Offenbarung bewirkt etwas in der menschlichen Geschichte. In diesem Sinne wurden meine Andachten und Predigten und meine kirchliche Arbeit immer politischer, weil ich als Pfarrer nicht unwidersprochen lassen wollte, dass die DDR das Rad der Geschichte zurückgedreht hatte und menschliche Rechte und Freiheiten nach Gutdünken beschnitt, die gegen Kirche und Staat meist von Christen erkämpft wurden. Ich wollte den Rückschritt in der Heilsgeschichte, den die DDR für mich immer mehr darstellte, in meinen Predigten offen und kritisch ansprechen. Nicht christliche Politik zu machen war mein Ziel. Aber wer das Evangelium verkündet, darf nicht schweigen, wo Rechte und Freiheiten vom Staat beschnitten werden. Ich wollte keine Politik, die sich auf Christus beruft, aber die um Christi willen nicht widerspricht, wo es notwendend ist.

1984 war das 50. Jubiläum der Theologischen Erklärung von Barmen, die die Bekennende Kirche gegen die Vereinnahmung der

Kirche durch den NS-Staat und die Haltung der Deutschen Christen formulierte. Das erste Mal seit über 400 Jahren, seit der von Melanchthon und Luther stammenden *Confessio Augustana*, dem auf dem Reichstag zu Augsburg 1530 vorgelegten Bekenntnis, formulierten meine Kirchen, also die lutherische und die reformierte, gemeinsam ihren Glauben. Und das, was hier, fußend auf dem reformierten Vordenker Karl Barth, formuliert wurde, prägte mich in meinem theologischen Denken. Man konnte, man musste sogar widerstehen, wenn der Staat sich Dinge anmaßte, die ihm nicht zustanden. Ich spürte, dass das in der DDR geschah. Ich hätte wohl nicht den Mut und die Klarheit gehabt, zu sagen, dass das schon den *status confessionis* erreicht hatte, aber ich wusste seitdem, dass ich klar und deutlich zu predigen hatte. Ich wusste, dass ich nicht nur berechtigt war, in meiner Predigt auch etwas Kritisches zur DDR und zu den politischen Verhältnissen zu sagen, sondern dass es geboten war. Das Evangelium durfte nicht so verstanden und erklärt werden, als ob es nur um den Himmel ginge, um ein fernes Jenseits. Das Evangelium hatte Geschichte, Heilsgeschichte geschrieben. Und die DDR war dabei, wichtige in der Geschichte erreichte Fortschritte nicht nur zu leugnen, sondern Geschichte zurückzudrehen. Die Freiheitsrechte, die nicht ohne die Revolution durch die Reformation denkbar waren, und die für die Menschen im Hören auf Christus gegen Staat und Kirche in Jahrhunderten erkämpft worden waren, wurden durch den sozialistischen Staat den Menschen in der DDR vorenthalten. Das Recht zu reisen und seinen Aufenthalt frei zu bestimmen, das Recht auf Meinungs-, Presse- und Versammlungsfreiheit. Auch das Postgeheimnis, was mit dem durch Christus in die Welt gekommenen Gedanken der Individualität untrennbar zusammenhing, wurde uns nicht gewährt. Diese ungewöhnliche Haltung hatte ich mir durch die Lektüre der Bücher von Eugen Rosenstock-Huessy erarbeitet. Er ist leider ein viel zu wenig bekannter Mann, der so hellsichtig wie kein anderer die Barbarei des Nationalsozialismus kommen sah. Der angeboten bekam, die Weimarer Reichsverfassung mit zu erarbeiten und zugleich die Leitung einer der wichtigen Zeitschriften der Weimarer Republik »Hochland« ablehnte und zu Mercedes nach Stuttgart ging und die

Arbeiterbildung aufbaute. Hier schuf er die Seminare, in denen er Arbeiter und Intellektuelle zum gemeinsamen Arbeiten und miteinander Reden und Denken brachte. Diese Seminare waren der Ort, wo die Mitglieder des Kreisauer Kreises sich kennenlernten und prägende Erfahrungen für den Widerstand lernten. Rosenstock-Huessy gilt deshalb auch als der Vater des Kreisauer Kreises. Sein Buch »Die Europäischen Revolutionen« brachte mir eine neue Geschichtssicht nahe, die den Fortschritt neu erklärte, den die Heilsgeschichte universalgeschichtlich gebracht hatte. Und deshalb fühlte ich mich zum Widerstand seitdem legitimiert, ja mehr, erschien mir wegen meines Glaubens geboten.

KAPITEL 3

GEBURTSTAGSREISEN IN DEN WESTEN UND DIE IDEE, IN DER DDR EINE SPD ZU GRÜNDEN

Im August 1986 war die Grenze zum Westen Berlins 25 Jahre geschlossen. Ein Kommilitone von mir, Reinhard Lampe, hatte gewagt, dagegen zu protestieren. Mit einem Sandwich-Schild – hinten und vorn ein Plakat – auf dem gestanden hatte »25 Jahre sind genug«, war er in der Eberswalder Straße inhaftiert worden. Er hatte gegenüber von einem der Podeste gestanden, von denen man aus dem Westen in den Osten gucken konnte. Ein paar Jahre zuvor hatte ich in einem Zoo in Sochumi auf einem solchen Podest gestanden und in das Affengehege hineingeschaut. Nun fühlte ich mich hier immer wie ein Affe, auf den die Leute im Westen wie in ein Gefängnis hineinguckten.

Reinhard Lampe wurde inhaftiert und kam erst Wochen später auf Druck der Kirchenleitung wieder frei und konnte sein Studium fortsetzen. Ich schwankte zwischen Bewunderung für seinen Mut und der Frage, was sich durch seine Aktion verändert hätte. Wenn viele den Mut haben würden wie er, würde sich etwas ändern spürte ich. Aber konnte das der Weg sein?

1987 wurde in beiden Teilen Berlins das 750-jährige Bestehen Berlins gefeiert. Einmal mehr wurde uns allen bewusst, dass es eine Stadt war, die nur einen winzigen Teil ihrer Geschichte lang geteilt war. Die Künstlichkeit der Teilung, 26 Jahre im Vergleich zu 724 Jahren gemeinsamer Geschichte, wurde schmerzhaft spürbar. Beide Teile Berlins feierten getrennt, die Kirchen hingegen machten das gemeinsam. In Ostberlin fand ein evangelischer Kirchentag statt, bei dem die »Kirche von unten« zusätzlich zu dem sowieso DDR-kritischen Kirchentag noch deutlicher ihre Kritik benannte und klare Forderungen stellte für mehr Freiheitsrechte und Demokratie. Wieder wurden bis dahin gefürchtete Grenzen weiter verschoben, wuchs der Mut zum Widerspruch und die Bereitschaft, alles als gegeben hinzunehmen, sank weiter.

Es gab bei diesem Kirchentag wegen der Nähe zu West-Berlin viele nationale und internationale Gäste, mit denen auch so offen wie sonst selten diskutiert werden konnte. Und es gab die vielen Basis-, Friedens- und Umweltgruppen, die die Situation der Hauptstadt bei einem Kirchentag für ihre Themen nutzen wollten. Sie gründeten zu Beginn des Jahres 1987 die »Kirche von unten«, die nicht nur der DDR und ihrer Politik gegenüber kritisch war, sondern auch die Politik der Kirchenleitungen kritisierte. Sie wollten klarer und deutlicher ansprechen, was verändert werden sollte, und waren nicht bereit, so vorsichtig wie die offizielle Kirche ihre Positionen zu diskutieren. In der Pfingstgemeinde in Friedrichshain bekam die »Kirche von unten« während des Kirchentages ihr Zentrum und in den Diskussionen machten viele so wie ich neue Grenzerfahrungen. Viel deutlicher als sonst konnten hier im Schutz und in Auseinandersetzung mit der Kirche Probleme diskutiert werden. Was sonst nur in kleinen Gruppen angesprochen werden konnte, geschah hier mit einem viel größeren Publikum. Veranstalter und Gäste wurden durch die Diskussionen für eine offenere Auseinandersetzung mit dem DDR-Staat gestärkt. Wir spürten, es gibt einen Fortschritt, wenn auch noch nicht in der Sache, so doch in der Klarheit der Diskussion. Viele Dinge sind dort erstmals so deutlich und vor größerem Publikum ausgesprochen worden.

Die Kritik wurde nun im Herzen der DDR in Berlin laut. Ich verstand beide Seiten – die, die ungeduldig mehr forderten und die Kirchenleitung, die diesen Schutzraum nicht nur für den politischen Protest erhalten wollte, sondern auch für die originäre kirchliche

Arbeit. Es war ein schmaler Grat, denn der Schutzraum Kirche sollte ja auch für die Verkündigung des Evangeliums offengehalten und durfte nicht gefährdet werden durch zu starken politischen Protest.

Nachdem 1982 der Generalsekretär der KPdSU, der Kommunistischen Partei der Sowjetunion, Breschnew nach über 20 Jahren Amtszeit gestorben war, folgten ihm in kurzem Abstand die ähnlich alten und lang gedienten Kader Juri Andropow und Konstantin Tschernenko. Nachdem in drei Jahren dann drei Generalsekretäre gestorben waren, wurde überraschend ein Mann aus der Provinz gewählt, der deutlich jünger war. Mit dem neuen Kurs von Michail Gorbatschow kam nun plötzlich für unvorstellbar gehaltene Bewegung in die Sowjetunion, das Ost-West-Verhältnis, die Abrüstungsdebatte und auch in das Leben vieler DDR-Bürger. Glasnost und Perestroika, uns bis dahin unbekannte russische Worte, wurden zu Worten der Hoffnung und Veränderung. Das wollten wir auch für uns – Transparenz der Entscheidungen und Prozesse und Umbau des Staates hin zu mehr Demokratie. Nun erstmals wurde für uns der bis dahin absurde Satz »Von der Sowjetunion lernen heißt siegen lernen« zu einem vernünftigen Ziel. Aber nun, wo wir das was uns jahrelang aufgezwungen wurde, anwenden, Glasnost und Perestroika auch in der DDR einführen wollten, galt das plötzlich nicht mehr.

Für die kleinen »Sputnik«-Magazine aus der Sowjetunion, die es an Zeitungskiosken zu kaufen gab, hatte es bis dahin kein Interesse gegeben, nun wurden sie plötzlich Bückware, das heißt, die Verkäuferin musste sich bücken, um einem das bestellte Exemplar zu geben. Kurt Hager vom Politbüro der SED sagte acht Tage nach dem 1. April 1987, genauso lächerlich wie dumm, in einem Interview mit dem »Stern«: »Würden Sie, nebenbei gesagt, wenn Ihr Nachbar seine Wohnung neu tapeziert, sich verpflichtet fühlen, Ihre Wohnung ebenfalls neu zu tapezieren?« Natürlich waren wir nicht verpflichtet, aber wir waren von der UdSSR über 40 Jahre gehindert worden zu tapezieren und wollten es nun wenigstens auch so machen wie der Nachbar, der uns von Hager jahrzehntelang als Vorbild hingestellt worden war.

Bis dahin war für mich in meiner eigenen Lebensplanung klar, dass ich bis 2025 in der DDR arbeiten müsste und dann das erste Mal mit Erreichen des Rentenalters in den Westen fahren könnte. Plötzlich jedoch wurden die Reisebedingungen vereinfacht und erstmals bekamen auch Bürger der DDR, die noch nicht Rentner oder Invaliden waren, die Möglichkeit für Westreisen.

Ganz überraschend durfte mein Vater fahren, denn die Staatssicherheit erhoffte sich von ihm nach seiner Rückkehr Informationen über die kurz zuvor gelungene Flucht meines Onkels in den Westen. Mein Vater fuhr und erklärte, von der Staatssicherheit in seinem Büro in der DEFA befragt, wahrheitsgemäß, dass sie darüber nicht geredet hatten. Wir waren so überrascht, dass mein Vater fahren durfte, dass nun auch ich ein »Visum zur einmaligen Ausreise nach der BRD« zum 77. Geburtstag meines Großvaters beantragte, ohne ernsthaft an den Erfolg zu glauben. Ich war völlig überrascht, als ich plötzlich, im Januar 1987 ein Visum in den Händen hielt und am Bahnhof Friedrichstraße, dort, wo sich bisher hinter meinen Freunden immer die Türen geschlossen hatten, weitergehen konnte. Vermutlich durfte ich vor allem deswegen fahren, weil ich meine Frau und meine dreijährige Tochter als Geiseln hinterlassen konnte. Ich war überwältigt, als ich nach kurzer Fahrt mit der S-Bahn nun plötzlich am Bahnhof Zoo stand. Ich hätte schreien können, denn ich gehörte hier nicht her – es war jenseits meiner Vorstellungen. Ich brauchte minutenlang, ehe ich richtig ankam, wo ich schon stand. Nachdem mir Joachim, ein Freund, einen kurzen Abend lang seinen Teil Berlins, den Westen Berlins gezeigt hatte, so wie ich ihn in meinem Teil Berlins, dem Osten oft herumgeführt hatte, fuhr ich nachts gleich mit dem Interzonenzug weiter ins Sauerland. Ich stand sprachlos im Zug, als wir den Bahnhof Griebnitzsee erreichten und wir dann die mir bestens vertraute Strecke durch Potsdam fuhren.

Am nächsten Morgen kam ich nach Umsteigen in Hagen zum 77. Geburtstag meines Großvaters in Meinerzhagen an. Ich war wohl für meinen Großvater das schönste Geburtstagsgeschenk, denn ich war der erste Enkel, der zu ihm kommen konnte. Aber ich bekam auch noch ein Geschenk – ich füllte, als ich mich im Rathaus Meinerzhagen anmeldete und das Besuchergeld bekam, einen Antrag auf einen Personalausweis aus. Damit war ich einen Tag später offiziell, mit Ausweis beweisbar, Bundesbürger und hatte aus Sicht der Volkspolizei der DDR, bei der ich das Visum erhielt, zwei Staatsbürgerschaften.

Als ich am Abend auf dem Boden im Gästezimmer meines Großvaters im Bett lag und die ersten 24 Stunden im Westen in meinem Leben Revue passieren ließ, machte ich die überraschende Entdeckung, dass ich mich dort, wo ich erst einen Tag zu Gast war, mehr zu Hause fühlte, als dort, wo ich über 26 Jahre aufgewachsen war. Es war weniger der faszinierende Wohlstand, den ich in dem Großmarkt Globus von Meinerzhagen schon kennengelernt hatte, sondern vor allem die Freiheit, die ich spürte. Hier konnte ich bleiben, ohne etwas zu erklären, ich konnte reisen, wohin ich wollte und meine Meinung sagen, die Meinung anderer in freien Zeitungen lesen und mit lauter freien Menschen zusammenleben. Demokratisch konnte hier alles geändert werden – außer der Demokratie, aber eben die wollte ich ja nun am liebsten auf ewig erleben. Ich hatte plötzlich keine Lust mehr, wieder teilnehmen zu müssen an dem staatlich geordneten und erzwungenen Schauspiel DDR, wo jeder seine Rolle, seinen Ort und Text nicht frei aussuchen durfte. Wir konnten ein wenig improvisieren, aber das Ganze war von der Partei festgelegt und man kam nicht heraus, außer man bekam eine solche überraschende Chance »gewährt«. Und eben, dass sie gewährt wurde, machte mich wütend. Mir war instinktiv klar, dass ich zurückgehen würde, aber nicht, ob mir wieder eine Reise »gewährt« werden würde. Ich war, wenn ich zurückging wieder kein freier Mensch mehr. Wenn sich die Türen am Bahnhof Friedrichstraße hinter mir schließen würden nach 14 Tagen, war ich wieder eingesperrt oder anders, ausgesperrt, ich hätte mich dann selbst wieder ausgesperrt.

Meine Freunde hatten mir Jahre zuvor, wohl eher als Trost oder Anerkennung und ohne zu ahnen, welche große Wirkung es haben würde, eine Karte mit einem Satz von Joseph Beuys geschenkt:»Manche Leute sind nur im Osten gut.« Beuys hatte wohl vor allem Künstler gemeint, die mit ihrer Botschaft, die sie im Osten hatten, auch alle künstlerische Professionalität und Bedeutung verloren, wenn sie dann im Westen waren. Ich ahnte, dass das für mich zutreffen würde, denn da, wo ich herkam, hatte ich einen Auftrag, hatte mein Leben Sinn, den ich mir nicht erst in aller Freiheit suchen musste. Aber mit dieser Frage »Westen oder Osten«, Bleiben oder Gehen, war dann auch klar die Konsequenz verbunden, etwas zu ändern, wenn ich bliebe. Plötzlich hatte ich für mich als klares Ziel vor Augen, die Verhältnisse, in denen ich lebte, zu ändern. Das war seitdem der Sinn für mich, in der DDR zu bleiben. Ohne diesen Sinn hätte ich mich auch mit meiner Familie in den Westen zurückgezogen, zurückziehen wollen. Intensiv nutzte ich von da an die zweimalige Reisemöglichkeit im Jahr, um mir vieles anzuschauen und besser zu verstehen. Ich wollte begreifen, wie der Westen funktioniert. Und meine Begeisterung nahm immer mehr zu. Sie ging meinen Freunden im Westen auf die Nerven, weil sie diese Begeisterung so nicht teilen konnten. Ich konnte ihre Kritik auch am eigenen Land, der Bundesrepublik, nachvollziehen, soweit sie mir berechtigt schien. Meine Begeisterung hingegen war zu verstehen vor dem Hintergrund meiner Lebenssituation im eigenen Land, die ich gern ihrer Lebenswirklichkeit angenähert hätte.

Im Jahr 1987 erschien zur Überraschung von vielen in Ost und West plötzlich ein gemeinsames Papier von SPD und SED im Zentralorgan der SED, dem »Neuen Deutschland«. Beide Parteien beschrieben zu verabredeten Punkten ihre Positionen nebeneinander, sodass man Gemeinsamkeiten, aber vor allem auch Unterschiede genau sehen konnte. Das Beste war an dem Papier, dass die SED ihre Auffassung in einer Weise beschrieb, wie wir es nicht für möglich gehalten hätten. Wir hatten den Eindruck, dass die SED nicht ihre wirkliche Position beschrieben hatte, aber es war im ND für alle als SED-Auffassung zu lesen und es gab viele, die wie ich zu den Diskussionsveranstaltungen mit den Autoren von der Akademie der Gesellschaftswissenschaften gingen und forderten, dass dies nicht nur im deutsch-deutschen Verhältnis gelten dürfte, sondern auch im eigenen Land als SED-Position gelten müsste. Was nun im »internationalen« Bereich galt, musste umso mehr im »nationalen« Verhältnis, also innerhalb der DDR gelten, forderte ich und nahm damit die DDR-Position in provozierender Weise auf.

In den Gesprächen auf den Reisen und durch die dort gekaufte Literatur wurde mir zunehmend deutlich, wie wenig ich von der wirklichen DDR-Geschichte bisher kannte. Ich kaufte mir die »Kleine Geschichte der DDR« von Hermann Weber, Wolfgang Leonhards »Die Revolution entlässt ihre Kinder« und die »Kleine Geschichte der SPD« von Miller und Potthoff. Ich hatte keine oder falsche Vorstellungen von der Entwicklung der DDR und dem Verhältnis beider deutscher Staaten. Über vieles wurden wir in der DDR schlicht nicht informiert und wenn, dann meist falsch. Im Studium hatte ich durch die Kirchengeschichte und die geschichtsphilosophischen Texte begriffen, was eine von Ideologie freie Geschichtswissenschaft, die sich dem offenen Diskurs stellt, leisten kann. Aber noch nie hatte ich die jüngste, mich direkt betreffende, mein Leben bestimmende Geschichte in dieser Weise zu sehen gelernt. Die Gründung der DDR und die Geschichte der Teilung Deutschlands, die Vereinigung von SPD und KPD zur SED erschienen mir nun wie der 17. Juni in einem völlig neuen Licht.

Als ich las, wie sich erst Ulbricht und später Honecker gegen andere durchgesetzt hatten, wurden sie plötzlich kleiner und ich spürte neue Legitimation zum Widerspruch und zur Opposition.

War ich in meiner Schulzeit und in den ersten Jahren des Studiums eher aufmüpfig und beteiligte mich nur partiell am Widerspruch, wuchs Mitte der 1980er-Jahre immer stärker ein Aufbegehren gegen die Verhältnisse, ein Widerstand nicht nur gegen bestimmte Lebensbedingungen, sondern gegen das System, das diese Lebensbedingungen verantwortete. War mein Widerspruch bis dahin eher zufällig und von Angst um die eigene Zukunft oder zumindest Sorge geprägt, wollte ich jetzt die Herausforderung und nahm den Streit auf, um etwas zu verändern. Seitdem ich in Potsdam beobachtet hatte, wie ein Mann, der seinen Protest am Platz der Einheit als Sandwich vortrug – vorn und hinten ein Protestplakat – gewaltsam abgeführt wurde, stand mir immer vor Augen, dass die Wirkung des Protestes in einer sinnvollen Relation stehen müsste zu den Folgen, die ich zu erwarten oder gar zu erdulden hatte. War der Widerspruch bisher erfolgt, um die Situation, in der ich lebte auszuhalten, geschah der Widerstand jetzt, um wirklich mit kleinen Schritten Veränderungen zu erreichen.

Die Veränderungen in der Sowjetunion, mein Studium und wachsende Erfahrungen durch Praktika auch in anderen Städten und Gemeinden in der DDR wie in Görlitz, Saalfeld und Berlin, ließen mich und meinen Protest erwachsener werden. Vor allem jedoch die Reisen in die BRD oder die Bundesrepublik oder den Westen oder schlicht den anderen Teil meiner deutschen Heimat, gaben mir diese neue innere Freiheit. Ich fühlte mich nicht mehr gefangen oder besser noch, ich fühlte, dass ich in der DDR gefangen war, dass das aber nicht mehr unabänderlich und für immer so war. Es war nicht mehr wie vorher ein unentrinnbares Schicksal. Ich konnte im Westen bleiben oder einen langwierigen Ausreiseantrag stellen und meine Familie nachholen. Es gab eine Aufgabe, eine Alternative, die attraktiv war. Wenn ich im Osten blieb, wollte und musste ich dort etwas zur Veränderung beitragen. Das wurde mehr und mehr der Grund überhaupt zurückzukommen und nicht im Westen zu bleiben.

Durch das bessere Verständnis der Geschichte des eigenen Staates oder des östlichen Teils Deutschlands fühlte ich mich mehr als je zuvor von der DDR-Regierung herausgefordert und war nun bereit, diese Herausforderung anzunehmen und meinerseits diesen Staat herauszufordern und infrage zu stellen.

Das erste Mal spürte ich im November 1987, dass der Protest sich nicht mehr auf Dauer unterdrücken lassen würde. Mir imponierte die Arbeit der Umweltbibliothek in der Berliner Zionsgemeinde auf dem gleichnamigen Platz in Ostberlin. Einige Male hatte ich die dort veröffentlichte Untergrundzeitung »Grenzfall« lesen können. Dietrich Bonhoeffer hatte dort gearbeitet als junger Pfarrer, mutiger Widerstand hatte dort also eine gewisse Tradition. Insofern war es klar, dass ich an den Protestveranstaltungen gegen die Inhaftierung der Mitarbeiter der Umweltbibliothek in der Berliner Bartholomäuskirche in Friedrichshain teilnahm. So viele Menschen, die offener politischer

Protest gegen die DDR verband, hatte ich bis dahin noch nicht erlebt. An dem Abend in der Kirche wurde mir klar, dass uns das allen in gleicher Weise Mut gab und dass diese Erfahrung bei uns nicht wieder auszulöschen sein würde. Die Gründe für unseren Protest blieben und neue würden hinzukommen. Aber zugleich blieb das Gefühl von diesem Abend, dass wir nun nicht mehr ohnmächtig allein waren. Die rund 300 Menschen, die dort ihre Protesterfahrungen machten, würden beim nächsten Mal neue mitbringen, würden anderen nun Mut machen können.

1988 machte ich in der Gethsemane-Gemeinde im Prenzlauer Berg mein Vikariat, den zweiten, praktischen Teil meines Studiums. Ich bot dort einen Kurs an, in dem Fragen des christlichen Glaubens diskutiert werden sollten. Ich war erfreut, wie groß der Zuspruch war. Die meisten Teilnehmer waren jedoch Ausreisewillige. Es hatte sich schnell herumgesprochen, dass man in unserem Kreis offen und frei reden konnte. Diejenigen, die einen Ausreiseantrag gestellt hatten, mussten meist ihren Beruf aufgeben und hatten Zeit. Sie wollten sich auf die neue Lebenssituation vorbereiten und waren zugleich so frei wie noch nie in ihrem Leben zuvor, den Staat, von dem sie nur noch die Ausreise wollten, zu kritisieren. Durch ihre Fragen und Aussagen lernte ich im Gespräch, nun auch offener und reflektierter als zuvor meine Kritik zu formulieren und meine Position zu beschreiben.

Die wunderbare Erfahrung meiner ersten Reise in den »Westen« von 1987 ließ sich, wenn ich Zeit fand, nun jedes Jahr wiederholen. Denn mein Großvater hatte am 31. Januar und meine Großmutter am 21. Oktober Geburtstag. Bei meinen Besuchen wurde ich immer mutiger. Ich hatte mehr geplant und mich gut vorbereitet. Ich legte meine gekauften oder geschenkten Bücher in meinem Koffer ganz zuunterst, legte Süßigkeiten und Geschenke für meine Frau und meine Tochter darauf, in der Hoffnung, dass sie bei einer eventuellen Kofferkontrolle nicht gefunden werden. Und ich sollte Glück haben. Innerlich hatte ich durchgespielt, wie ich mit meinem Koffer durch die Zollkontrolle gehen würde und versuchte zu lernen, eine ruhige Miene zu zeigen und mir nichts von meiner Erregung anmerken zu lassen.

In den Zollbestimmungen der DDR war verrückter Weise auf anderes hingewiesen worden, was man nicht einführen durfte: Schusswaffen und Drogen und bei Literatur galt das Hauptaugenmerk pornografischer und zionistischer Literatur.

Die »Kleine Geschichte der DDR« von Hermann Weber öffnete mir groß die Augen, denn die Geschichte der DDR war mir bis dahin bestenfalls in Umrissen bekannt und vieles eben aus der klassenkämpferischen Position der DDR-Geschichtswissenschaft. Die Bedeutung der Zwangsvereinigung von SPD und KPD zur SED, die zu dem mir sattsam vertrauten Motiv der vereinigten Hände auf dem Abzeichen der SED geführt hatte, hatte ich bis dahin völlig falsch eingeordnet. Nun verstand ich, dass das erste Angebot, aus der Zeit der Weimarer Republik zu lernen, von der SPD schon im Herbst 1945 gekommen war, von der KPD aber abgelehnt wurde, in der Hoffnung sich bei den Wahlen gegen die SPD durchzusetzen. Erst als die KPD sah, wie die Kommunisten in Österreich bei den Wahlen scheiterten, nahmen sie die alte Idee auf und setzten sie mithilfe der sowjetischen Besatzungsmacht in der Ostzone gegen den Willen vieler Sozialdemokraten und ohne Urabstimmung durch. Dass die Spaltung in einem langen Prozess im Osten vorbereitet wurde, weil dort keine Demokratie zugelassen wurde und erwünscht war, lernte ich hier nun anhand der vorgetragenen Fakten. Bis dahin war uns als Beweis dafür, dass die Spaltung vom Westen ausging, immer vorgehalten worden, dass die Gründung der BRD und die Einführung der D-Mark vor der Gründung der DDR und der Einführung des DDR-Geldes stattgefunden hatte. Ich begriff nun, dass die Gründung der BRD nur eine Reaktion auf die im Grunde schon vorgenommene Teilung war, weil man sich in den Westzonen die politische Tagesordnung eben nicht von den Sowjets vorgeben lassen wollte.

Erstmals hatte ich nun ein konsistentes Bild der Ereignisse vor mir, beginnend nach der Befreiung 1945 bis in die beginnenden 1980er-Jahre. Unsere Eltern hatten mir wenig erzählt und auch mein Onkel, der Pfarrer in Leipzig war, hatte zwar seine Kritik gegenüber dem bestehenden System deutlich gemacht, sie aber kaum erklärt oder begründet. Alles was ich wusste, hatte ich aus der Propaganda des Geschichtsunterrichts gelernt, und so wie mir ging es wohl fast ausnahmslos allen aus meiner Generation. Noch tiefer beeindruckte mich die mit Geschichte randvoll gefüllte Erzählung von Wolfgang Leonhard. Er erklärte in »Die Revolution entlässt ihre Kinder« seine Entwicklung vom Kommunisten, der mit der Gruppe Ulbricht in Moskau gewesen war und als von den stalinistischen Säuberungen irritierter Jungkommunist zurückgekommen war. Durch alles, was er nun nach 1945 in der Sowjetzone erlebte, sah er seine Ideale, derentwegen er Kommunist geworden war, verraten und wurde deshalb Sozialdemokrat und ging in den Westen. Als Kind hatte ich eine Geschichte über Karl Marx gelesen, wie er in der London Library saß und in seinen Büchern unterstrich, sich Anmerkungen und aus den geliehenen Büchern große Exzerpte machte. Von da an sah ich mich berechtigt, nun meinerseits alle Bücher, die ich in mein Eigentum übernehmen konnte, durchzuarbeiten und mir auf den letzten weißen Seiten meiner Bücher besonders wichtige Dinge zu notieren, Unterstreichungen zu machen und Eselsohren, um leichter besonders wichtige Stellen wieder zu finden. Leonhards Buch las ich auf diese Weise, ich fraß es förmlich in mich hinein, denn nun hatte ich erstmals für mich eine klare, dezidierte Begründung, warum mein so stark geändertes Denken über die DDR das nach dieser Geschichte einzig zulässige war. Ich erzählte meinen Freunden davon, lieh das Buch auch einige Male aus, aber so starken Eindruck wie bei mir hinterließ es bei ihnen scheinbar nicht.

Durch diese Bücher war mein Interesse an der SPD noch stärker geworden. Sie war für mich sowieso die Partei im Westen, der ich mich am nächsten fühlte und auch meine Großeltern waren beständige SPD-Wähler, obwohl sie im konservativen Sauerland wohnten. Willy Brandt beeindruckte mich, wie wohl fast alle im Osten und während meiner Tischlereiausbildung hatte ich den Koalitionsbruch von 1982 hautnah und intensiv miterlebt. Meister Kay hatte mich manchmal in den Pausen ermahnen müssen, weiter zu arbeiten. Aber ich wollte nichts von den Debatten im Bundestag und von der Berichterstattung verpassen, die beim SFB oder im RIAS, den beiden damaligen Sendern in West-Berlin, übertragen wurden und ein in Echtzeit erlebter, vor meinen Ohren entstehender Politthriller waren.

Das war der Hintergrund, weshalb ich mich bei meinem Besuch im Oktober 1987 in Köln nach dem SPD-Büro erkundigte. Wenig später stand ich dann vor dem Büro des SPD-Bezirks Mittelrhein. Aufgeregt ging ich hinein und wurde freundlich gefragt, was ich wolle. Ich erklärte, woher ich kam und sagte, dass ich mir gern einiges Material mitnehmen wolle, um die SPD besser zu verstehen. Ich wurde freundlich versorgt mit dem gültigen Programm, dem Statut und einigen anderen Heften und besonders auf den Vorentwurf eines neuen Grundsatzprogramms hingewiesen, der von Erhard Eppler im Auftrag Willy Brandts erarbeitet worden war.

Über die Passagen von dem auch in der DDR veröffentlichten SED-SPD-Papier hinaus, konnte ich nun aus dem Material der SPD ihre Positionen genauer kennenlernen. Die Vorarbeiten von Erhard Eppler zum neuen Grundsatzprogramm, das dann das Berliner Programm wurde, faszinierten mich. Ich hatte den Eindruck, dass ich alles unterschreiben könnte, und dachte, dass auch die meisten DDR-Bürger das Geschriebene vernünftig finden würden, auch wenn sie Sozialisten beziehungsweise Kommunisten waren oder sein sollten oder wollten. Die SPD wurde mir immer sympathischer und vertrauter. Ich las die Satzung und das gültige Parteiprogramm der SPD und fasste so erstmals Vertrauen zu so etwas wie einer Partei.

Das letzte Mal, dass ich eine Brieffreundin hatte, war 1972 in der Grundschule gewesen. Die Pionierleiterin der Schule hatte Adressen von sowjetischen Pionieren angeboten, und ich hatte Farida Fatachowa aus Kasachstan, Alma-Ata, bekommen und ihr einige Male geschrieben. Sie schrieb in Russisch, ich in Deutsch und es wurde uns dann geholfen, das Ganze zu übersetzen.

Nun wollte ich einen Brieffreund in Deutschland, der mir etwas von der SPD schicken konnte, mit dem ich mich vielleicht gar treffen würde und der mir einiges erklären konnte. Und vielleicht würde ich ja sogar irgendwann in die SPD eintreten können, meinen Mitgliedsausweis wie meinen westdeutschen Personalausweis bei meinen Großeltern lassen, aber das wunderbare Gefühl haben, Mitglied einer Partei zu sein, die mich immer mehr interessierte. Die Frau, die mir die Unterlagen gegeben hatte und dann auch noch die »Geschichte der SPD« von Miller und Potthoff hervorholte und mir schenkte, versprach sich darum zu kümmern. Einige Wochen später erhielt ich Post von Thomas Schippers aus Köln und war begeistert. Er legte auch meist einiges an Informationsmaterialien bei, sodass ich mich nun stetig auf dem Laufenden halten konnte. Wie wichtig dieser Kontakt werden würde und dass er eines Tages mein Leben tief greifend verändern würde, hatte ich nicht zu träumen gewagt, aber es war so.

Ich wohnte in den Tagen wieder bei Freunden, die in Köln studierten und die ich über unsere kirchliche Partnergemeinde in Karlsruhe-Durlach kennengelernt hatte. Sie wollten an einem Samstag zu IKEA fahren und luden mich ein, mitzukommen. Sie kannten mein Interesse an Design und interessanten, schönen Möbeln. »Dir werden die Augen aufgehen! Es ist fantastisch, eine neue Art zu wohnen und ziemlich preiswert, zumindest für uns Studenten erschwinglich.« »Ist es weit weg?«, erkundigte ich mich. Nein, wir fahren mit dem Auto Richtung Bonn, antworteten sie und ich war wie elektrisiert. »Könnten wir dann nicht mal am Bundestag vorbeifahren?«, fragte ich sie. »Ja, können wir. Waren wir auch noch nicht.« Und so stand ich dann am Nachmittag, den Kopf voll von Eindrücken von einem der ersten schwedischen Möbelkaufhäuser der entstehenden IKEA-Kette, im Bundestag im Bonner Wasserwerk.

In Berlin war es mir noch nicht gelungen, in den Großen Saal der Volkskammer zu gelangen. Die Türen des »Ballast der Republik«, wie man den Palast der Republik gegenüber vom Dom, auf dem Grundstück des ehemaligen, nun aber abgerissenen Schlosses nannte, waren stets verschlossen, und ich kannte auch niemanden, der bisher schon drinnen gewesen war. Es gab keine Hinweise, wann und wie man die Volksvertretung besuchen könnte, während in Bonn Bürgerbesuche gewünscht waren, es Informationsmaterial gab und freundliche Mitarbeiter auch am Samstag.

Ich dachte, man könnte nur vorbeigehen, denn anders kannte ich es ja von der Volkskammer auch nicht, aber es war geöffnet! Wir konnten durch eine Schleuse hineingehen und plötzlich sah ich den mir vom Fernsehen vertrauten Ort von der Besuchertribüne. Ich war begeistert, spürte, wie sich Demokratie anfühlt, nämlich an dem Ort sein zu können, wo regelmäßig am 17. Juni die Gedenkstunde zur Deutschen Einheit begangen wurde, wo Entscheidungen getroffen wurden, die auch mich betrafen, zum einen als durch den Personalausweis zum Bundesbürger gewordenen Ostler. Zum anderen wurde hier die Deutsche Frage offengehalten und nicht zu den Akten gelegt, wurde bewusst die DDR-Staatsbürgerschaft nicht anerkannt. So blieb ich Deutscher im Sinne des Grundgesetzes, ohne es sein und ausleben zu können, außer bei meinen Besuchen im Westen.

Einige Besucher spielten an den Mikrofonen, die überraschenderweise auch auf der Besuchertribüne standen und angeschaltet waren. Sie sagten jedoch nichts. Aber mich riss eine Idee fort. Ich ging zu einem der Mikrofone und sagte, dass ich aus dem Osten bin und dankbar dafür, dass man dieses Parlament anders als die Volkskammer besuchen kann und dankte für das, was hier für die Menschen im Osten getan wurde. Ich sagte, dass ich mich freuen würde, als jemand aus dem unfreien Teil Deutschlands hier zu sein und nun sogar im Parlament reden dürfe.

Nichts passierte, einige guckten nur erstaunt oder erfreut, denn der Saal leerte sich schon, wir gehörten zu den letzten und um 18.00 Uhr wurde geschlossen. Ich war unglaublich aufgeregt, stolz und froh, denn nun hatte ich im Bundestag gesprochen, sicher ohne Bedeutung und Folgen, aber ich wusste für mich, dass ich es getan hatte und würde von nun an immer den Ort im Fernsehen mit anderen Augen sehen.

Mit der Schreibmaschine, auf der ich meine Seminararbeiten für das Studium schreiben musste, stand ich auf Kriegsfuß. Zum Glück hatte ich in der Volkshochschule eine Schreibmaschinenausbildung gemacht und konnte mit zehn Fingern blind schreiben, aber permanent verschrieb ich mich, musste mit Tipp-Ex korrigieren und brauchte ewig, bis ich eine Seite fertig hatte. Mein Freund Matthias Klipp aus der Gethsemane-Gemeinde hatte zu der Zeit schon einen Computer, den ich als Schreibmaschine benutzen durfte. Ich war begeistert. Bis zuletzt konnte man etwas ändern, Dinge hinzuschreiben, umstellen oder herausnehmen und druckte dann zuletzt alles fehlerfrei aus. Es war ein Commodore 64, mit dem Commodore Atari den Rang ablief. Für mich war er eine unglaubliche Befreiung von einer mir widerlich erscheinenden Schreibarbeit, die mich nervte, mir Zeit stahl und mich manchmal in die Depression trieb.

Mir selbst einen neuen, eigenen Computer zu kaufen war außerhalb meiner Möglichkeiten, aber Freunde hatten mir die Adresse eines Secondhand-Computershops in Berlin am Hermannplatz in Neukölln genannt, und dort suchte ich und hatte Glück. Ich bekam für die 500 D-Mark, die ich gespart hatte, einen gebrauchten Amstrad PC mit Software, Bildschirm und Drucker. Es war ein Nadeldrucker und ein Traum wurde damit für mich wahr. Es kommt mir noch heute wie ein riesiges Glück vor, dass ich nicht nur das Geld bekommen, beziehungsweise es mir vom Mund abgespart und dann allen Versuchungen es auszugeben widerstanden hatte, sondern dann auch dafür einen guten Computer fand. Einige Wochen später hatten meine Freunde alles mit nach Ostberlin gebracht, und ich konnte anfangen, mit meinem ersten eigenen Computer zu arbeiten.

Nun konnte ich nicht nur meine Arbeiten fürs Studium viel einfacher schreiben, sondern einen Aufsatz beginnen, den ich, als er Wochen später fertig war, den Titel »Über Notwendigkeit und Möglichkeit sozialdemokratischer Politik in der DDR« gab. Bis dahin hatte ich nur in der Schule Aufsätze geschrieben oder Arbeiten für die Seminare, die ich am Sprachenkonvikt belegte. Nun versuchte ich all das, was ich in den letzten Jahren gelernt hatte durch die Lektüre der Bücher, die ich mir mitgebracht hatte und was ich mir bei den Veranstaltungen zum »Konziliaren Prozess für Frieden, Gerechtigkeit und Bewahrung der Schöpfung« angeeignet hatte, zu einer eigenen Argumentation für die Gründung einer sozialdemokratischen Partei in der DDR zu verdichten. Es gab so vieles, was verändert werden musste, was sich aufgestaut hatte, zu einem riesigen Reformstau in der DDR.

Ich versuchte in diesem Aufsatz die Probleme in der DDR zu beschreiben und zu begründen, warum sozialdemokratische Politik darauf eine sinnvolle Antwort finden konnte und warum deshalb die Gründung einer sozialdemokratischen Partei eine notwendige Initiative darstellte, nachdem sie über so viele Jahre verboten war. Ich erklärte, warum die von uns gewünschte Veränderung des Lebens in der DDR am ehesten und besten mit einer neuen, nicht korrumpierten Partei gelingen könnte, und dass nach dem Vier-Mächte-Status von Berlin zumindest in Ostberlin die Wiederbegründung der rechtlich ja immer noch existenten SPD möglich sei. Sie war zwar »wegvereinigt« worden, aber man hätte nur einen Ortsverein in Ostberlin wieder ausrufen müssen, und schon hätte es eine SPD in der DDR gegeben. Aber zugleich gab es auch die Möglichkeit, eine neue Partei zu begründen, auch wenn es kein Parteiengesetz in der DDR gab, auf dessen Grundlage man eine Genehmigung beantragen konnte oder auf dessen Grundlage die DDR-Verwaltung eine Genehmigung hätte erteilen können. Aber wenn dieser Zustand schon als unrechtmäßig gelten musste, konnte man doch auch nicht darauf warten, bis er überwunden war und erst dann gründen. Man musste die SPD gründen, um einen Beitrag dazu zu leisten, diesen unrechtmäßigen Zustand zu beenden. Ich konnte über Wochen hinweg auf meinem Computer schreiben, immer wieder etwas ändern und neue Gedanken einfügen.

Zugleich hatte ich jedoch zu tun, für mich eine Möglichkeit zu organisieren, an den Kommunalwahlen am 5. Mai 1989 in der DDR teilzunehmen. In Berlin war in Oppositionskreisen der Gedanke entstanden, bei diesen Wahlen die Demokratie in der DDR zu testen. Zum einen, ob sie wirklich frei waren, und ob wir als Vertreter einer kritischen Position gegenüber der DDR eine Chance haben würden, uns zur Wahl zu stellen. Wir wollten das System herausfordern, wir wollten den rechtlichen Rahmen, den wir bisher immer abgelehnt hatten, einmal austesten, wollten sehen, ob sie sich wenigstens an das von ihnen gesetzte Recht halten würden. Wir wollten in verschiedenen Kommunen der DDR zur Wahl antreten, mit dem klaren und auch öffentlich kommunizierten Ziel, auf demokratischem, gewaltlosen Weg etwas zur Veränderung in der DDR beizutragen. Und zum anderen wollten wir überall genau hingucken, ob die Ergebnisse

Als Pfarrer in Christinendorf.

manipuliert werden, geschönt werden würden. Bisher hatten wir es immer nur unterstellt, vermutet und die Wahlen in der DDR nicht ernst genommen, weil sie eben keine wirkliche Wahl ermöglichten. Nun wollten wir sie einmal ernst nehmen und vermuteten zugleich, dass die SED alles daransetzen würden, uns außen vor zu halten. Wir wollten etwas tun für »unser Land« in dem wir uns zur Wahl stellten und nicht nur abseitsstehen und kritisieren, sondern Verantwortung übernehmen. Allerdings nicht, wie es uns vorgegeben war von der führenden Kraft im Lande, von der Partei der Arbeiterklasse, sondern so, wie wir aufgrund eigener Beobachtungen meinten, etwas so zu verändern, damit das Hierbleiben in der DDR Sinn machte.

Ein Mitglied meines Gemeindekirchenrates in Christinendorf, Frau Wollberg, war Mitglied der Gemeindevertretung von Christinendorf. Da sie im »Konsum« in Christinendorf, neben der Schmiede ihres Mannes, arbeitete und der »Konsum« als eine Massenorganisation der DDR galt, hatte sie ein Mandat des Konsums inne. Als ich sie fragte, ob sie bereit wäre, mich für die Wahl vorzuschlagen und mir praktisch die Übernahme ihres Mandates zu ermöglichen, sagte sie überrascht und erleichtert zu. Sie hatte es bisher nur gemacht, weil sie sich nicht zu widersetzen wagte, aus Sorge ihre Arbeit zu verlieren, hatte aber keine Freude an dieser »politischen Arbeit«, vor allem auch, weil sie ihre kritische Haltung dort immer verstecken musste beziehungsweise nicht wagte, offen darüber zu reden. Sie versprach mir alles einzuleiten und war wie ich begeistert von der Idee, auch weil es ihr ja vielleicht auch hoch angerechnet werden könnte, dass sie jemand Neues für die Arbeit in der Kommunalvertretung gewonnen hatte. Wenig später aber bat sie mich, von ihrer Zusage wieder Abstand nehmen zu können. Nachdem der »Konsum« die Idee noch für charmant gehalten hatte, war es ihnen nun auf Betreiben der SED-Kreisleitung in Zossen untersagt worden, eine andere Person aufzustellen. Aber das ließ sich nicht öffentlich kritisieren, denn die beim »Konsum« Zuständigen rückten plötzlich von ihrer Zusage wieder ab. Sie hatten einen Wink bekommen, ihnen war etwas über mich erzählt worden, und sie waren gefragt worden, ob sie das wirklich wollten.

Zu den Wahlen gab es Veranstaltungen, für die sich jedoch wie so oft kaum einer interessierte, denn sattsam bekannte Leute trugen dort nur bekannte Positionen vor. Eine Veranstaltung nach den Wahlen interessierte mich dann aber doch. Ein CDU-Vertreter, der zugleich Pfarrer in Mahlow im Nachbarkirchenkreis war, war Mitglied der Zentralen Wahlkommission der DDR und wollte im Potsdamer Haus der DSF, im »Haus der Deutsch-Sowjetischen Freundschaft«, dem früheren Logenhaus der Freimaurer in der Nähe vom Nauener Tor etwas zu den Kommunalwahlen als »weiterem Ausdruck der Entwicklung der sozialistischen Demokratie in der DDR« vortragen. Ich ging hin, um seine Argumentation kennenzulernen und, wenn irgend möglich ihm auch zu widersprechen. Nachdem ich das getan hatte und meine schlechten Erfahrungen bei der Übernahme einer Kandidatur erzählt hatte und er nur läppisch darauf reagiert hatte, »dass er sich das nicht vorstellen könne, sich aber bemühen würde, es aufzuklären«, hatte ich ihn mit der Beobachtung bei der Auszählung der Stimmen konfrontiert. Wieder reagierte er ähnlich, hielt das für ausgeschlossen und sagte, dass sich die Zentrale Wahlkommission aber damit befassen wolle.

Mich ekelte die aalglatte Argumentation dieses Pfarrers an. Er musste es besser wissen, da war ich sicher und er hatte im Grunde die Freiheit und den Rückhalt durch seine unabhängige Stellung als Pfarrer Klartext zu reden, aber er hatte dazu keinen Mut. Was korrumpierte ihn so, dass er schwieg zu dem, was er sah? Welche Vorteile hatte er, die ihm dieses offensichtliche Lügen sinnvoll erscheinen ließ?

Meine renitente Haltung war aufgefallen und so lernte ich bei der Veranstaltung einen Mann kennen, der meine Forderung unterstützte, dass es die SPD, die älteste Partei in Deutschland auch in der DDR wieder geben müsse, da die SED eben genau nicht Einheitspartei war, sondern zu einer rein kommunistischen Partei gemacht worden war. Er erzählte mir, dass er SPD-Mitglied gewesen wäre, nie aus der SPD ausgetreten und nicht in die SED eingetreten war und sich so im Grunde immer noch oder heute mehr als in den Jahren zuvor, als SPD-Mitglied sehen würde. Er erzählte von seinem Ausweis, den er in einem Versteck zu Hause hatte, und ich erzählte ihm von meinen Überlegungen, eine SPD in der DDR zu begründen. Ich war begeistert, denn ich dachte, wenn er zu gewinnen wäre bei der Gründung dabei zu sein, hätte man eine Kontinuität, könnte sich auf ihn berufen, dass wir doch nur seinen alten Ortsverein, der eingeschlafen war, aber rechtlich noch existent, nur wiederbelebt hätten. Aber er bat mich um Verständnis, dass er ungenannt bleiben wolle, sich nicht trauen würde, mitzumachen. Das sollten jetzt mal wir jungen Leute machen, er hätte zu viel erlebt und gesehen und wer weiß, ob nicht noch alles ganz anders käme. Ich habe ihn aus den Augen verloren, gab die Suche aber nicht auf, jemand vergleichbares zu finden.

Im Friedenskreis der Gethsemane-Gemeinde im Prenzlauer Berg hatte ich Matthias Klipp kennengelernt und ich fragte ihn als ersten, ob er sich vorstellen könnte, mit mir eine solche Gründung vorzubereiten, dazu einzuladen und dann mit gemeinsam gewonnenen Freunden die SPD zu begründen. Matthias Klipp meinte damals, das wäre ein zu großer Schritt, die Zeit wäre dazu noch nicht reif, man sollte sich mit naheliegenden Projekten befassen und nicht den übernächsten vor dem nächsten Schritt machen.

In meinem Pfarramt nutzte ich meine Möglichkeiten immer intensiver, um ein Gespräch in Gang zu bringen zu den Fragen, die so lange nicht besprochen werden durften. So lud ich am 17. Juni 1989 in den kleinen, von mir renovierten Gemeindesaal im Pfarrhaus zu einer Lesung aus Stefan Heyms Buch »5 Tage im Juni« ein. Stefan Heym war ein in der DDR geachteter Autor, niemand konnte mir also verbieten, sein Buch vorzustellen. Es gab das Buch nicht im Osten, aber ich hatte es mir aus West-Berlin mitbringen lassen. Vor der Lesung wurde ich plötzlich vom amtierenden Superintendenten unseres Kirchenkreises zum Gespräch eingeladen. Otfried Granzin bedrängte mich, die Lesung wieder abzusagen, drohte mir mit Konsequenzen und warnte mich, dass meine Aktion die Zusammenarbeit von Staat und Kirche belasten würde. Ich war verwundert, dass er das alles so ohne jedes Augenzwinkern sagte. Ich hätte verstanden, wenn er mir das alles gesagt hätte, zugleich aber zu verstehen gegeben hätte, dass er Respekt, aber wenigstens Verständnis haben würde. Leider nichts von beidem. Aber ich war fest entschlossen und wusste, dass er mich letztlich nicht hindern konnte. Es kamen rund 20 Personen, von denen zwei aus Ludwigsfelde nichts taten, um zu dementieren, dass sie von der Stasi geschickt waren. Sie widersprachen auf plumpe Weise und meinten sich anders erinnern zu können. Dies rief den klaren Widerspruch meines Schwiegervaters hervor, der seine Erinnerungen gegen ihre stellte.

Einige Wochen später machte ich eine Lesung mit einem Berliner Freund, der an der Schauspielschule war. Wir lasen gemeinsam das Theaterstück »Dalsche, dalsche, dalsche« (Weiter, weiter, weiter) des russischen Schriftstellers Schatrow, das in der Sowjetunion erschienen war und im Westen aufgelegt wurde, aber nicht im sozialistischen Bruderstaat DDR erscheinen durfte. Die russischen Revolutionäre waren da zu hören, die mit ihren Vorstellungen erklärten, warum Gorbatschows Reformkurs die konsequente Weiterführung ihrer revolutionären Ideen ist.

Höchst verwundert war ich, als ich im August 1989 plötzlich neben all den Berichten von Botschaftsbesetzungen und dem immer größer werdenden Strom von Ausreisewilligen hörte, dass der Vorsitzende der Berliner SPD Walter Momper öffentlich im Radio sagte, dass immer noch er als Vorsitzender der SPD in Berlin bestimmen würde, wer in Berlin Mitglied der SPD wäre. Ich konnte mir keinen Reim darauf machen, merkte dadurch aber, dass es wohl Menschen geben musste, die Ähnliches planten wie ich und dass Momper darauf reagieren wollte. Oder es eben einfach jetzt in der Luft lag, so etwas zu denken und zu planen. Später erfuhr ich, dass Momper Sorge hatte, dass die SED ein Beiboot namens SPD aussetzen könnte, um mit ihren eigenen Leuten dieses Projekt zu übernehmen, und für alle Eventualfälle damit vorsorgen wollte.

KAPITEL 4

GRÜNDUNG DER SDP AM 7. OKTOBER 1989 IN SCHWANTE

Die Bücher »Kleine Geschichte der DDR« von Hermann Weber und »Die Revolution entlässt ihre Kinder« von Wolfgang Leonhard hatten mir die Augen geöffnet. Der Verfall der Demokratie begann mit der Eliminierung der Sozialdemokratie 1946. Die große Lehre aus der Weimarer Republik war, dass die Spaltung der Arbeiterklasse, die Spaltung der fortschrittlichen Kräfte in SPD und KPD den Weg in den Untergang ermöglicht hatte. Und nun gab es sofort nach dem Krieg das Angebot der SPD an die KPD, dass man daraus lernen und sich verbinden sollte. Aber die KPD lehnte das auch auf Druck aus Moskau hin ab. Erst nach den Wahlen in Österreich, bei denen die Kommunistische Partei nur sehr wenige Stimmen bekam, wurde den Kommunisten klar, dass es für sie nur einen Weg gab. Nun wurde das Projekt der Vereinigung der beiden Parteien von Moskau aus und durch die Kommunisten mit Macht betrieben. Im Westen waren die Sozialdemokraten aufgrund der mit den Kommunisten gemachten Erfahrungen nicht mehr dazu bereit, aber in der Sowjetzone wurde die Vereinigung der beiden Parteien von kommunistischer Seite aus nun mit Macht forciert. Die Verbindung der beiden Parteien im April 1946 im Metropol-Theater am Bahnhof Friedrichstraße im Osten Berlins ging als Zwangsvereinigung in die Geschichte ein. Zwei Jahre später schon war Sozialdemokratismus in der DDR strafbar. Die Mitglieder der SED, der Sozialistischen Einheitspartei Deutschlands trugen zwar alle als Parteiabzeichen am Revers ihrer Anzüge den historischen Händedruck von Otto Grotewohl und Wilhelm Pieck, aber im Grunde war die eine Hand, und das wofür sie stand eliminiert. In der Partei SED und in der 1949 gegründeten DDR wurde alles Sozialdemokratische getilgt. Die Partei und dann bald auch der Staat verstanden sich kommunistisch. Mir war klar geworden, dass der Verfall der Demokratie in der DDR mit der Auflösung der Sozialdemokratie begonnen hatte und dass die Wiederherstellung der Demokratie in der DDR nur mit der SPD gelingen konnte. Im Westen, in der Bundesrepublik, hatte die SPD all die Jahre eine zentrale Rolle gespielt. Die SED hatte mit der SPD sogar ein Papier ausgearbeitet über den »Streit der Ideologien«, das im »Neuen Deutschland«, dem Zentralorgan der SED, erschienen war. Wenn die Nichtexistenz der SPD die Voraussetzung für die Existenz der DDR war, dann musste die SPD wieder begründet werden auch für den Osten Deutschlands, um eine Partei zu haben, die die notwendigen Reformen auf den Weg bringen konnte. Es gab ein historisches Recht, auch weil die anderen Parteien in der DDR gleichgeschaltet worden waren und für diesen Prozess schon mangels Glaubwürdigkeit nicht geeignet waren, aber auch für mich die Pflicht, die Partei wieder zu begründen, die es im Osten Deutschlands nicht geben durfte. Im Grunde mussten wir auch im Osten unsere Hand aus dem Emblem zurückhaben. Und dafür musste die SPD wieder begründet werden. Aber wie dafür Partner finden, die den Mut hatten, in der Weise öffentlich in der DDR und ihrer führenden Partei zu widersprechen?

Ich hoffte, dass sich nach den Veranstaltungen, die ich mit meinem Vortrag »Über Notwendigkeit und Möglichkeit sozialdemokratischer Politik in der DDR« machte, Menschen finden würde, die das mit mir gemeinsam machen würden. Und so ging ich nach Potsdam-Babelsberg in meine Heimatgemeinde Friedrichskirche und nach Berlin in die Gethsemane-Kirchgemeinde und bat um die Erlaubnis. In Potsdam wurde sie mir von Pfarrer Flade erteilt und in Berlin wurde ich, als ich um die Erlaubnis bat, gefragt, ob ich auch zu der Gruppe gehören würde, die eine solche Gründung vorbereitete. Ich war erstaunt. Ich hatte davon noch nichts gehört. Und dann bekam ich den Gründungsaufruf zur Bildung einer Vorbereitungsgruppe zur Gründung einer sozialdemokratischen Partei in der DDR, unterschrieben von Markus Meckel, Martin Gutzeit, Arndt Noack und Ibrahim Böhme. Sie hatten ihn bei einer Veranstaltung zum 200. Jahrestag der Französischen Revolution in der Berliner Pfingstgemeinde vorgestellt und veröffentlicht. Von den beiden ersten hatte ich gehört. Sie hatten vor mir am Sprachenkonvikt studiert. Sie wohnten außerhalb von Berlin. Die Berliner Adresse war die von Ibrahim Böhme. Ich fuhr im Juli immer wieder bei ihm auf dem Weg in mein Pfarramt nach Christinendorf vorbei. Aber er war nie da oder öffnete nicht, reagierte nicht auf die Zettel, die ich ihm in den Kasten warf oder unter der Tür durch schob.

Kontakt aufzunehmen in Zeiten, in denen es wie bei uns im Osten für die meisten weder Telefone und natürlich noch keine Handys gab, ist heute schwer vorstellbar. Die Zeit verrann, sodass ich mich dann doch entschied, bei Martin Gutzeit anzurufen, und verabredete mich mit ihm zu einem Treffen. Wir trafen uns wenige Tage später in einer Eisbar am Berliner Fernsehturm am Alexanderplatz. Ich brachte ihm meinen Aufsatz mit, um meine Ernsthaftigkeit zu beweisen und auch um ihm zu zeigen, dass wir in dieselbe Richtung dachten. Denn natürlich musste er verhindern, dass ihr Projekt durch die Stasi unterwandert oder gar verhindert wird. Aber zum Glück schöpfte er Vertrauen. Wir studierten ja auch beide an derselben kritischen Einrichtung, die nach DDR-Recht gar nicht existierte und doch von der Kirche anerkannte Pfarrer ausbildete. Er las flüchtig meinen Text und spürte, dass wir in dieselbe Richtung wollten. Martin Gutzeit lud mich ein zum ersten Treffen der Vorbereitungsgruppe zur Gründung einer Sozialdemokratischen Partei in seinem Zimmer, das er als Promovend noch im Konvikt, im Wohnheim des Sprachenkonvikts hatte. Ich übergab ihm die Broschüren der SPD, die ich aus Köln mitgebracht hatte – die Satzung, das Parteiprogramm und die Unterlagen zur Vorbereitung eines neuen Parteiprogramms. Er war hocherfreut und ich sagte zu, dass ich alles, was ich von der SPD hatte, zu dem Treffen im Konvikt mitbringen würde.

Dann war es endlich soweit. Ich war ein wenig enttäuscht, dass von den zwölf Personen, die wir maximal waren, zehn Theologen so wie ich waren. Nur Angelika Barbe, die einzige Frau in unserer Runde war Biologin und Ibrahim Böhme war, ja was eigentlich? Historiker, Schriftsteller, Theater- oder Lebemann? Unsere Treffen begannen im August und dank Meckel und Gutzeit wollten wir bald gründen, also nicht ewig reden, sondern eben auch einen Fakt schaffen. Ich war dankbar und begeistert. Immer wieder erinnerte ich uns daran, dass Tucholsky über die deutschen Revolutionäre gespottet hatte, die erst eine Bahnsteigkarte lösten, ehe sie den Bahnsteig stürmten. Ich hatte in Potsdam noch Bahnsteigkarten erlebt und insofern verstand ich den beißenden Spott. Wir trafen uns immer häufiger, im September dann oft zweimal in der Woche und manchmal noch bei Konrad Elmer zu Hause, um die Satzung vorzubereiten. Im Sprachenkonvikt waren wir sicher, da konnte uns eigentlich keiner stören.

Aber als dann das Neue Forum ausgerufen worden war und wir wussten, dass sich überall neue Initiativen gründeten, drückten wir auch aufs Tempo. Ich verstand mich wie wir alle täglich mehr als Teil dieses Neuen Forums, als Teilnehmer an diesem offenen Austausch. Ich besuchte auch ab und an die Treffen von »Demokratie Jetzt«, die mit meinem verehrten Lehrer Wolfgang Ullmann stattfanden. Wir alle hatten in jenen Tagen viel zu tun. Zum einen unserem bürgerlichen Beruf nachzugehen, denn ich hatte ja eine Gemeinde. Gottesdienste, Beerdigungen, Konfirmandenunterricht und die Gemeindekreise fanden natürlich weiterhin statt. Zugleich nahmen wir an Treffen teil, wo Menschen ihren Unmut immer lauter und klarer formulierten. Und wir arbeiteten an einer Antwort, von der wir glaubten, dass sie wirklich an die historische Wurzel des Übels greifen würde. Wir ahnten, dass die SED uns als die schwierigsten, gefährlichsten Feinde sehen könnte. Und merkten aber auch voll Freude, dass sie uns noch nicht ernst nahmen, weil wir im Vergleich zu der »Initiative Frieden und Menschenrechte« oder auch zum »Demokratischen Aufbruch«, der sich dann eine Woche vor uns in der Wohnung von Pfarrer Eppelmann gründen sollte, noch keine bekannten Namen waren. Uns nahmen sie noch nicht so ernst und nicht so wichtig, und insofern konnten wir ungehindert die Gründung vorbereiten.

Wir dachten zum einen, dass man sich noch lange, vielleicht Monate lang Zeit nehmen müsste, um alles mit deutscher Gründlichkeit vorzubereiten und zum anderen wussten wir: Wir wollen uns sichtbar und hörbar in die Diskussion einmischen, und deshalb wuchs der Druck auf uns spürbar, nun bald zu einer Gründung zu kommen, damit wir als die neue Sozialdemokratische Partei sprechen konnten. Wann also sollte die Gründung stattfinden? Wir wogen immer wieder verschiedene Argumente ab und ich bin noch heute froh, dass wir uns für den 7. Oktober entschieden haben. Denn so argumentierte ich in unseren Diskussionen im Sprachenkonvikt immer wieder, Hermann Weber und Wolfgang Leonhard im Kopf, dass wir der DDR zum 40. Jahrestag ihrer Gründung die Partei wiederschenken sollten, deren Nichtexistenz die Voraussetzung für die Existenz der DDR war. Denn sie konnte und wurde erst gegründet, nachdem die SPD eliminiert und Sozialdemokratismus Straftatbestand in der DDR geworden war.

Und wo konnten wir gründen? Wir überlegten und diskutierten hin und her. Zum einen hätten wir am liebsten in alter und echter sozialdemokratischer Tradition die SPD für den Osten in einer Kneipe gegründet, dort wo sich Sozialdemokraten traditionell trafen. Aber dann hätten wir den Wirt betrügen und eine Hochzeit anmelden müssen und hätten stattdessen die Partei gegründet. Wir hielten das für schofelig und zugleich für zu gefährlich, denn dort hatten wir nicht das Hausrecht. Ich schlug vor, zur Gründung nach Christinendorf in mein Pfarrhaus einzuladen. Aber mehrere wandten zu Recht ein, das wäre zu gefährlich, denn durch meine Vorträge über »Notwendigkeit und Möglichkeit sozialdemokratischer Politik in der DDR« hatte ich mich schon zu weit exponiert. Wir entschieden uns nach langen Überlegungen für das Pfarrhaus in Schwante, wo Joachim Kähler, der Bruder von einem Mitpromovenden des Sprachenkonvikts Pfarrer war. Wir beschlossen eine Tagesordnung, mit einem Vortrag von Markus Meckel über die Bedeutung der Sozialdemokratie in dieser Umbruchzeit und bereiteten Beschlüsse zur Satzung vor.

Das im Grunde Heikelste war, miteinander zu verabreden, wen wir einladen würden. Denn natürlich wollten wir viele sein und zugleich nicht durch jemanden, der alles verraten würde, die Gründung gefährden. Und wir entschlossen uns, eine Vorgründung zu machen, damit, wenn die Gründungsveranstaltung durch die Polizei oder die Staatssicherheit aufgelöst würde, wir ein Gründungsdokument vorweisen konnten und die Gründung als schon vollzogen gelten konnte. Wir verabredeten, dass wir alle in der Nacht vor der Gründung nicht zu Hause schliefen, damit uns zum einen keiner festnehmen, zum anderen aber und noch viel wichtiger, uns keiner auf dem Weg zur Gründung hinterherfahren konnte. Ich schlief in der Nacht vom 6. zum 7. Oktober nicht in meinem Pfarramt in Christinendorf, erst recht nicht in unserer Berliner Studentenwohnung, aber auch nicht bei meinen Eltern, sondern bei meinen Schwiegereltern. Ich war aufgeregt und stolz. Eine Partei gründen – das macht im Grunde niemand zweimal. Und unter den Umständen, dass die DDR ihren großen Jahrestag feiern wollte und sogar Michail Gorbatschow in Berlin sein würde, und zugleich der Protest immer lautstärker wurde und ich dann am nächsten Tag Mitglied einer von mir mitbegründeten Partei sein würde, war ich gespannt wie selten zuvor. Ein großer Traum wurde für mich Wirklichkeit. Ich dachte immer wieder, dass wir im Grunde die Axt an die Wurzel der DDR legten und die SED als Einheitspartei delegitimierten. Denn das war sie nach unserer Gründung nicht einmal mehr »pro forma«. Die Sozialdemokraten würden sich am nächsten Tag wiederbegründet haben. Insofern war die SED dann nur noch, was sie zu sein behauptete: Kommunistische Partei. Vorhut für was auch immer, aber nicht mehr für die Arbeiter, denn das war, wollte und würde die SPD auch sein. Und das war der letzte schwierige Punkt. Wie sollten wir mit der Gründung heißen? SPD oder SDP? Ich war für klare Kante. Also SPD. Aber das Argument, dass wir so als Westgründung verunglimpft werden könnten, überzeugte letztlich auch mich. Wir wollten aus dem Osten für den Osten sein und auch so wahrgenommen werden. Wir waren nichts, was man sich im Westen für den Osten ausgedacht hatte. Und so entschieden wir uns dafür, die Partei, die wir am 7. Oktober in Schwante begründen

Gründung der SDP in Schwante am 7. Oktober 1989.

würden, »Sozialdemokratische Partei in der DDR« zu nennen – aber SPDDR war ein seltsames Ungetüm von Abkürzung. Noch dazu kam DDR darin vor. Das sollte und musste nicht sein. So kürzten wir uns einfach SDP ab, etwas anderes, neues, was dem Namen SPD sehr ähnlich sah, es aber zumindest noch nicht war.

Einige von uns legten sich zurecht, dass sie am 7. Oktober zu einem Motorrad-Rennen in der Nähe von Schwante fahren wollten, für den Fall, dass sie kontrolliert würden. Aber ich kam ungehindert schon gegen 9.00 Uhr in Schwante an, lernte Joachim Kähler kennen und dann Stephan Hilsberg, damals noch mit Zopf. Seinen Vater kannte ich vom Sprachenkonvikt und so setzten wir uns zusammen und bereiteten noch gemeinsam einen Antrag auf Mitgliedschaft der SDP in der Sozialistischen Internationalen vor. Das hatten wir im Vorfeld nicht mehr geschafft, aber viele stimmten mir zu, dass ein solcher Antrag gut sein könnte. Zum einen würde man sich dort damit befassen müssen und wir würden internationale Aufmerk-

samkeit bekommen. Und wenn uns die Mitgliedschaft oder ein Be-
obachterstatus eingeräumt würde, wäre das ein Schutz für die Partei
und ihre Mitglieder. Was mir am meisten Freude bereitete war, dass
die SED immer wieder um eine solche Mitgliedschaft erfolglos ge-
buhlt hatte. Was für ein Zeichen, wenn wir Mitglied wären und die
SED mit ihren weit über eine Million Mitglieder war es nicht!

43 Personen waren wir. Manche kannten sich, aber die meisten
sahen sich zum ersten Mal. Konrad Elmer, Studentenpfarrer in Berlin, hatte die Sitzungsleitung übernommen. Er begrüßte alle im Namen unserer Vorbereitungsgruppe. Und dann hielt Markus Meckel
seinen Vortrag, der uns auf die Gründung einstimmte und uns allen
unseren Auftrag und unsere Aufgaben vor Augen hielt. Es war ein
für uns alle feierlicher Moment. Denn wir alle kannten die SPD,
kannten die Großen, wie Willy Brandt, Helmut Schmidt, Hans-Jochen
Vogel und Egon Bahr, um nur einige zu nennen. Wir kannten die
Geschichte und hatten größten Respekt. Umso mehr erfüllte uns mit
Stolz, dass wir es waren, die an genau diesem 40. Jahrestag, wo in
Berlin die Gründung der DDR gefeiert wurde, wir die SPD für den
Osten Deutschlands wieder gründeten. Markus Meckel hatte sich
eine gute Rede geschrieben, die auf vieles aus dem Programm, das
wir beschließen wollten, noch einmal einging. Von uns war noch
keiner dazu so in der Lage wie er, das sollten wir alle erst in Windes-
eile in den nächsten Monaten noch lernen. In seinem Vortrag ana-
lysierte Markus Meckel die Lage grundlegender als andere der neu-
en Bürgerrechtsgruppen. Bis heute ist mir wichtig, dass wir als neue
Sozialdemokraten nicht nur die Teilung Deutschlands als Folge der
schuldhaften Vergangenheit ansprachen, sondern auch die Länder
als wichtige Voraussetzung für die Demokratie wieder begründen
wollten.

Die Deutsche Einheit hatte zu diesem Punkt aus guten Gründen
niemand vor Augen. Es gab viele Aufgaben, die vorrangig waren,
und niemand wollte sich diskreditieren, in dem er das forderte. Aber
wenn Theologen wie wir von Schuld sprechen, dann ist klar, sie kann
vergeben werden und dann sind Umkehr und Neuanfang möglich,
und damit ist die Frage der Deutschen Einheit wieder auf der Tages-

ordnung. Das Thema konnte aber noch kein öffentliches sein, denn die Provokation wäre zu groß gewesen und wir hätten uns darum gebracht, ernst genommen zu werden. Aber wir haben es angesprochen, in dem wir die Geschichte, die zur Teilung führte, offen thematisierten. Wenige Wochen später in Bonn wurde ich immer wieder nach der Deutschen Einheit gefragt, hätte gern für mich gesagt, dass ich sie mir wünsche und fordere, dass wir darüber reden. Aber mit unserem Parteiprogramm und der Rede von Markus Meckel war es hörbar angesprochen.

Gegen Mittag machten wir eine Pause. An deren Ende würde ich nach Berlin fahren, um nicht das von uns unterschriebene Gründungsdokument, auch keine Kopie, denn wir hatten keinen Kopierer, sondern eine Presseerklärung zur Gründung der SDP unter den Türen der Reporter von dpa, der Deutschen Presseagentur und der Süddeutschen Zeitung hindurch zu schieben. So viel hatten wir schon verstanden und begriffen, dass nur das öffentlich und somit wirksam passiert war, was in den Medien stand. Die DDR würde es nicht veröffentlichen oder drucken. So mussten wir diesen Weg wählen und damit würde man überall dort, wo man Westmedien empfangen konnte, von unserer Gründung erfahren. Wie sehr wir alle auf die Sache fokussiert waren, sieht man daran, dass ich die Aufgabe voller Stolz übernommen hatte, ohne mich um meine Wahl in den erstmals gewählten Vorstand zu kümmern. Zum Glück war Martin Gutzeit so redlich und fair und erklärte, warum ich gewählt werden sollte und warum ich mich nicht vorstellen konnte.

Wie froh war ich, dass ich, bevor ich morgens losgefahren war, noch an einen Fotoapparat gedacht hatte. Über die Bahnsteigkarten, die deutsche Revolutionäre vor der Revolution lösen, hatten wir gelacht. Aber an einen Fotoapparat hätte beinahe keiner von uns gedacht. Meine Pouva Start war nun selbst für DDR-Verhältnisse das Einfachste und Billigste, was es in Bakelit-Form als Starter-Kamera von Karl Pouva für Kinder und Jugendliche zu kaufen gab. Aber auch ich vergaß dann, in der Gründungsversammlung zu fotografieren und erinnerte mich erst in der Pause an die Kamera und machte ein paar Bilder, bevor ich mit meinem Trabant nach Berlin fuhr. Glücklicherweise hatte Markus Meckel Aram Radomski eingeladen, der Filmaufnahmen machte. Aber er hatte nur einen Film mit, sodass er nicht alles mitschneiden konnte.

Die Stadt war aufgeregt und voll. Es war Staatsfeiertag und somit auch freier Tag. Es war gutes Wetter und die Sonne schien. In einem großen Hochhaus am Anfang der Prenzlauer Allee schob ich, nachdem ich mir ins Haus Eingang verschafft hatte, die Presseerklärung bei den beiden Journalisten unter der Tür durch. Sie waren nicht da, sondern waren dort, wo die Volkskammer feierte und dort, wo Menschen in Berlin gegen das 40 Jahre alte Monstrum DDR protestierten. Sie beobachteten Menschen beim Feiern beziehungsweise einfach an diesem wunderbaren Herbsttag. Über eine Stunde hatte ich gebraucht, um dorthin zu kommen, länger als nach Schwante zurückzukommen. Als ich wieder da war, waren die meisten schon aufgebrochen. Mir wurde gesagt, dass ich in den Vorstand gewählt worden war. Ich war dankbar und froh, empfand das als Anerkennung und Wertschätzung meiner Arbeit in der Vorbereitung und hatte zudem nun ein Mandat, die Partei, meine Partei, die erste in der ich je war, voranzubringen. Wir saßen noch lange beieinander, denn wir wollten auf jeden Fall noch gemeinsam die Tagesschau sehen. Wie glücklich waren wir, als zum Ende, nach den Berichten vom 40. Jahrestag, den Protesten und dem berühmten Satz von Gorbatschow, »Wer zu spät kommt, den bestraft das Leben« auch noch gemeldet wurde, dass in Schwante bei Berlin eine Sozialdemokratische Partei in der DDR von uns gegründet worden war.

Das was die Menschen an Protesten im Westfernsehen am Sonnabend gesehen hatten, hatte ein großes Echo und führte dazu, dass noch mehr Menschen Mut bekamen, ihren Unmut zu zeigen. Wir wohnten zu der Zeit in der Wohnung in der Lychener Straße. Wir hatten die Wohnung besetzt, kurz nach dem unsere älteste Tochter geboren war. Eine Initiative der Freien Deutschen Jugend (FDJ) hatte sie eigentlich renovieren sollen, aber die waren abgezogen. So sprach man sie uns zu. Von dem einen Zimmer aus konnten wir den Turm der Gethsemane-Kirche sehen. Nachdem ich am Sonntag in Christinendorf Gottesdienst gehalten hatte, fuhr ich wieder zurück zu meiner Familie nach Berlin. Am frühen Abend ging ich zur Geth-semane-Kirche, denn ich wollte bei den Protestierenden sein, wollte die Stimmung erleben und auch wenn möglich von unserer Gründung in Schwante erzählen. Ich ahnte dort Freunde zu treffen und war in der Kirche, die mir durch meine Praktika und mein Vikariat bestens vertraut war. Dann war ich lange auf den Straßen um die Kirche, vor allem natürlich der Stargarder Straße. Polizei war mit ihren Wagen im Hintergrund. Aber gegen 21.00 Uhr schlossen sie die Stargarder Straße in beide Richtungen plötzlich ab. Sie bildeten einen Kessel. Vereinzelt ließen sie noch Menschen heraus. Aber ich wollte sehen, was sich tut, wie die Bereitschaftspolizeieinheiten mit der Situation umgehen würden. Ich war erstaunt, dass sie dann plötzlich mit LKW präsent waren und begannen uns aufzuladen. Es waren Pritschen-wagen, auf die sie uns aufluden und nach Rummelsburg fuhren, in ein großes Gefängnis in der Nähe vom Bahnhof Ostkreuz. Für viele von uns war es der erste Besuch in einem Gefängnis. Ich war gespannt, wie der Staat DDR jetzt auf die Proteste reagierte.

Lange standen wir an den Gefängnissen von außen, breitbeinig mussten wir uns hinstellen, wurden untersucht und kamen dann am späten Abend in die völlig überbelegten Zellen. Ich war mit dem Fotografen Manfred Butzmann in einer Zelle, in der wir knapp 40 Men-schen zählten. Wasser brachte man uns, sonst nichts. Wir durften auch nicht nach draußen, an die frische Luft. Da es für mich eine völlig neue Erfahrung war, ließ ich alles auf mich zukommen. An Schlafen war kaum zu denken in der völlig überfüllten Zelle. An Essen am nächsten Morgen oder Mittag kann ich mich nicht erinnern. Aber als ich meinte, genug gesehen und erlebt zu haben, beendete ich meine Haltung und forderte, als Pfarrer der Kirche einen Anwalt sprechen zu können. Das war ihnen scheinbar heikel, denn ich wur-de zum Verhör geführt und nachdem man mich einiges gefragt hatte, wurde ich unvermittelt freigelassen. Ich fuhr mit der Ringbahn zurück zu uns in die Wohnung. Als keiner da war, ahnte ich, dass meine Frau mit unserer Tochter Rebecca zu einer Freundin gegangen war. Und richtig, dort waren sie, unruhig, aber auch nicht ängstlich. Sie hatten geahnt, dass ich an der Kirche gefangen genommen worden war, und wollten nun nicht zu Hause sein, damit nicht auch sie noch abgeführt werden konnten.

Ich befürchtete, dass ich mich mit der Gründung der SDP und der Inhaftierung in Rummelsburg um mein Visum für die Reise zum Geburtstag meiner Großmutter gebracht haben könnte. Dennoch ging ich am Dienstag, als ich auf dem Weg nach Christinendorf durch Zossen kam, zur Polizeikreisstelle, die die Besuchserlaubnis, wie es genau hieß, ausstellte. Ich war überrascht und außerordentlich froh, dass der Kontakt der Organe des Staates untereinander offensichtlich nicht mehr so gut funktionierte. Ich konnte fahren und auf ein außerordentliches Ereignis in meinem Leben folgte nun in atemberaubendem Tempo ein weiteres.

Kapitel 5

Die Reise nach Bonn und die Präferenz der Kontakte der SPD zur SDP

Ich hatte mich für Sonnabend, dem 14. Oktober, mit Ibrahim Böhme in der Potsdamer Erlöserkirche verabredet, wo er auf einer Veranstaltung der Oppositionsgruppen die Gründung der SDP vorstellen wollte. Ich wollte mit ihm besprechen, was ich auf meiner Reise in den Westen für die neu gegründete SDP tun könnte. Während unserer Vorstandssitzung nach der Gründung hatte ich es bewusst nicht gesagt, aus Angst, es könne jemand von der Stasi dabei sein und auf diese Weise alarmiert werden und die Reise verhindern. Aber Böhme war wie leider häufig zum verabredeten Zeitpunkt nicht da, sodass ich unserem 1. Sprecher, Stephan Hilsberg, Bescheid sagte. Er hatte aber wenig Zeit und hörte kaum zu, weil er zurück nach Berlin wollte, was zu dieser Zeit noch eine etwa zweistündige Zugreise bedeutete. So war ich dann am Montag, dem 16. Oktober früh am Bahnhof Zoo, glücklich, wieder ein paar Tage »Ausgang« aus der DDR erhalten zu haben, froh, dass das, was ich mir beim letzten Mal vorgenommen hatte, gelungen war: Ich hatte etwas wirklich Wichtiges erreicht – die Gründung der SDP mit vorbereitet und durchgeführt. Ich würde also bei dieser Reise auf keinen Fall – wie zumindest erwogen – im Westen bleiben, sondern zurückkehren. Ich wurde gebraucht und was ich tat, hatte wirklich Sinn. Mein Visum galt für die BRD, nicht für West-Berlin, insofern handelte ich »illegal«, wenn ich nicht mit dem nächsten Interzonenzug »in die BRD« fuhr, sondern einen ganzen Tag in West-Berlin verbrachte. Ich ging zu Reinhard Kraft vom ÖMI, dem Ökumenisch-Missionarischen Zentrum, das in der Jebensstraße am Bahnhof Zoo bei der EKU, der »Evangelische Kirche der Union« untergebracht war. Voller Stolz erzählte ich ihm während er mir ein Buch von Rosenstock-Huessy kopierte, dass ich mit Freunden gerade vor neun Tagen die SDP gegründet hatte. Er war sprachlos und guckte mich in einer Mischung von Verwunderung und Erstaunen an. Verwunderung darüber, dass es mir trotzdem gelungen war, hier zu sein, Erstaunen über meine Ruhe, um nicht zu sagen Einfalt, dass ich hier saß und kopierte, anstatt etwas von dieser Gründung zu erzählen. Erregt fragte er mich, ob ich bereit wäre, dem RIAS ein Interview zu geben. Verwundert sagte ich: »Wenn das so einfach geht?«. Ich wollte natürlich. Auf diese Weise würde man von der SDP im Osten das erste Mal hören können. Denn RIAS wurde überall in Ostberlin gehört und ich konnte für die SDP werben, erklären was wir wollten und wie man Mitglied in der SDP wird. Sofort rief Reinhard Kraft beim RIAS an und auch dort war man erstaunt. »Was, und der ist hier?« Wenig später saß ich dann in der Kufsteiner Straße im »Herzen vom Klassenfeind«. Aus einem Interview wurden zwei und als ich das erste Mal in meinem Leben in einem dieser kleinen schalldichten Räume saß, mit dem Mikrofon vor dem Gesicht, das durch Licht anzeigte, dass jetzt vielleicht Tausende zuhörten, spürte ich Aufregung, mehr aber noch Verantwortung. Im Osten hatten wir eigentlich keine Publikationsmöglichkeiten, bestenfalls die Wachsmatrizenabzüge, aber damit erreichte man eben meist nur die sowieso schon kritischen Geister der Opposition und kaum die wirkliche Öffentlichkeit.

»Wir haben eine sozialdemokratische Partei gegründet. Wir haben ein historisches Recht darauf, denn weil die SED nicht Einheitspartei, sondern kommunistische Partei ist, muss das alte Recht der Sozialdemokratie auch im Osten wiederhergestellt werden. Wir haben deshalb nicht unsere Zulassung in der DDR beantragt, wie auch, auf welcher rechtlichen Grundlage, wohl aber unsere Aufnahme in die

»Sozialistische Internationale«, in die man die SED nicht aufgenommen hatte, obwohl sie es beantragt hatte«.

»Manfred Rexin will Sie sprechen«, wurde mir von Herrn Steinke, der das Interview machte, überraschend gesagt. Ich spürte, dass das eine große Auszeichnung war und aufgeregt ging ich durch die vielen Gänge in diesem eindrücklichen Gebäude, ehe ich dann in dem dunklen Zimmer, in dem inmitten von Büchern, Zeitungen und Papieren Manfred Rexin, Politikchef beim RIAS saß, Platz nahm. Das Interesse der Redakteure im Interview kurz davor war schon groß gewesen, er aber nahm sich nun eine Stunde Zeit und wollte alles genau wissen. »Und was haben sie jetzt vor?« Ich erzählte ihm von meiner Sorge, nach dem Interview mit dem Interzonenzug in die Bundesrepublik zu kommen, vor allem aber von meinem Wunsch, einen Verantwortlichen aus der SPD zu treffen, mit dem ich in einen offiziellen Kontakt treten und ihm von unserer Gründung erzählen könnte. Er nannte mir Tilman Fichter von der Parteischule der SPD. Ich war glücklich. Dass ich so früh so viel erreichen würde, hatte ich nicht ernsthaft zu hoffen gewagt. Wie in einem Rausch verließ ich das Zimmer und war sicher: Jetzt habe ich den Anfang eines Fadens in die Hand bekommen. Mal sehen, was sich noch erreichen ließ für diesen oppositionellen Aufbruch, SDP-Gründung genannt. Vielleicht konnte man ja das Kratzen am Fuß eines ganzen Staates, was wir mit der Gründung wollten, noch etwas besser hör- und sichtbar machen als mit den nach 50 Abzügen kaum mehr benutzbaren Wachsmatrizen.

Die Zugfahrt verlief problemlos, obwohl schon ein Interview im Rias zu hören war. Also funktionierte die Stasi doch nicht so gut wie befürchtet, war sie nicht an allen Stellen präsent oder hatte jetzt schlicht zu viel und anderes zu tun. Am übernächsten Tag, am Mittwoch, den 18. Oktober, sollte ich Tilman Fichter treffen. »Tilman Fichter ist jemand, der '68 nicht nur mitgeprägt hat, sondern der es immer noch lebt«, war mir von Manfred Rexin gesagt worden. Wir fanden sofort ein herzliches Verhältnis, sein badischer Dialekt mit »Berliner Schnauze« war bei ihm liebenswert. Ohne jede Distanz waren wir sofort tief im Gespräch. Ich erzählte, er ordnete ein und ich fühlte mich verstanden. Er war begeistert. Endlich mal wieder was in der DDR, was ihn faszinierte. Da konnte man was draus machen. Nein, man musste! Ich spürte, hier war ich richtig. Mit seiner aus APO-Zeiten gespeisten Begeisterung, die sofort bei ihm aufbrach, überlegte er, wie man unserer Initiative zu größerer Beachtung verhelfen könnte. »Du, wir finden da was«, sagte er, unterbrochen durch das Klingeln des Telefons. »Was?«, schrie er und guckte ungläubig und begeistert zu mir? »Was? Honecker ist zurückgetreten?!«»Worden«, ergänzte ich und war genauso perplex. Als Ulbricht starb, war ich im Kinderferienlager in Ungarn. Was hatten wir damals alles gehofft, was sich ändern würde.

Am Apparat war Thomas Schippers, mein Brieffreund von der SPD, bei dem ich in diesen Tagen erstmals zu Hause zu Gast war und mich am Morgen verabschiedet hatte mit dem Hinweis, dass ich zu Tilman Fichter in die Parteischule der SPD gehen würde. So hatte er mich gefunden und angerufen. Denn der WDR, bei denen mich Thomas für die Sendung ZAK mit Friedrich Küppersbusch am Freitagabend für ein Interview vorgeschlagen hatte, wollte jetzt dringend wissen, wo ich bin und mich zu einem Brennpunkt nach der Tagesschau einladen. Honecker wäre zurückgetreten und ob ich nicht vielleicht schon heute Abend kommen könnte. »Ja«, sagte ich und versuchte ruhig zu bleiben. Dann rief der WDR an und sagte, Pleitgen würde einen Brennpunkt »Honeckers Rücktritt« machen. Es kämen Rudolf Seiters, Kanzleramtsminister und Oskar Lafontaine, stellvertretender SPD-Vorsitzender und saarländischer Ministerpräsident, möglicherweise sogar Helmut Schmidt. Man sei im Gespräch. Tilman Fichter und ich guckten uns an, als sähen wir einen unglaublichen Krimi, bei dem plötzlich alles offen ist. Ich wechselte zwischen Aufregung und Spannung, verbunden immer wieder mit der Frage: »Darf ich das? Soll ich das?« Was passiert meiner Familie, was meinen Eltern und mir? Und zugleich in einer großen Ruhe, bei der man nicht mehr man selbst ist, sondern eine Rolle spielt, von der man weiß, die ist jetzt nötig. Zugleich sieht man die große Chance und setzt alles daran, um es möglichst gut zu machen. Denn das war etwas sehr Ungewohntes, dass über ein Ereignis in der DDR auch jemand im Westfernsehen mitsprechen konnte, der aus der DDR kam und den es direkt betraf. Dass Honecker zurücktrat, hing ja nicht mit seinem Alter, mit seinen Leistungen oder einer Wahl zusammen, sondern auch mit uns, mit denen, die protestiert hatten, mit denen, die ausgereist waren oder das Neue Forum und andere Vereinigungen gegründet hatten.

Durch einen Glücksfall konnte ein Vertreter dieser Gruppen sprechen, ein zufälliger, kein wichtiger, kein Exponent der Bewegung, aber insofern gerade typisch, weil es eben zu dem Zeitpunkt schon Zigtausende waren, die den Protest trugen. Es war ein wirklich ungewöhnliches Bild, das sich dem Fernsehzuschauer um 20.15 Uhr nach der Tagesschau bot: Helmut Schmidt, Kanzleramtsminister Seiters und Oskar Lafontaine, alle im Anzug mit Schlips und Kragen, saßen mit einem Typen am Tisch, der wohl eher andere Assoziationen als die von Politik auslöste, eher die eines problematischen Gegenstandes von Politik. Mit meiner Flickenlederjacke, auf die ich stolz war, weil ich sie erst im Sommer aus Polen geschmuggelt hatte und einem Hemd, was mir gefiel, und das ich mir für 10 D-Mark in Berlin am Bahnhof gekauft hatte, mit einer Brille, die es in ihrer Größe auch gut mit der Brille eines ZK-Mitgliedes aufnehmen konnte, war ich sichtbar aus einer anderen Kultur, einer anderen Welt. Helmut Schmidt begegnete mir kühl und reserviert, nicht nur wegen meines Äußeren, sondern er hatte wohl die verständliche Sorge, dass der Typ vielleicht zur Staatssicherheit gehörte und mied deshalb allzu große Nähe zu diesem nicht einzuordnenden Menschen, der im Osten eine sozialdemokratische Partei gegründet hatte. Lafontaine hingegen reizte es, deutlich zu machen, dass man mit den Sozialdemokraten im Osten gern reden würde. Er zeigte sich erfreut, dass in diesem ganzen kaum durchschaubaren Geflecht von neuen Basisgruppen und Oppositionsgruppen auch einer mit dabei war, der Sozialdemokrat war oder sich zumindest sozialdemokratisch nannte.

Niemand wusste an diesem Abend wirklich, was sich eigentlich verändert hatte, was jetzt kommen würde und wie tief der Riss in der Partei war, für den diese Absetzung steht. Ist Krenz schon alles, was neu kommt? Oder ist das nur der Anfang?

Mit Oskar Lafontaine in der Landesvertretung des Saarlandes.

Nach der Sendung lud Oskar Lafontaine Karl-Heinz Klär, den Leiter »Politik und Planung« in der SPD-Parteizentrale, Tilman Fichter und mich noch in die Vertretung des Saarlandes zu einem Abendessen ein. Er ließ das obligatorische Polaroid-Foto von uns machen, welches ich noch besitze. Nur wenig Zeit blieb mir für das Gespräch und die überall gerühmte Küche der Saar-Vertretung, weil Tilman Fichter schon längst für mich dem Deutschlandfunk zugesagt hatte, dass ich kommen würde. Ich war glücklich, dass Oskar Lafontaine sich so viel Zeit nahm, denn die kurze, unterkühlte Begegnung mit Helmut Schmidt hatte mich doch verwundert und traurig gemacht. Da begegnete ich einem Idol, einer Legende, konnte ihn sogar begrüßen, aber es blieb bei einem flüchtigen Händedruck. Zugleich verstand ich seine Vorsicht und wie notwendig sie war, sah man einige Monate später an Wolfgang Schnur und Ibrahim Böhme. Wie gern hätte ich ihm auf Fragen geantwortet, hätte ihm etwas erzählt, hätte Grüße von ihm an unseren Vorstand aufgetragen bekommen.

Aber er nahm uns noch nicht ernst. Ich nahm es ihm nicht einmal übel, weil ich ihm irgendwie auch recht gab. Wer waren wir, wer war er? Lafontaine hingegen wollte uns an diesem Abend zeigen, Ihr seid für uns ein Partner und wir werden euch helfen, Rede- und Versammlungsfreiheit im anderen Teil Deutschlands zu erstreiten. Auf der Fahrt nach Köln, zum Deutschlandfunk, den ich mit großer Achtung und Dankbarkeit jahrelang gehört hatte, überkam mich ein Glücksgefühl. Ein Sozialdemokrat aus dem Osten hatte den Sturz Honeckers kommentiert. Und die DDR-Oberen konnten mich schwerlich daran hindern, wieder in die DDR zurückzufahren. Und wenn sie es taten, würden sie erst recht Probleme bekommen nach meinem Auftritt in der Öffentlichkeit. Sie würden sich noch mehr lächerlich machen. Noch zehn Tage konnte ich über Radio und Fernsehen werben für die SDP in der DDR, Menschen bitten, in die Partei einzutreten und vor allem immer wieder bekannt machen, was wir wollten.

Die weiteren Treffen im Westen der Republik gingen nun Schlag auf Schlag. Nach dem Geburtstag meiner Großmutter, zu dem ich ja eigentlich gekommen war, stand ein Besuch im Presseclub am Sonntag an.

Am Montag danach, am 23. Oktober wollte ich, aus der Mini-Modell-SPD der DDR kommend, nun endlich mal sehen, wie die richtige SPD lebte und wie sie funktionierte. Karl-Heinz Klär hatte mich in die »Baracke«, ins Erich-Ollenhauer-Haus in Bonn eingeladen und gemeinsam mit Tilman Fichter sprachen wir darüber, wie sie uns konkret helfen konnten. Plötzlich entschuldigte er sich und verschwand. Ich freute mich, da ich glaubte, er würde einige Bücher und Material holen, die ich dann versuchen würde, mit zurück zu schmuggeln. Wenig später aber kam er wieder und an seinem triumphierenden Lächeln erkannte ich, dass ihm etwas gelungen war, was selbst er nicht für wahrscheinlich gehalten hatte: »Der Hans-Jochen würde gerne mit Dir reden«. »Welcher Hans-Jochen?«, fragte ich, weil ich mir verbot, an Hans-Jochen Vogel, den Bundesvorsitzenden, zu denken.

Treffen mit dem SPD-Vorsitzenden Hans-Jochen Vogel im Erich-Ollenhauer-Haus in Bonn.

Aber seine Reaktion machte deutlich, dass das, was ich mir zu denken verboten hatte, nun Wirklichkeit werden sollte. Das war jetzt kein Zufall mehr, wie all die bisherigen Treffen, das hier war bewusst und gewollt. Ein Vertreter der Ost-SPD bekam eine Gesprächsmöglichkeit im Büro des Vorsitzenden der 125 Jahre alten SPD. Ich setzte mich gerade und resigniert glitt mein Blick an mir herunter. »Hätte ich das gewusst.« Aber jetzt galt es, eine Chance zu nutzen. »Ich bringe Dich hin«, sagte Karl-Heinz Klär. Groß, breitschultrig, gesammelte Konzentration, nichts Überflüssiges, Affektiertes, sparsam und überlegt in Mimik und Gestik stand Hans-Jochen Vogel nun plötzlich vor mir. »Und Sie haben die Sozialdemokratie im Osten wieder mitbegründet?«, fragte er. Ich erzählte ein bisschen und noch ehe wir uns setzten, sagte Hans-Jochen Vogel: »Wir hier sagen als Genossen Du zueinander.« »Wir auch«, platzte ich dazwischen, um etwas vorlaut deutlich zu machen, dass wir alles wie die SPD machten – bereute es aber zugleich, weil es wie Anbiederung klingen musste und diesen Mann in die Not brachte, mich jetzt wohl zu duzen. »Also ich heiße Hans-Jochen.« Ich vergaß zu antworten und setzte mich dankbar auf den Stuhl, der mir angeboten wurde. Hans-Jochen Vogel fasste in dem ca. zehnminütigen Gespräch Vertrauen, merkte, dass das kein Scharlatan war, der ihm da gegenübersaß und wollte nun das, was ihm wohl selbst wie ein großes Wagnis vorkommen musste. »Ich muss ins Präsidium. Willst Du mitkommen und von Eurer Gründung erzählen?« Mir stockte der Atem. Das Unerwartete dieses Gespräches, was ich mir vielleicht in einer unkontrollierten Sekunde noch gewünscht hatte, ehe ich es mir wieder verbot, so etwas zu denken, sollte also noch überboten werden! Das war quasi die öffentliche Anerkennung dessen, was wir gemacht hatten. Die offizielle Gegenzeichnung unseres fast aberwitzigen Anspruches, eine sozialdemokratische Partei gegründet zu haben.

»Ja, gern«, hörte ich mich sagen. Ein Raum mit lauter Menschen, die ich kannte, die mir vorgestellt wurden und mir freundlich zunickten. Wenn ich jetzt hätte reden müssen, hätte ich vermutlich vor Aufregung einen Blackout bekommen. So aber schlüpfte ich in meine Rolle und spielte sie mit Hingebung. Ich erzählte, was wir gemacht hatten und vor allem, was wir wollten. Erzählte, dass wir lange diskutiert hatten, ob wir uns SDP oder SPD nennen sollten, berichtete von unserem Antrag an die Sozialistische Internationale und bat darum, ihn zu befürworten. Besonders intensiv erklärte ich, warum wir gegenüber der DDR auf Unterstützung angewiesen waren. Wir wollten Partei sein, denn die SPD fehlte im Parlament, in der Volkskammer der DDR seit der Zwangsvereinigung. Wir wollten Mitglieder der SED für unsere Partei gewinnen und langsam aufwachsen zu einer ernsten politischen Größe. Uns war klar, dass das ohne Unterstützung der SPD nicht gelingen konnte. Die Frage der Selbstständigkeit musste nicht betont werden. Das verstand sich von selbst in zwei verschiedenen Staaten, da wir von der DDR-Regierung gerade nicht als Westableger diskriminiert und ins politische Abseits gedrängt werden wollten.

Die Fragen und die Einschätzungen von Egon Bahr bis Heidemarie Wieczorek-Zeul machten deutlich, dass die Genossen freudig, ja begeistert waren. Wenn die erste Partei, die sich im Osten neu gründet, sozialdemokratisch sein will – das war ein gutes Zeichen. Ich sagte etwas zum SED-SPD-Papier »Streit der Kulturen«, wie es meiner Meinung nach geholfen hatte, obwohl wir erst sehr verwundert waren, dass es ein solches Papier überhaupt geben konnte. Ich stellte unsere Position zur deutschen Einheit dar, dass sie ein langfristiges Ziel war, wir aber sahen, warum wegen der deutschen Teilung als Folge deutscher Schuld erst ein Prozess in Gang gesetzt werden musste, an dessen Ende dann eine Wiedervereinigung stehen könnte. Besonders freute sich Johannes Rau als ich erzählte, wie nah dies alles mit der Kirche verbunden war und dass die Sozialdemokratie im Osten aus der Kirche heraus neu wuchs.

Es war ein glücklicher Umstand, dass ich gerade zu dem Zeitpunkt nach Bonn kam, wo die SPD sich neu orientieren wollte und musste. Aus honorigen und mir verständlichen Gründen war sie viel zu etatistisch eingestellt, wollte auch weitere Veränderungen nicht nur im deutsch-deutschen Verhältnis, sondern auch für die Ostdeutschen über die gemeinsam entwickelte Streitkultur mit der SED verändern.

Spätestens seit dem Sturz von Honecker musste aber an die Seite dieser Politik ein stärkerer offizieller Dialog mit der Opposition treten. Insofern waren wir aufeinander angewiesen, wir brauchten Anerkennung und Schutz für diesen im Grunde vermessenen Anfang der Parteigründung, die SPD brauchte einen Partner in der Opposition, die SDP.

Hans-Jochen Vogel hatte mich gebeten, am Nachmittag mit zum Fraktionsvorstand zu kommen. Pünktlich 19.00 Uhr traf ich im Abgeordnetenbüro von Egon Bahr ein. Er sagte mir im Auftrag des Parteivorstandes die Präferenz der Kontakte der SPD zur SDP zu. Da wurde mir klar, dass das nicht nur eine Episode zwischen beiden Parteien blieb. Ich war, ohne formal ausgesandt zu sein, als Emissär anerkannt, und die größte deutsche Volkspartei erklärte, dass von diesem Tag an nicht mehr die Kontakte zu der zwei Millionen Mitgliedern großen Partei SED im Mittelpunkt standen, sondern dass der Vorzugskontakt ab sofort den etwas mehr als 50 ostdeutschen Sozialdemokraten galt. Vielleicht wurde das auch dadurch ermöglicht, dass ich mit Leidenschaft erzählt hatte, dass wir unsere Gründung auch als Einladung an SED-Mitglieder verstanden, die sich selbst als Sozialdemokraten verstanden. Die Anerkennung durch die SPD war für uns auch ein Bollwerk dagegen, dass alte SED-Leute sich einfach umgründeten zur Sozialistischen Partei Deutschlands oder einzelne SED-Leute die SPD im Osten neu gründeten. Bis dahin war alles überraschend, zufällig gelaufen, hatte eins das andere ergeben. Ab nun wurde nichts mehr dem Zufall überlassen. Ich war eine öffentliche Person geworden, und jetzt wurde organisiert, wann und wo ich mich mit wem traf. Die Anfragen verschiedener Medien kamen täglich, denn in der DDR änderte sich täglich viel, und es wurde ständig eine Stimme aus dem Osten gesucht, die darauf reagieren konnte. Aber es gab noch nicht genügend Freiheit, dass man jemanden in der DDR dazu befragen konnte.

Helmut Hohrmann, der Chef der Bundespressekonferenz, war bei einem Abendessen verschiedener Journalisten bei Helmut Lölhöffel von der Frankfurter Rundschau mit dabei und da entstand die Idee, mich ganz offiziell für Freitag, den 27. Oktober in die Bundespressekonferenz einzuladen. Zum Glück hatte ich nun auch einen Anzug bekommen und eine Krawatte. Die Sekretärin von Karl-Heinz Klär hatte einen Freund, der bei einer Tankstelle arbeitete und etwa meine Figur hatte. Er wurde gefragt und war bereit, mich auszustatten. So betrat ich nun den mir aus dem Fernsehen bekannten Raum und saß mit Helmut Hohrmann vor der gut gefüllten Bundespressekonferenz. Ich erklärte, warum wir die SDP gegründet hatten, was ich jetzt hier im Westen erreichen wollte, und dann kamen Fragen. Ich antwortete auf alles frei, ohne mich durch Ängste in Bezug auf morgen noch beeindrucken zu lassen oder meine Rückreise und eventuelle Schwierigkeiten zu bedenken. Jetzt war ich gefragt, das zu sagen, was ich bisher so noch nicht sagen konnte. Die Journalisten reagierten fast euphorisch auf das, was ich sagte und wie ich es sagte. Ich kannte den Politiksprech, der sonst auf diesem Podium benutzt wurde ja gar nicht, der aus der DDR war mir nur fremd und lächer-

Auf der Bundespressekonferenz.

lich, also konnte ich gar nicht anders, als leidenschaftlich, offen und
klar von meinen Hoffnungen und Visionen zu reden. An einer Stelle jedoch war ich zurückhaltend. Tilman Fichter drängte mich immer
wieder, mich für die Deutsche Einheit auszusprechen. »Nur du kannst
es jetzt wirksam tun und deshalb musst du es tun.« Immer wieder
sagte ich ihm: »Die schlagen mich tot.« Und meinte damit nicht die
DDR-Regierung, sondern meinen Vorstand, der mich, wenn wir ab
und an miteinander nachts sprachen, bremste. Auch bremste, als ich
fragte, ob ich zu Helmut Kohl gehen sollte, wenn der mich empfing.
Ich war begeistert von der Idee, denn damit wäre regierungsamtlich
bestätigt, für alle sichtbar, dass wir als gerade neu gegründete Partei
auch von der Bundesregierung anerkannt wurden. Aber man be-
schwor mich, wenn nachts eine Telefonverbindung zustande kam,
es nicht zu machen. Immer wieder versuchte ich, Freunde vom Vorstand zu erreichen, aber die Zahl der Voraussetzungen war meist zu
groß, um erfüllt zu werden. Derjenige musste ein Telefon haben, ich
musste eine Leitung in die DDR bekommen und er beziehungsweise
sie musste zu Hause sein. Ich habe an der Stelle Rücksicht genommen.

Vielleicht hätte ich es als meinen persönlichen Wunsch bekennen und sagen sollen, dass ich mich dafür einsetzen wolle. Aber ich sagte nur, dass es nicht die aktuelle Aufgabe wäre, was so richtig war, wie es falsch war.

Das Kanzleramt wehrte den Vorschlag der SPD ab. Sie wollten mich nicht zu stark aufwerten, gönnten der SPD nicht die gelungene Wende, die sie mit mir für sich organisierten. Was mir da gelungen war, beziehungsweise wofür ich eingespannt worden bin, wurde mir erst klar, als die damalige Chefin des Deutschland Archivs Ilse Ackermann mich fragte, wie ich das geschafft hätte? Ich schaute sie verständnislos an, und sie erklärte: »Na, den Tanker SPD in ein neues Fahrwasser zu bringen?« Nun sah ich sie noch verständnisloser an: Na seitdem du hier bist, haben die einen großen Schwenk vollzogen und endlich ihren verdammten Etatismus begraben. »Bisher hat die SPD im Wesentlichen mit der Staatspartei SED geredet und die Bürgerrechtler nur geheim empfangen, um die SED nicht zu brüskieren. Um ihre guten Kontakte nicht zu verderben. Aber das wurde immer falscher, wenn es das Wort gäbe.«

Es wurde erwogen, dass Kanzleramtsminister Seiters mit mir ein Gespräch führen sollte. Aber auch das kam dann nicht zustande, und ich drängte nicht, weil ich wusste, dass der Vorstand es sowieso nicht wollte.

Aber dann hatte die Bundes-SPD erreicht, dass Bundespräsident Richard von Weizsäcker mich empfangen würde. Ich zog also den geschenkten Anzug an und fand mich in der Villa Hammerschmidt ein. Ein grauer Donnerstagvormittag, kein Mensch war weit und breit zu sehen. Ich ging hinein in die schlossartige Villa, betrat ein großes Vestibül, wurde nach einiger Zeit weiter gebeten und sollte mich mit einem wertvollen Füllfederhalter ins Gästebuch eintragen und ging dann noch durch mehrere Zimmer wie im Märchen, wo einem auf dem langen Weg zum Herrscher dann das Herz endgültig in die Hose rutscht. Aber als ich da war, begegnete mir Richard von Weizsäcker so freundlich, verstand wohl meine Angst und nahm sie mir im Laufe des Gespräches völlig. Ich durfte ihm von unserer Gründung erzählen, und er fragte so interessiert nach, dass sich ein einstündiges, wunderbares Gespräch ergab. Fotos sollten nicht gemacht werden, weil es keine Öffentlichkeit geben sollte. Warum verstand ich nicht wirklich, aber respektierte es, weil man sich ja mit mir, einem wildfremden Menschen auch vertun konnte und zudem die CDU eine solche Öffentlichkeit nicht wollte, da sie, wie alle wussten, nur einen durch 40 Jahre DDR diskreditierten Partner im Osten hatte.

Nicht die Zahl der Interviews ärgerte mich, wohl aber, dass man immer sehen konnte, dass ich es im Westen führte. Ich wollte, dass die Fernsehzuschauer im Osten zumindest denken konnten, das Gespräch findet bei uns in der DDR statt. Und so sagte ich bei einem längeren Gespräch, was für RTL aufgezeichnet werden sollte, dass ich es nur in einem Umfeld führen würde, was schon so alt war, dass es als DDR-like gelten könne. Man suchte und fand eines – das Abgeordnetenbüro des Abgeordneten Biedenkopf. Ich war froh ihn vielleicht kennenzulernen, und wir sagten ihm nicht, warum man auf sein Büro gekommen war.

Am Freitagmittag traf ich mich noch mit drei Jusos vom undogmatischen Flügel, um ein Interview zu geben und über Unterstützung zu sprechen. Ich konnte nicht wissen, wie oft ich die drei, alle etwa in meinem Alter, wieder treffen und welche Bedeutung sie für mich haben sollten. Es waren Doris Ahnen, spätere Bildungs- und dann Finanzministerin in Rheinland-Pfalz, Matthias Kollatz, nach unterschiedlichen Aufgaben Finanzsenator in Berlin und Martin Gorholt, mit dem ich als Landesgeschäftsführer der SPD Brandenburg, Büroleiter, Pressesprecher und Staatssekretär noch ganz eng zusammenarbeiten sollte.

Ich wollte wieder zurück in die DDR, so sicher und stolz, wie bei noch keinem Besuch im Westen zuvor. Mein Visum lief am 29. Oktober wie üblich nach 14 Tagen aus, und so musste ich am Wochenende wieder in Berlin sein. Die SPD, aber auch ich, wollten, dass ich noch Walter Momper kennenlernte und er mich. Ins Präsidium hatte er nicht kommen können, weil zu viel in Berlin los war. Und so schlug mir die »Baracke«, das so liebevoll genannte Ollenhauer-Haus vor, dass ich nach Berlin fliegen solle. Ein Auto des Regierenden

Bürgermeisters holte mich vom Flughafen ab und brachte mich zum Rathaus Schöneberg. Ich ahnte nicht, dass ich hier am 10. November schon wieder sein und gemeinsam mit Tausenden von Menschen Walter Momper, Helmut Kohl und Willy Brandt zuhören würde. Walter Momper nahm sich Zeit für mich, wollte vieles wissen, und wir verabredeten, wie er uns helfen könnte als Berliner Landesvorsitzender der SPD. Als wir am frühen Abend fertig waren, fragte er mich, was ich noch vorhätte. Nichts, antwortete ich, auch ein wenig in der Hoffnung, dass er mir einen interessanten Vorschlag machen wolle. Wollte er. Er nahm mich mit in die Akademie der Künste im Hanseatenweg, wo Walter Jens, den ich durch seine Übersetzung des Lukas-Evangeliums kannte und von dem ich einiges gehört hatte, seine berühmte Treppenrede bei der Jahresversammlung der Akademie halten würde. Walter Momper fragte mich auch, ob ich schon ein Hotel hätte. Ich sagte ihm, dass ich bei Freunden übernachten würde, denn das Geld hatte ich nicht. Er bot mir an, dass ich bei ihm übernachten könne. Dankbar und überrascht nahm ich an, ein wenig verunsichert, wegen der vielen Taschen und Beutel, die ich mit hatte. Es war wie immer, wenn einer aus dem Osten in den Westen fuhr – man kam mit reichlich mehr Gepäck zurück. Einen Koffer wollte ich dort nicht kaufen. Dafür das unendlich wertvolle Westgeld ausgeben? Niemals. Und einen leeren Koffer mit auf die Reise nehmen? Auch nicht denkbar, denn alles was ich bekam, war ja geschenkt, war eine wirkliche Überraschung, die ich nicht einplanen wollte und konnte. Zudem wäre es mir dreist erschienen. 14 Gepäckstücke, Koffer und Beutel, von denen ich gelernt hatte, dass sie »Türkenkoffer« genannt wurden, nahm der Fahrer mit zu Mompers Wohnung.

Es wurde ein langer, wundervoller Abend, bei dem ich viele faszinierende Menschen kennenlernte. Am meisten beeindruckt hat mich das Gespräch mit dem anderen Ostdeutschen, der da war – Professor Karg, ein in die Akademie als Gartendenkmalpfleger Berufener. Wir waren wohl beide am Anfang etwas vorsichtig, denn wir wussten beide, dass wir uns vorsehen mussten. Aber wenig später hatten wir Vertrauen gefunden und sprachen ganz offen. Fünf

Jahre später waren wir Kollegen im Ministerium, er die obere, ich die oberste Denkmalpflege.

Am nächsten Tag traf ich mich mit meinen Freunden mittags in Kreuzberg in einem Restaurant und wir redeten bis zum frühen Nachmittag über diese mich überwältigenden faszinierenden zwei Wochen, in denen ich so viel erlebt hatte, dass es Jahre hätte füllen können, und zugleich so voller Enthusiasmus war, wie noch nie zuvor. Mein Leben hatte spürbar eine Wendung genommen, ich war derselbe und doch ein anderer, alles würde für mich nun anders werden. Ich würde dorthin zurückgehen, wo ich hergekommen war und zugleich ein ganz anderer sein, denn ich spürte die Kraft in mir, Dinge zu wagen, anzupacken und etwas zu ändern. Nichts war mehr geblieben, von den Fragen, was man nun machen soll, nachdem man eine Partei gegründet hat und nicht weiß, wie man Menschen für sie gewinnt. Ich hatte mich als Kontaktadresse eintragen lassen. Das war ein mutiger Schritt, denn damit bot man dem Staat erkennbar die Stirn, erklärte, dass man bereit war, andere zum Widerstand aufzufordern und mit ihnen gemeinsam Gruppen für den Widerstand bilden wolle.

Am frühen Sonntagabend machte ich mich auf den Heimweg, von Berlin nach Berlin. Was würde passieren, wenn ich im Bahnhof Friedrichstraße über die Grenze zurückging nach diesen bewegten Tagen? Hatte die Grenzpolizei eine Weisung von der Staatssicherheit bekommen und wie könnten die aussehen? Hatte es Kontakte vom Büro Momper gegeben? Walter Momper hatte davon nichts gesagt, und zudem war es ja ein Wochenende gewesen? Würden sie mich einfach passieren lassen, in der Hoffnung dadurch nicht zusätzlich Aufmerksamkeit auf mich zu lenken? Denn dass ich das öffentlich machen würde, damit konnten sie rechnen. Als ich am frühen Nachmittag die Grenze passierte, passierte nichts. Ungehindert und ohne intensive Kontrollen gelangte ich zurück in das Grau eines Herbstsonntages in Ostberlin. Ich nahm die Straßenbahn hinter dem Internationalen Handelszentrum am Bahnhof und fuhr zurück in die Lychener Straße 71 in unsere Wohnung. Ich war überwältigt, konnte kaum reden und wollte, ja musste reden, um das alles auszusprechen und um es zu verstehen. Wo aber anfangen, was erzählen und was nicht. Bei meiner Frau und unserer Tochter war das Leben ganz normal weiter gegangen, manches hatten sie gehört, manches erzählt bekommen. Am meisten aber freuten wir uns, wieder zusammen zu sein. So vieles hätte geschehen können! Ich hatte viel gewagt und viel erlebt. Es war eine Provokation für die DDR gewesen, und sie ignorierten es oder ließen sich nicht provozieren? Heute denke ich, dass sie von dem Widerstand, den es im Land gab, schon in einer solchen Weise überfordert waren, dass sie gar nicht anders konnten, als mich einfach gehen zu lassen.

Ich hatte keine Chance gehabt, Katrin anzurufen, denn in Berlin hatten wir kein Telefon. Wir mussten immer zum öffentlichen Fernsprecher gehen. Der nächst gelegene war meist kaputt, weil Betrunkene oder Wütende den Hörer abgerissen hatten. Ich konnte die Wütenden gut verstehen. Wenn man 20- oder 30-mal probiert hatte, nach West-Berlin durchzukommen, und nichts erreicht hatte, außer dass vielleicht einige Münzen gleich geschluckt worden waren, konnte man verrückt werden. Und seitdem ich wusste, dass man von meinen Großeltern im Sauerland in Frankreich anrufen konnte und sofort eine Verbindung bekam und es sich anhörte wie ein Ortsgespräch, war ich einmal mehr verzweifelt über diesen Staat, der durch seine Unfähigkeit und seine Angst, mir Lebenszeit und Lebensqualität nahm. Rebecca freute sich nicht nur, dass ich da war, sondern ihr auch Kinderschokolade mitgebracht hatte. Sie hatte uns nach meiner ersten Reise in den Westen ihren Wunsch für ihre Zukunft erzählt: »Wenn ich groß bin, werde ich wie Papi und bekomme einen roten Ausweis. Damit fahr ich zum Großvater und kauf mir Kinderschokolade.«

Meine Frau und ich freuten uns, dass alles nicht nur gut gegangen war, sondern ich so viel mehr erreicht hatte, als ich in den kühnsten Träumen erwartet hatte. Wir ärgerten uns, dass ich gleich wieder gehen musste, denn in der Georgenkirchstraße, in der Wohnung von einem Pfarrer, dem Schwiegersohn von Wolfgang Ullmann, der die

Gründung mit vorbereitet hatte, tagte unser SDP-Vorstand und ich musste hin.

Ich war unsicher, wie sie mich empfangen würden. Sicher hatte ich mich, so gut es ging, versucht abzustimmen, aber die Eigendynamik, die mein Besuch bekommen hatte, war von niemandem auch nur geahnt worden. Ich ahnte, dass sie mit den laufenden Dingen sehr viel zu tun haben würden, und wollte dabei nicht stören, sodass ich erst relativ spät hinging. Würde ich gleich zu Beginn hingehen, dachte ich, hätten sie es zum ersten Tagesordnungspunkt gemacht, aber ich ahnte, dass es besser wäre, es nur am Ende zu besprechen. Zu viele sich widersprechende Gefühle und Einschätzungen gab es, dass die Richtung der Diskussion nicht wirklich vorhersagbar war. Ich musste aber berichten und ahnte, dass der Ärger, der sich bei einigen aufgestaut hatte, über mir entladen würde.

Als ich gegen 19.00 Uhr eintraf, wurde ich nur mit einem freundlichen Kopfnicken von Böhme und Meckel begrüßt. Die Sitzung war in vollem Gange und ich setzte mich an den Rand.

Es war für mich erst die zweite Sitzung des Vorstandes der gerade erst vor drei Wochen zuvor gegründeten SDP. Die erste Sitzung war nur ein erstes Kennenlernen gewesen. Dies aber war die erste Sitzung, zu der regulär eingeladen worden war, an der ich nun teilnahm und einige noch nicht wirklich gut kannte.

Als ich dann gebeten wurde zu berichten, tat ich das so zurückhaltend wie möglich, denn mir war klar, dass zwischen Freude und Dankbarkeit auf der einen und Neid und Missgunst auf der anderen Seite alles an Gefühlen im Raum vorhanden war.

Ich bemühte mich, kurz eine Zusammenfassung aus meiner Sicht zu geben, um nicht unnötig zu provozieren, und reduzierte meine Rolle in diesen Tagen so stark es nur irgend ging. Nachdem ich vor allem von dem Gespräch mit dem SPD-Präsidium berichtet hatte, gab es zuerst einmal Vorwürfe. Sie reichten davon, dass ich mich nicht genügend abgestimmt hatte bis dahin, dass ich mehrfach mit meiner Flickenlederjacke im Fernsehen gewesen war.

Stefan Finger, ein Apotheker aus Sachsen-Anhalt, kritisierte, dass ich mit einer Lederjacke im »Brennpunkt« gesessen hatte und meinte, das wäre bei vielen schlecht angekommen. Angelika Barbe rügte die fehlende Abstimmung, obwohl ich gerade mit ihr telefoniert hatte und sie viel öfter zu erreichen versucht hatte. Einmal hatte ich sie spät abends erreicht und ihre Anregungen auch genau befolgt. Ich versuchte, deutlich zu machen, dass ich vorab versucht hatte, Ibrahim Böhme von der Reise zu erzählen, und mit Stefan Hilsberg zumindest kurz gesprochen hatte und dass ich in keiner Weise mit einer solchen Möglichkeit oder Wirkung der Reise gerechnet und insofern auch keinen Anzug mit dabei gehabt hatte, sondern mir erst mühsam einer besorgt werden musste. Ibrahim Böhme war es dann, der mich mit einer fast väterlichen Art verteidigte.»Jeder hätte, wenn er die Chance dazu gehabt hätte, das Gleiche tun müssen wie Steffen. Er hatte die Chance und er hat es gut gemacht. Und vor allem hat er unser Projekt damit doch um einen riesigen Schritt nach vorn gebracht. Und dafür sage ich Dir Dank.«

Markus Meckel unterstützte Ibrahim Böhme. Er hob hervor, dass die SPD die SDP als bevorzugten Partner anerkannt und welch großen Impuls ich gegeben hatte, denn in einer uns alle überraschenden Weise war durch meinen Besuch Öffentlichkeit für die SDP entstanden. Wir waren als SDP vorher im Grunde kaum bekannt, anders als bei den anderen Bürgerrechtsgruppen gab es bei uns kein sehr bekanntes Gesicht und nur wenige in der DDR wussten von unserer Existenz. Die Gründung der SDP war durch meine Auftritte in den Medien vielen erst bewusst geworden. Dadurch dass man jemanden von der SDP sehen konnte, der noch dazu einen Kontakt mit der SPD hergestellt hatte, wuchs das Interesse, Mitglied zu werden und sich an eine der Kontaktadressen zu wenden, sprunghaft an. Mir selber ist noch Jahre danach immer wieder auf Podien, in Gesprächen mit Freunden usw. gesagt worden, dass nach der»Brennpunkt«-Sendung für viele die Idee entstand, dieser neu gegründeten Partei beizutreten, noch dazu, weil ich hier eine für viele spürbare Offenheit in der deutschen Frage glaubhaft verkörperte. Ohne dass ich mich für die deutsche Einheit aussprach, war in meinem Interesse an einer Zusammenarbeit mit der SPD für viele die Tür in diese Richtung geöffnet.

Böhme hob hervor, dass das zwar nicht abgestimmt war, aber eben auch nicht abgestimmt werden konnte und ich viel für unser gemeinsames Ziel bewegt hatte. Eine Diskussion darüber, was hätte anders laufen können, sei nicht hilfreich. Ich hielt mich in der Diskussion soweit es ging zurück. Und so fügten wir uns keine Verletzungen zu, sondern konnten nun dieses überraschende Geschenk der erreichten Öffentlichkeit gemeinsam für uns annehmen und darauf aufbauen.

Die Wogen waren damit geglättet, das Thema zumindest für die Vorstandsdiskussion erledigt. Mancher hat mir das lange nachgetragen. Doch der Vorstand ernannte mich wenig später zum Pressesprecher der SDP.

KAPITEL 6

DIE MAUER WIRD DURCHLAUFEN, DIE SPD GRÜNDET SICH ÜBERALL VOR ORT, VERLIERT ABER DIE VOLKSKAMMERWAHLEN

Am Montag, den 30. Oktober fuhr ich mit meinem Trabant die vertraute Strecke nach Christinendorf in mein Pfarramt zurück. Ich wollte mich nun endlich auch dort wiedersehen lassen, nachdem sich mein Leben so gründlich innerhalb von zwei Wochen verändert hatte. Die meisten Dorfbewohner waren stolz auf ihren Pfarrer und wollten sich von mir erzählen lassen, was sich alles ereignet hatte, wollten Hintergründe wissen zu dem, was sie im Fernsehen gesehen hatten. Denn nachdem ich im Brennpunkt neben Menschen über unsere Situation geredet hatte, die wir alle achteten und schätzten, hatte sich alles wie ein Lauffeuer herumgesprochen und immer mehr hatten in der Erwartung ihren Pfarrer im Fernsehen zu sehen, abends mehr als sonst Westfernsehen geschaut. Ich ahnte, wie sich das anfühlen musste.

Der Widerstand war dadurch für sie spürbar in die Provinz getragen worden. Wo ich hinkam in diesen Tagen, wurde ich darauf angesprochen, wollten die Menschen etwas davon erzählt bekommen. Sie konnten in ihren Familien, auf der Arbeit davon erzählen und fühlten sich bestärkt, auch sich stärker als bisher einzubringen.

Meine Adresse und Telefonnummer standen auf einigen der Unterlagen, die wir mit Wachsmatrizendruckern kopierten und nach der Gründung zur Information für Interessenten als Kontaktadresse verteilten. Seine Adresse als Kontaktadresse zu veröffentlichen galt lange Zeit als besonderer Mut, denn damit gab man sich öffentlich zu erkennen. Je weniger Mut dazu gehörte, umso mehr Arbeit war nun aber damit verbunden. Einen Anrufbeantworter kannten wir damals zwar schon flüchtig, aber ich hatte mir keinen besorgt. Wofür?

Nun wusste ich, wofür ich ihn brauchen konnte. Solange ich bei mir im Pfarrhaus in Christinendorf war, hatte ich oft ununterbrochen zu telefonieren. Menschen aus der ganzen DDR riefen an, um Unterlagen zugesandt zu bekommen. Wir hatten noch kein Büro, das man hätte anrufen können, also wurden die Kontaktadressen angerufen. Ich hörte bei denen, die anriefen die Begeisterung und Dankbarkeit, dass endlich einer aus dem Osten für alle sichtbar und hörbar klare Aussagen gemacht hatte. Denn desto klarer ich sprach und mir sichtbar nichts passierte, umso mehr bekamen nun auch andere Mut. Viele riefen an, die etwas von uns lesen und oft am liebsten gleich einen Termin machen wollten, um sich mit mir zur Gründung eines Ortsvereines zu treffen.

Die Kopien, die ich von unserem Grundsatzpapier hatte, auf denen auch viele Kontaktadressen standen, mussten in Briefumschläge gesteckt und versandt werden. Die Briefe steckte ich dann in Berlin ein, denn dort auf dem Dorf schien es mir zu gefährlich. Ich hatte Sorge, dass sie abgefangen würden und ich so die Menschen, denen ich etwas schickte, unnötig in Gefahr brachte.

Ein Anruf, über den ich mich besonders freute, war der aus Trebbin, der benachbarten Kleinstadt mit ca. 4.000 Einwohnern. Sie wollten in dem Klubhaus am Rande des Ortes am Freitag, den 3. November, zu der Zeit, wo sonst immer Disco war, eine Veranstaltung machen und baten dringend, dass ich dazu kommen sollte. Ich sagte begeistert zu, denn nun begann endlich, worauf ich so lange gehofft hatte. Wir sprachen hier vor Ort in aller Öffentlichkeit über notwendige Veränderungen.

Was ich dann aber erlebte, übertraf bei Weitem alle meine Erwartungen. Das Klubhaus war voll. Auch der Rang, der wohl nur selten benutzt wurde, war bis auf den letzten Platz besetzt. Es waren geschätzte tausend Menschen, die gekommen waren, wie mir die Veranstalter begeistert erzählten. Sie hatten in den letzten Tagen die Werbung vervielfacht und überall erzählt, dass auch der Pfarrer aus Christinendorf kommen würde, »der aus dem Fernsehen, ihr wisst schon.« Man wollte mich hören, mit der eigenen Anwesenheit zeigen, dass man das, was ich sagte, unterstützte, wollte vor allem endlich aus der Anonymität der Kritik heraus. Die Menschen wollten dabei sein, wenn sich etwas ändert und durch ihr Dabeisein dazu beitragen, dass sich etwas ändert. Die ganze erzwungene Mutlosigkeit, die jahrelange Rücksichtnahme, die unterdrückte Erwartung und Hoffnung auf Veränderung, die Unsicherheit, seit man die Menschen aus der Prager Botschaft gen Westen fahren gesehen hatte, all das löste sich nun plötzlich auf und brach sich Bahn. Es war eine der eindrücklichsten Veranstaltungen, die ich je erlebte. Denn auch ich hatte gehofft, dass sich einige trauen würden, hatte auf vielleicht hundert gehofft, die kommen würden und vor der Disco mit mir reden wollten, aber wir alle waren glücklich und beeindruckt, dass wir so viele waren. Denn wir alle spürten, dass es das so noch nie gegeben hatte und vielleicht auch nicht wiedergeben würde. Es gab eine unerwartete Leichtigkeit des Seins, denn wir alle warteten darauf, dass jemand zuschlagen würde, dass etwas passieren würde, jemand inhaftiert oder mit Schlagstöcken die Versammlung auseinandergejagt würde. Wir erwarteten, dass die Partei so reagierte, wie es vor etwas mehr als drei Monaten auf dem Platz des Himmlischen Friedens in Peking passiert war. Wir warteten unsicher auf eine Unterbrechung, die aber nicht kam. Wir sorgten uns, und die Älteren natürlich noch viel mehr, dass die Russen eingreifen würden. Deshalb hatte der Satz »Wer zu spät kommt, den bestraft das Leben!«, den Gorbatschow zu Honecker beim Festakt zu 40 Jahren DDR gesagt hatte, eine so große Bedeutung für uns. Denn er war nicht nur Kritik an der SED-Parteiführung, wir verstanden ihn auch als Signal, dass wir nicht zu spät kamen, dass er unsere Kritik als DDR-interne Auseinandersetzung verstand, wie wir nun endlich den Kurs von Perestroika und Glasnost auch bei uns umsetzen wollten. Und insofern genossen wir alle, dabei zu sein, denn wir spürten schon allein durch unser Zusammensein, dass sich etwas ändern musste. Wir merkten, da ist etwas unkontrollierbar in Bewegung geraten. Wir hatten Ziele, für die wollten wir kämpfen, aber was davon wann erreichbar sein würde, ahnte keiner von uns. Wir alle spürten, jetzt lohnt es sich hierzubleiben, denn jetzt bewegt sich was.

Ich erzählte an dem Abend in Trebbin im Kulturhaus wenig von meiner Reise und dem, was ich erlebt hatte, obwohl das viele interessierte und vielleicht sogar gereicht hätte, sondern erzählte vor allem, warum wir die SDP gegründet hatten, warum wir sie so genannt hatten und was wir wollten. Wir wollten uns dafür einsetzen, dass wir die Rechte bekommen, die Menschen im 20. Jahrhundert haben! Reisefreiheit, Redefreiheit, Pressefreiheit, die Freiheit, Vereine und Parteien zu begründen, die Probleme ansprechen und Konflikte lösen. Ich erklärte, warum man dafür freie Parteien braucht, freie Wahlen und vor allem natürlich eben auch die Partei, die »wegvereinigt«, unter Zwang in die Einheitspartei gepresst worden war. Wir brauchten diese Partei auch deswegen, weil sie mit der SED ja schon lange im Gespräch und die SPD die Partei war, die am ehesten auch das, was wir vom Sozialismus bewahren wollten, in den Veränderungen bewahren könnte.

Am folgenden Tag, am Sonnabend, den 4. November, wäre ich gern nach Berlin zu der großen Demonstration gefahren. Aber schon mehrere Wochen zuvor, bevor ich mich auf die Reise gemacht hatte, habe ich all diejenigen, die einen Ortsverein gründen wollten und die etwas von unserer Gründung wissen wollten, zu mir nach Christinendorf eingeladen. Ich konnte und wollte das nicht wieder absagen und ahnte natürlich auch nicht, wie viele Menschen in Berlin zusammenkommen würden und dass es die größte Demonstration werden würde, die es je in der DDR gegeben hatte. Immer wieder überlegte ich, ob ich nicht doch nach Berlin fahren sollte zu der von vielen erwarteten zentralen Demonstration. Zugleich aber sagte ich mir, dass ich diejenigen, die von dem Termin wussten, nicht enttäuschen dürfte. Von einigen hatte ich gehört, dass sie nun erst recht kommen wollten, von mir alles von der Reise aus erster Hand berichtet bekommen und endlich bei sich auch eine SDP-Ortsgruppe gründen wollten. Dazu aber brauchten sie Material, wollten in der Diskussion erfahren, wie die neu gegründete SDP sich zur Entwicklung dieser Tage stellte und welche programmatischen Ansichten wir vertraten. Die Zahl der Besucher unseres Seminars überraschte mich. In dem Gemeindesaal waren alle Plätze besetzt, mehr als 40 Personen waren gekommen. Am Anfang stellte ich unser Grundsatzprogramm vor und berichtete, wie wir in Schwante die SDP begründet hatten. Ich sollte von meiner Reise berichten und dem, wie ich die SPD erlebt habe. Es machte mir, es machte uns allen viel Mut, dass unsere Reformbemühungen von der SPD unterstützt wurden, dass wir als sozialdemokratische Partei anerkannt wurden und unsere Bitte, in die Sozialistische Internationale aufgenommen zu werden, Aussichten auf Erfolg hatte, ein Erfolg, der der SED seit vielen Jahren mit ihrem Mitgliedsantrag verwehrt wurde.

Wir alle hatten das Gefühl, dass wir gerade in der spannendsten Zeit unseres bisherigen Lebens waren, dass wir Zeitgeschichte erlebten und jeder an seiner Stelle auch ein wenig Geschichte schrieb. Wir blieben lange zusammen, bis wir gegen 16.00 oder 17.00 Uhr im Radio von der größten Demonstration hörten, die es bis dahin in der DDR gegeben hatte. Und auch wenn viele von uns gern dabei gewesen wären, spürten wir, dass das was wir an jenem Tag in Christinendorf gemacht hatten, jeden von uns instand setzte, nun seinerseits einen politischen Neuanfang im Kleinen zu machen. In Berlin wären wir jeder nur einer von einer Million Menschen gewesen, hier aber lernten wir miteinander Dinge, die zur Gründung von neuen Basisgruppen oder Ortsvereinen führen würde. Bis heute stehen mir zum Beispiel Christel Dettmann aus Güterfelde, Susanne Melior aus Langerwisch und Heinrich Scholl aus Ludwigsfelde vor Augen. Nach diesem Tag wurden sie in neuer Weise aktiv, gründeten ihrerseits mit Freunden einen Ortsverein und mussten nun anderen erklären, was sozialdemokratische Politik in dieser Situation bedeutete. Sie spürten an diesem Nachmittag, dass es viele gab, die alle Angst überwanden und sich keine Vorschriften mehr machen lassen wollten. Alle drei haben die Veränderungen seit diesem Nachmittag über viele Jahre mitgestaltet. Bisher waren sie nur Teilnehmer an Veranstaltungen und zeigten so ihren Protest, ihren Wunsch nach Veränderung, nun organisierten sie Veranstaltungen und stifteten andere an, ihre beobachtende und abwartende Position zu verlassen und aktiv zu werden. Viele Jahre haben sie als Mitgründer vor Ort, dann als Abgeordnete beziehungsweise Bürgermeister Verantwortung übernommen.

Am 5. November stand ich dann wieder im Talar vor meiner Gemeinde. Ein paar mehr waren gekommen als sonst. Sie wollten ihren Pfarrer sehen und hören, was die Kirche in diesen Tagen zu sagen hatte. Bei den Ankündigungen lud ich dann auch besonders zum Mütterkreis am Donnerstag, den 9. November ein. Ich wies darauf hin, dass wir uns auch an die Reichspogromnacht von 1938 erinnern würden und an die November-Revolution von 1918, die Ausrufung der Republik. Ich spürte für mich in diesen Tagen, dass es sich gelohnt hatte, nach all den Reisen in den Westen zurückzukehren und in der DDR zu bleiben. Genau dafür, was jetzt möglich wurde, eher als erwartet, schneller als gedacht.

Am Sonntag, den 5. November trafen wir uns abends bei Jes Möller in der Wichgrafstraße in Babelsberg, gegenüber meinem ehemaligen Kindergarten in einem alten Mietshaus, um die Gründung einer SDP-Gruppe Potsdam vorzubereiten. In Berlin konstituierte sich am selben Tag die Ortsgruppe Ostberlin. SDP-Ortsgruppen schossen in diesen Tagen wie Pilze aus dem Boden. Überall trafen sich Menschen, die sich unser Programm oder die Satzung hatten besorgen können, verabredeten Gründungen von SDP-Ortsgruppen und bereiteten sie vor.

Noch nie hatte ich so viel telefoniert, fuhr überall hin, wo ich gebraucht wurde. Am 7. November hatte mich der spätere Bürgermeister in Luckenwalde Peter Gruschka eingeladen, dass ich bei ihm im Gemeinderaum der Katholischen Kirche von unseren Plänen erzählte und mithalf, die SDP zu gründen. Auch hier war es ein langer Abend, der aber viel brachte, denn alle die dabei waren, machten sich nun auf den Weg, wollten etwas ändern und waren nur schwer wieder zu bremsen. In jenen Tagen, wenn ich durch die dunklen und herbstlichen Alleen des Bezirkes Potsdam zurückfuhr, war ich aufgewühlt, müde und zugleich sehr aufmerksam. Nicht weil ich zu viele Agentenfilme gesehen hatte, sondern weil ich befürchtete, dass mir etwas passieren sollte. Ich hatte keinen Verfolgungswahn, aber ich wusste, es könnte sein und ich wollte nicht durch unvorsichtiges Fahren einen Anlass oder Vorwand bieten. Beides musste jetzt täglich neu miteinander in Einklang gebracht werden – meine Aufgaben als Pfarrer und die als Mitbegründer und Pressesprecher der SDP. Am 8. November trafen wir uns wieder in Potsdam, diesmal um den Bezirksverband zu gründen. Wir trafen uns in der Erlöserkirche und waren alle euphorisch, denn am Vortag waren die Regierung und das Politbüro der SED zurückgetreten.

Am 9. November, so weist es mein Amtskalender von damals aus, bekamen wir morgens früh in Berlin Kohlen, die uns einfach in den Hof geschüttet wurden und die ich dann nach oben tragen musste. Unsere Tochter konnte das Schreien der Kohlenmänner vom Kohlenhof in der Lychener Straße wunderbar nachmachen. Mit tiefer Stimme rief sie, so laut sie konnte: Reiche, Menzel-Kohlen. Um 14.00 Uhr hatte ich dann Frauenhilfe in Christinendorf, um 16.30 Uhr traf sich meine Christenlehregruppe und um 19.00 Uhr der Mütterkreis. Frauenhilfe waren die wesentlich Älteren, die Müttergruppe war aber auch in die Jahre gekommen, alle ihre Kinder waren so alt wie ich. Am 9. November trafen wir uns gegen 19.00 Uhr in meinem Pfarrhaus. Ich musste Tee kochen, als mein Nachbar plötzlich kam – glücklich und aufgeregt. Er wohnte zwei Häuser weiter, zwischen uns war die Kneipe, er war Karosserieschlosser und seine Mutter kam auch zum Mütterkreis und war im Gemeindekirchenrat. Wir hatten Freundschaft geschlossen, denn wir waren gleichaltrig und mit ihm machte es Freude, offen zu reden und zugleich ein wenig über den Tellerrand der Gemeinde zu gucken. Ralf erzählte mir, dass die Mauer wohl an dem Abend geöffnet würde. Er hatte etwas gehört, was ihm Hoffnung machte. Wir beide konnten nicht glauben, was er gehört hatte, aber zugleich wussten wir, wie viel sich in den letzten Tagen ereignet hatte, wie viel von dem, was wir bis dahin für unmöglich hielten, plötzlich möglich wurde. Deshalb entschieden wir uns, es für unwahrscheinlich, aber denkbar zu halten. Wir verabredeten, dass wir uns am Abend noch mal treffen würden, er weiter Nachrichten sehen und uns informieren sollte. Wenn die Grenze geöffnet werden sollte, wollten wir unbedingt nach Berlin fahren.

Er kam zwischendurch nach der Tagesschau noch mal in den Gemeindesaal und sagte, dass die Grenze offen wäre. Wir konnten es nicht glauben, überlegten, welcher Trick das nun wieder sein konnte, und hatten große Sorge, dass die Mauer nur wie ein Ventil geöffnet würde und wenn genug Druck abgelassen worden wäre, die Grenze wieder dichtgemacht würde. Deshalb wollten wir unbedingt an dem Abend nach Berlin, um mit eigenen Augen das Unbegreifliche zu sehen. Kaum war der Mütterkreis zu Ende, war er mit seiner Freundin wieder da und wir tranken zu dritt eine Flasche Sekt, die er mitgebracht hatte, wohlwissend, dass wir noch fahren wollten und dass in der DDR null Promille galt. Aber wir dachten uns, dass die Polizei an diesem Abend wohl nicht kontrollieren würde, da sie mit der neuen Situation überfordert war. Er hatte das wesentlich bessere Auto, einen Shiguli, eine russische Fiat-Gestattungsproduktion (so hieß das, wenn in der DDR Waren im Auftrag westlicher Unternehmen gefertigt wurden). Ich hatte Mühe, mit meinem Auto mitzuhalten. Wir wollten zur Grenzübergangsstelle Bornholmer Straße, die als Ort der Grenzöffnung im Fernsehen zu sehen gewesen war und die auch in der Nähe meiner Berliner Wohnung lag. Die Straße war weit vor der Grenze voller Menschen und Autos, alle waren in einem sonst toten Raum der Stadt unterwegs. In die Bornholmer Straße ging man sonst nicht. Es gab da wenig zu sehen und was man sah, frustrierte nur und zugleich musste man sich eventuell dumme Fragen gefallen lassen. Nun aber strömte alles in diese Richtung. Ich fuhr, nachdem wir uns getrennt hatten, schnell nach Hause, in die nahe gelegene »Lychener«. Ich hatte nicht anrufen können, denn wir hatten ja kein Telefon. Katrin lag mit Rebecca schon im Bett. Ich machte sie wach und sagte ihnen, wir müssen unbedingt zur Grenze. Sie protestierten erst schlaftrunken, aber dann waren sie hellwach und mussten nicht lange überlegen. Wenig später fuhren wir mit dem Auto Richtung Grenze, Eiserner Vorhang, Richtung Mauer, Richtung Ende unserer Welt, in die bisherige Sackgasse unseres Lebens. Wir fanden sogar noch einen Parkplatz in der Ostseestraße, obwohl fast alles zugeparkt war. Wir waren begeistert und überglücklich, aber wussten zugleich gemeinsam mit allen anderen nicht, was nun eigentlich weiter passieren würde. Alles war denkbar, aber im Grunde konnten wir vor lauter Glück und Überraschung nicht denken.

Da, wo wir bisher nie hingegangen waren, weil es da nichts für uns zu sehen gab, strömten nun Tausende Menschen und gingen durch den Eisernen Vorgang, durchliefen die Mauer. Die Mauer ist in jener Nacht nicht gefallen! Es ist ein genauso falsches Wort wie Wende. Wenn man Mauerfall sagt, klingt es so, als wäre die Mauer so altersschwach gewesen, dass sie einfach eingestürzt oder umgefallen wäre. Aber das geschah nicht in dieser Nacht. Die Mauer ist durchlaufen worden und war damit überflüssig. Mauerspechte haben sich lustig gemacht über sie, sie weiter durchlöchert, bis sie dann in monatelanger Arbeit zu Straßenbelag geschreddert wurde. Ebenso war es keine Wende. Das hätten sie zwar gerne gehabt, dass wir Krenz und seinem neuen Politbüro die Wende geglaubt hätten. Wir sind jedoch geradeaus weitergelaufen, ohne uns von Egon Krenz betören zu lassen. Es war eine friedliche, tief greifende Reformation, denn der Osten wurde in die Form gebracht, in der der Westen schon war. Und so könnte man mit Habermas sagen, dass es eine nachholende Revolution war. Der Osten holte nach, was im Westen schon 40 Jahre entwickelt worden war.

Wir liefen durch das Spalier der begeisterten West-Berliner Richtung U-Bahnhof Osloer Straße und waren in dieser Nacht wohl wirklich das glücklichste Volk der Welt. Wir waren mit diesem Empfang spürbar ein Volk, denn die West-Berliner begrüßten uns bei sich, als wären wir nach Hause zurückgekommen. Vom Osloer Bahnhof fuhren wir zum Bahnhof Zoo, dem legendären Sehnsuchtsort, den jeder auch im Osten vom Namen her kannte, aber nicht besuchen konnte. Die Züge der Deutschen Reichsbahn, die aus West-deutschland durch Ostdeutschland fuhren, endeten hier. Nun waren wir als Familie da und konnten nicht fassen, was wir erlebten. Wie in alten Filmen, wo auch ein Abendblatt verteilt wird, kamen plötz-lich Menschen und verteilten die BILD-Zeitung, in der davon be-richtet wurde, dass der Bundestag sich erhoben hatte und »Nun danket alle Gott« gesungen hatte. Wir waren dabei, als sich Geschich-te ereignete, hatten Geschichte miterlebt und mitgeschrieben. Ich schlug meiner Familie irgendwann tief in der Nacht vor, dass wir meine Freundin Susanne besuchen sollten. Als wir klingelten, gegen 3 Uhr in der Nacht, war sie verwundert, verärgert, aber als sie Katrin und Rebecca sah, wusste sie, dass etwas geschehen war, was diesen späten Besuch rechtfertigte. Wir erzählten bis in den Morgen, denn schlafen konnten wir sowieso nicht und wir wollten die Ge-schichte spüren, wollten, dass unser Verstand uns wieder einholte. Am nächsten Tag waren wir nach dem Frühstück lange in der Stadt unterwegs. Ich meldete mich bei vielen guten Bekannten, um ge-meinsam Fassung zu finden. Am Abend ging ich zum Schöneberger Rathaus, denn dort wollte Walter Momper als Bürgermeister zu den Berlinern und sollten Willy Brandt und Helmut Kohl sprechen. Zu-gleich war nach der Kundgebung ein Ad-hoc-Treffen der anwesenden Sozialdemokraten aus dem Westen mit dem Vorstand der SDP im Ostberliner Hospiz in der Albrechtstraße geplant, so hieß ein evan-gelisches Hotel in unmittelbarer Nähe zum Bahnhof Friedrichstraße.

Den Jubel der Menschen im Osten hatte ich miterlebt und war Teil dieses Jubels gewesen. Nun wollte ich gern wissen und miterle-ben, wie der Westen reagierte. Rathaus Schöneberg – dieser Ort, von dem die Freiheitsglocke jeden Sonntag 12.00 Uhr im RIAS, dem Radio im Amerikanischen Sektors geläutet hatte und der erste Satz des Grundgesetzes gelesen wurde. Dort also sollte auf dieses welthisto-rische Ereignis reagiert werden. Ich ging allein hin, denn Katrin, Rebecca und Susanne wollten nicht in dieses Getümmel.

Ich stand irgendwo am Rand und hörte zu und hörte den Satz, der Geschichte schreiben sollte, weil er von dem gesagt wurde, dem man diese Geschichte verdankte und weil er mit diesem Satz das

Von 1989 bis 1992 oft in Potsdam: Willy Brandt.

Geschehen in genialer Einfachheit zusammenfasste: »Jetzt wächst zusammen, was zusammengehört!« Fünf Worte, die den Anspruch der Ostdeutschen aufnahmen, die den Westen in die Pflicht nahmen und die der Welt erklärten, dass ein jahrzehntelanges Unrecht zu Ende ging. Der Jubel für Willy klang noch in meinen Ohren nach, da war schon laute Ablehnung hörbar. Helmut Kohl stand vor dem Mikrofon und ihm schlug eine Welle der Antipathie entgegen. Aber er ging nicht darauf ein, er wusste und ließ uns alle spüren: Jetzt kann ich gestalten, das ist meine Stunde. Und in der Tat, in den nächsten

Wochen und Monaten wuchs Helmut Kohl zum Staatsmann heran. Es war meine erste Kundgebung, bei der Menschen das sagten, was sie dachten, und in der die Menschen so darauf reagierten, wie sie wollten, wie es ihnen passend erschien. Ich war glücklich, diese Kundgebung mitzuerleben, in der eine Weltgeschichte schreibende Veränderung aufgenommen wurde. Umso länger die Veranstaltung ging, umso größer wurde meine Sorge, nicht pünktlich bei dem Termin im Hospiz zu sein. Ich ging nach dem Ende der Veranstaltung zu denen, die nun ins Rathaus gingen, sah Walter Momper, der sich freute, mich zu sehen, und ein Zeichen gab, dass ich mit hineinkonnte und dann ergab sich alles wie von selbst: Hans-Jochen Vogel fragte, wie ich denn ins Hospiz kommen wollte, und bot sogleich an, mich mitzunehmen. Und so fuhren wir kurze Zeit später, am Freitagabend, durch den noch immer nicht enden wollenden Tumult. Das Wochenende begann, und nun wollten alle den Mauerfall miterleben, wollten alle, die es irgendwie ermöglichen konnten, mit dabei sein, wenn sich Geschichte ereignete. Die Grenzsoldaten wollten das Auto kurz kontrollieren, aber sie trauten ihren Augen kaum, als sie neben dem Fahrer Willy Brandt sahen und schräg hinter ihm, Hans-Jochen Vogel. Wir wurden durchgewinkt, niemand wollte unsere Ausweise sehen.

Wenige Wochen zuvor hatten wir uns noch hier ganz in der Nähe gefragt, wie man eine Partei aufbaut, was man als Vorstand einer Partei macht, und nun hatten wir den höchsten Besuch zu Gast, den wir uns denken konnten: Willy Brandt, wegen dem wir gern in der SPD sein wollten und seinen für uns beeindruckenden Nachfolger, der für uns ein Vorbild in Fragen Glaubwürdigkeit und Standhaftigkeit war. Es war ein langes und offenes Gespräch, bei dem das sorgsame Abtasten sehr schnell einer großen Sympathie und hohem Respekt wich.

Aber schon am nächsten Tag waren wir wieder in unserem Alltag. Sicher wurden einem die Worte im Munde alt, denn mit jeder Stunde sah die Welt anders aus, konnte nicht mehr gelten, was am Morgen noch mutig schien. Aber wir brauchten Möglichkeiten, die Menschen anzusprechen, denn wir hatten nach wie vor zu den

Menschen im eigenen Land, in der DDR, nur Zugang über die Westmedien. Wir brauchten Kopierer und nun sollte sich das Gespräch mit den Jusos in Bonn spürbar auswirken. Matthias Kollatz hatte mir in den Rheinterrassen gesagt, dass sie viele Wachsmatrizendrucker hatten, die im Westen keiner mehr brauchen konnte, die für uns aber Gold wert waren, denn so konnten wir mit von uns selbst hergestellten Flugblättern tagesaktuell auf die neue Situation reagieren. Aber sie mussten irgendwo in West-Berlin gelagert werden, damit ich sie dort abholen konnte und mit in die DDR nehmen konnte. Mir fiel Marlies Menge ein, die als Zeit-Reporterin viel in den Osten geschmuggelt hatte. Ich fragte sie, ob wir bei ihr im Keller knapp 20 der sehr schweren Drucker lagern könnten. Sie stimmte sofort zu und so fuhr ich nun einige Wochen fast jeden Tag nach Zehlendorf in die Nähe vom Schlachtensee und lud in meinen Trabant-Kombi ein Gerät ein und fuhr zurück und gab sie Freunden, mit denen ich die Übergabe vorher verabredet hatte. Die Drucker waren so schwer, dass ich sicherheitshalber nur einen mitnahm und den mir liebsten Trabant-Witz erzählte:»Ein Amerikaner hört von dem Auto aus Pappe im Osten, auf das man acht Jahre warten muss, und denkt sich: So ein Ding hätte ich auch gern. Er schreibt an das Trabant-Werk in Zwickau. Dort ist man völlig perplex, denn das hat es noch nie gegeben. Man entschließt sich, noch am selben Tag den Trabant an die USA auszuliefern. Der Amerikaner ist ebenso perplex und empfiehlt allen Freunden, sich auch so ein Auto zu kaufen, denn schon am nächsten Tag bekäme man ein Modell als Ansichtsexemplar.«

Zur gleichen Zeit bin ich immer wieder nach West-Berlin gefahren, um von Ernst Eichengrün, Leiter der Abteilung für Politische Bildung im Gesamtdeutschen Institut, große Buchbestände in Empfang zu nehmen, die in Westdeutschland nicht mehr gebraucht wurden, für uns aber wichtig waren. So konnten wir im Eiltempo an Information nachholen, was uns über viele Jahre vorenthalten worden war. Es waren Bücher, die kurz und prägnant die Geschichte der deutschen Teilung darstellten und die Situation der DDR im Vergleich zur Bundesrepublik erklärten. Es war so viel, dass ich mir einen Anhänger borgte und nun bei allen Veranstaltungen, zu denen ich eingeladen war, das Auto voller Bücher hatte und sie reichlich an alle verschenkte. Natürlich weiß ich nicht, was das im Einzelnen bewirkte, aber für Bücher wollten die meisten das wertvolle Westgeld nicht ausgeben und mit diesen Büchern konnten die Krater des Wissens, die 40 Jahre DDR hatten entstehen lassen, reduziert werden.

In Christinendorf, meinem Pfarrhaus, in dem ich wohnte und auch unverändert meine Arbeit als Pfarrer versah, bekam ich nun oft Besuch. An den Besuch von Lothar Löwe erinnere ich mich gern. Der ehemalige SFB-Intendant wollte mich einfach kennenlernen und kam mit einer wunderbaren Flasche »Napoleon« bei mir vorbei. Ich hatte große Freude mit dem kleinen, untersetzten, ungemein vitalen und lebensfrohen Mann zu reden. Wir kannten uns nur von dem, was wir im Fernsehen voneinander gesehen hatten, aber das reichte, um einander sympathisch zu sein. Zugleich spürten wir, es war gut, sich zu kennen, denn man konnte sich vielleicht noch helfen.

Sehr geholfen habe ich Heinrich Scholl aus der ganz in der Nähe liegenden Stadt Ludwigsfelde. Er hatte sich politisch unbotmäßig verhalten und war deshalb entlassen worden und konnte nur noch als Sportwart des Stadions tätig sein. Er spürte, nun war seine große Chance gekommen, neue Leute wurden gebraucht und er hatte genügend Erfahrungen, große Disziplin und Durchsetzungskraft. Er gründete nach seinem Besuch bei mir die SDP in Ludwigsfelde und wurde im Mai dann Bürgermeisterkandidat, setzte sich durch und wurde in einem Jahrzehnt der erfolgreichste Bürgermeister Ostdeutschlands. Matthias Platzeck und Gerhard Schröder besuchten ihn und zeigten in seiner Stadt, wie Aufschwung Ost aussehen konnte. Er hatte die Neubaustadt, die wie Wolfsburg oder Eisenhüttenstadt eine Retortenstadt war, wiederbelebt, Mercedes mit seiner Sprinterproduktion dorthin geholt, die Stadt grundsaniert und neu ins Verkehrsnetz eingebunden und zugleich ein großes Wellnessbad etabliert. Er war ein leidenschaftlicher Bergsteiger und lud mich dann später ein, mit ihm gemeinsam den Kilimandscharo, den fast 6.000 Meter hohen und größten Berg Afrikas zu besteigen.

Auch Siegfried Jausch, ein bedächtiger älterer Herr besuchte mich. Wir verabredeten eine Veranstaltung bei ihm in Jüterbog, bei der ich die Ziele der SDP vorstellen sollte. Als ich ein paar Tage später dann in Jüterbog war, staunte ich. Es war ein Freitag und die ganze Stadt schien auf den Beinen und strömte in das große Kulturhaus – wie ich dachte zum Tanzvergnügen am Wochenende. Aber ich hatte mich getäuscht, in das Klubhaus der Eisenbahner strömten die Menschen, um von mir etwas über die SDP zu erfahren, um zu zeigen, dass auch sie nicht nur eine Wende, sondern etwas Neues wollten. Nach der Begrüßung durch Siegfried Jausch erzählte ich von dem, was wir verändern wollten, erzählte, warum wir gerade die SPD-Tradition neu begründet hatten. Es wurde lange diskutiert. Die Veränderungen waren nun selbst hier, in einem wunderhübschen 12.000-Einwohner-Kreisstädtchen zu spüren und somit nicht mehr revidierbar. Jausch wurde Landtagsabgeordneter und Landrat des Kreises Jüterbog, der 1993 in dem neuen Kreis Teltow-Fläming aufging. Eine der spannendsten Situationen in seinem Leben hatte Siegfried 1992 zu bestehen, und ich habe da keine so glückliche Rolle gespielt. Die Zeit hatte sich, Gott sei Dank, schneller entwickelt, als ich es für möglich hielt.

Er hatte zu Beginn seines Studiums eine kritische Zeichnung in der Vorlesung gemacht und sie liegen lassen. Sie war gefunden worden, er wurde inhaftiert und hatte, um aus dem Gefängnis zu kommen, eine Verpflichtungserklärung für die Staatssicherheit unterschrieben. Bei der für alle notwendigen Überprüfung der Landtagsabgeordneten war das ans Licht gekommen und formal war damit notwendig geworden, dass er sein Landtagsmandat niederlegen musste. Er weigerte sich jedoch, weil er mit Recht sagte, dass er ja nie, nicht einen Tag für die »Firma« gearbeitet hatte, was in den Akten auch ersichtlich war. Ich dachte genauso wie unser Fraktionsvorsitzender Wolfgang Birthler, dass wir es bei der Stimmung in den Medien und in der Bevölkerung nicht durchhalten würden, ihn zu stützen. Aber die Journalisten hatten zu Recht Mitleid mit ihm und erkannten klar, dass er sich außer einer jugendlichen Schwäche, unterschrieben zu haben, um raus zu kommen, nichts zuschulden kommen lassen hatte.

Ein Besucher in Christinendorf machte den Wandel der Verhältnisse in kürzester Zeit in besonderer Weise deutlich. Meine Freunde vom Vorstand hatten entschieden, dass ich nicht mit zur Sozialistischen

Internationale, die in dem Jahr am 23./24. November in Genf tagte, kam. Es ärgerte mich, denn die Idee, den Beitritt zur Sozialistischen Internationale als Schutz für uns zu beantragen, hatte ich bei der Vorbereitung der Gründung eingebracht, und sie war sofort begeistert aufgenommen worden.

Ich hatte diese Bitte auch im Präsidium in Bonn vorgetragen, als für uns sehr wichtigen Punkt, weil sich darin die internationale Anerkennung zeigen würde. Es fiel mir dann aber leichter, nicht mitzufahren, denn ich bekam in diesen Tagen die Einladung von Dirk Sager zu der ersten »Kennzeichen D«-Sendung, die in der DDR, in Cottbus produziert werden sollte – der Stadt der ersten Städtepartnerstadt, die es zwischen Ost und West gab und zwischen zwei Saarländern verabredet worden war: Erich Honecker und Oskar Lafontaine.

Lafontaine hatte zugesagt und Generalmajor Klaus Naumann, der von 1988 bis 1991 im Führungsstab der Streitkräfte als Stabsabteilungsleiter für Militärpolitik und Operative Führung arbeitete. Er sollte mit dem Auto von Berlin nach Cottbus fahren und holte mich in Christinendorf auf dem Weg dahin ab. Für uns beide wäre noch acht Wochen früher mit Entlassung beziehungsweise Gefängnis geahndet worden, was nun passierte. So aber besuchte er mich in meinem Pfarrhaus, wir tranken einen Kaffee und kamen wunderbar ins Gespräch. Ein Generalmajor holte einen Bürgerrechtler ab und brachte ihn wieder nach Hause, und beide hatten im Gespräch miteinander viel Freude. Ich erzählte ihm, dass ich den Wehrdienst verweigert hatte, aber kein Pazifist war, sondern bei den Blauhelmen bereit gewesen wäre zu dienen, und so hatten wir eine wunderbare Gesprächsgrundlage. Meinen Kirchlichen Amtskalender von 1989 ziert noch heute der Aufkleber der Sendung.

In diese Zeit fiel auch mein Besuch bei dem ersten richtigen Parteitag, den ich in meinem Leben besuchte – es war der Parteitag der SPD in Hessen-Süd, Vorsitzende war dort Heidemarie Wieczorek-Zeul, die Rote Heidi. Mit ihrem Geschäftsführer, der mich unterstützen wollte, verabredete ich den Druck von Aufklebern, die er mir dann beim Parteitag in Berlin übergab. Für uns im Osten hatten diese glänzenden Folien etwas Faszinierendes. Ich erinnere mich, wie ich sie als Junge auf dem Parkplatz des Interhotels in Potsdam sorgfältig von den West-Autos entfernte und dann zu Hause auf eine Wand aufklebte – das war für mich und meine Freunde 1975 der Duft der großen weiten Welt. Nun bekamen wir 14 Jahre später eigene, mit denen wir für die SPD werben konnten, und die die Menschen an ihre neu erworbenen gebrauchten Autos, an ihre Wohnungstüren, auf ihre Taschen und Hefte klebten. Ich habe das nur noch ein letztes Mal ein halbes Jahr später mit den Aufklebern erlebt, die wir von dem neugegründeten Landesverband Brandenburg drucken ließen: »Wir Brandenburger«. Auch sie sehe ich heute noch manches Mal auf vergilbten Akten oder auf Bildern, wo sie ein Auto schmücken oder irgendwo kleben.

Unsere ersten Sitzungen des Vorstandes der SDP fanden in Privatwohnungen oder in den Räumen der Evangelischen Studentengemeinde in Berlin in der Invalidenstraße statt. Einmal besuchte uns dort auch Johannes Rau und lernte so die Initiatoren kennen, was einen nachhaltigen Eindruck auf ihn machte. Denn später fragte er immer wieder nach den Menschen, die ihm damals in dieser noch ganz offenen Situation begegneten.

Aber die SED merkte, dass sie den »neuen demokratischen Kräften«, wie sie uns nannte, um so sich selbst als alte demokratische Kraft neu zu etablieren, nun auch von ihrem Übermaß an Räumen etwas zur Verfügung stellen musste. Und so bekamen wir in der Berliner Parteischule der SED in der Rungestraße am Köllnischen Park, vis-à-vis von dem Zwinger für den Berliner Bären, der damals noch dort war, erste eigene Räume, nicht ohne Sorge, dass alles dort derart verwanzt war, dass wir unsere Besprechungen auch gleich in Gegenwart der SED-Leute hätten machen können. Es war ein spannendes Gefühl, weniger als acht Wochen nach unserer Gründung nun schon so ernst genommen zu werden.

In eine der Sitzungen platzte damals der gerade erst gewählte Rostocker Vorsitzende Harald Ringstorff mit einem seiner Beisitzer, dem Wissenschaftler Frank Terpe. Sie wollten mit uns ihren Vorschlag diskutieren, als SPD am Runden Tisch zu beantragen, sofort nach Artikel 23 GG der Bundesrepublik beizutreten. Allein die Vorstellung, dass es einen rechtlich gangbaren Weg geben könnte, quasi mit sofortiger Wirkung Teil der Bundesrepublik zu werden, nahm uns für kurze Zeit den Atem. Meckel und Gutzeit argumentierten damals mit den unüberschaubaren Konsequenzen, die sich daraus ergaben und vor allem mit den riesigen Problemen, die der mit den Besatzungsmächten abzuschließende Friedensvertrag hervorrufen würde.

Immer größere Aufgaben, die wir als neu gegründete Partei hatten, machten eine immer klarer strukturierte Verteilung dieser Aufgaben nötig. Ich hatte als Pressesprecher ein Telefon in der Rungestraße, bald auch in Martin Krug einen klugen und loyalen Mitarbeiter, und wir versuchten, so gut es irgend ging, auf die Anfragen und die Meldungen zu reagieren.

Nun hatte ich an so vielen Stellen die Gründung von Ortsvereinen mit vorbereitet, dass wir auch die Ebene darüber endlich begründen und arbeitsfähig machen mussten – den Stadt- und vor allem den Bezirksverband Potsdam. Denn noch gab es die Bezirke und sie würden auch erst nach den Wahlen auf DDR-Ebene durch die neue Regierung abgeschafft werden können. So lange, auch für die Vorbereitung von Wahlen für eine neue Volkskammer, die das allein beschließen könnte, brauchten wir die Bezirke. Jes Möller, der jüngere Bruder eines Kommilitonen, rief mich mehrfach an und wir trafen uns in seiner Wohnung, um einen handlungsfähigen SPD-Bezirksverband Potsdam aufzubauen. Permanent überschlugen sich die Dinge, aber man musste und konnte so schnell handeln, weil sich so viel in Bewegung befand. Viele von denen, die sich damals in Potsdam einbrachten, blieben über lange Zeit – zum Beispiel Rainer Speer, Emil Schnell, Olaf Engels, der über viele Jahre erst ehrenamtlich, dann als Geschäftsführer arbeitete.

Zugleich gab es überall Runde Tische, die begründet werden mussten, um auf den verschiedenen Ebenen, der vielen Orte, der Kreise und der Bezirke die Menschen, die neu Verantwortung übernehmen wollten und sollten ins Gespräch zu bringen. Am 14. Dezember gründete sich der Runde Tisch in Zossen, wenig später der vom Bezirk Potsdam, in dem mir aus der Jugendarbeit vertrauten Heilig-Kreuz-Haus in der Kiezstraße 10. Dort, wo wir von der Stasi und ihren Spitzeln argwöhnisch beobachtet worden waren, als wir versuchten, uns für Frieden, Gerechtigkeit und Bewahrung der Schöpfung zu organisieren, saßen wir nun mit knapp 30 Leuten an einem Tisch. Die Besetzung war paritätisch, die sieben Blockparteien mit je zwei Personen und je zwei Vertreter der neuen Gruppen. Ich war nur am Anfang mit dabei, da ich später gar nicht die Zeit fand, dauerhaft an jedem der Runden Tische dabei zu sein. Man konnte sich in denen täuschen, die man beauftragte oder in verantwortliche Positionen hob. Einer, der regelrecht drängte und sich für immer neue Funktionen ins Spiel brachte, war Jochen Wolf. Er wurde schnell SPD-Bezirksvorsitzender, wollte gar Landesvorsitzender werden und Ministerpräsident.

Am Totensonntag, am 26. November 1989 wurde u. a. von Christa Wolf nach drei verschiedenen Vorentwürfen der Appell »Für unser Land« verfasst und zwei Tage danach auf einer Pressekonferenz in Berlin veröffentlicht. Es war ein Aufruf von 31 DDR-Bürgern. Ich war sofort zutiefst empört. Diejenigen, die über Jahre hinweg in den Westen reisen durften, die eigentlich schon viel früher hätten wissen müssen und können, dass dieser Staat nicht mehr lange funktionieren konnte, die klar sehen mussten, in welchem Umfang dieser Staat nur, um zu existieren, seinen Bürgern Menschenrechte vorenthielt, wollten eine Verlängerung, eine nächste, eine dritte oder hundertste Chance. Wir sollten noch einmal warten, dass etwas funktionieren sollte, was nicht funktionieren konnte? Ich schrieb sofort mit Freunden gemeinsam ein Flugblatt und druckte es auf dem Wachsmatrizendrucker oben bei mir auf dem Boden des Pfarrhauses und nahm sie in den nächsten Tagen mit auf die Demonstrationen, zu denen ich als Redner eingeladen war. Bisher hatte ich auf die verschämten, aber immer lauter werdenden Zwischenrufe oder Transparente mit der kleinen Verschiebung von »Wir sind das Volk« zu »Wir sind ein Volk« nicht reagiert, nun aber war ich durch nichts mehr aufzuhalten.

Ja, ich war »Für unser Land«, aber es war nun nicht mehr das von Christa Wolf und ihren spät aufgewachten Freunden. Ich wollte nicht in eine weitere Verlängerung eines Spiels gezwungen werden, das die Bevölkerung schon längst abgepfiffen hatte.

Dieser Aufruf korrumpierte – ausgehend von dem Gedanken der »revolutionären Erneuerung« der von unserer Bürgerbewegung ausgelösten friedlichen Revolution und des zuvor geführten Reformdiskurses – unsere Bewegung, die von der Bevölkerung in einer nicht geahnten Intensität nach dem 9. November aufgegriffen worden war. Schon in diesen Tagen entschied sich das Volk auf sehr demokratische Weise, dass es keine Lust auf einen dritten Weg hatte. Unter dem Eindruck von dem, was Millionen von DDR-Bürgern nach dem 9. November, nach dem Durchlaufen, nach dem Überrennen der Mauer im Westen sahen, entschieden sie sich für eine nachholende Revolution und gegen ein weiteres Experiment. Sie sahen, was schon funktionierte und merkten, dass man in einer Demokratie alles gemeinsam weiter entwickeln kann, wenn es dafür demokratische Mehrheiten gibt.

Am selben Tag, am Dienstag, den 28. November, rund 20 Tage nach dem Sturz der Mauer und fünf Tage vor dem 1. Advent, stellte Helmut Kohl seine Thesen zu einer Konföderation in einer Rede im Deutschen Bundestag vor und präsentierte sein Zehn-Punkte-Programm für die Zukunft Deutschlands. Er nahm den Vorschlag von Hans Modrow von einer Vertragsgemeinschaft auf und führte ihn jedoch weiter.

Er endete mit den Sätzen: »Mit dieser Politik wird auf einen Zustand des europäischen Friedens hingewirkt, in dem das deutsche Volk in freier Selbstbestimmung seine Einheit wiedererlangen kann. Die Wiedervereinigung, das heißt, die Wiedergewinnung der staatlichen Einheit Deutschlands, bleibt das politische Ziel der Bundesregierung.« Mein Ziel war es schon seit meinen ersten Besuchen im Westen und nun ergriff es immer mehr Menschen, denn sie spürten, umso älter sie waren, wie viel sie in ihrem durch die Teilung Deutschlands und die Mauer versäumt hatten und wollten möglichst wenig weitere Zeit so verbringen.

Dies rief nun auch die Alliierten auf den Plan. Die Amerikaner und die Briten reagierten souverän, gaben zu erkennen, dass sie den Weg zu gehen bereit waren, wenn die Konditionen stimmten. Mit den Russen würde es viel schwerer werden, waren sie doch in der DDR mit mehreren Hunderttausend ihrer Bürger präsent, für die Wege des Abzugs erst mühsam verhandelt werden mussten. Die größte Sorge hatte Frankreich, denn als um etwa 20 Millionen kleinerer Nachbarstaat war das vereinigte Deutschland für sie eine Herausforderung. Sie waren insofern für eine Föderation. Das war auch der Grund, weshalb kurz vor Weihnachten Mitterrand nach Berlin in das Palast Hotel kam. Wir hatten nun schon so viele Politiker getroffen, die wir vor einem Vierteljahr nur aus der Zeitung kannten, aber das war eine neue Größenordnung, der erste wirklich bedeutende internationale Partner, der sich mit den ostdeutschen Sozialdemokraten treffen wollte und der ein Gespräch mit Ibrahim Böhme organisieren ließ. Ich war als Pressesprecher mit dabei, außer bei dem Vier-Augen-Gespräch. Mitterrand wollte ausloten, inwiefern wir auch Bedenken gegen eine schnelle Wiedervereinigung haben würden. Eine Minderheit im Vorstand begriff das als Chance, den Prozess zur Deutschen Einheit mit französischer Hilfe zu verlangsamen, gar zu stoppen.

Das Wort »Wende«, das Egon Krenz geprägt hat, sollte zweierlei, es sollte zeigen, dass die SED ganz aktiv mitgestaltete und es sollte ein Stoppschild errichten, bis hierher und nicht weiter.

Da ist das Wort von der Friedlichen Revolution viel ehrlicher und mutiger, es gibt den Akteuren von damals die Ehre, die sie durch ihren Mut verdient haben. Aber was Wende zu wenig wollte, eben nur eine kleine Wende, behauptet das Wort von der Friedlichen Revolution zu viel. Viele hätten gern eine solche Revolution gewollt, zum Beispiel indem man auf der Grundlage des Verfassungsvorschlags des Runden Tisches und des Grundgesetzes gemeinsam eine neue Verfassung gemacht hätte für das vereinigte Deutschland. Doch dafür gab es weder nach der Wahl zur Volkskammer am 18. März noch nach der Wahl zum Deutschen Bundestag am 2. Dezember 1990 eine demokratische Mehrheit. Mich hat damals oft gewundert, wie diejenigen, die mit mir gemeinsam für mehr Demokratie gekämpft hatten und nun erreichten, wofür sie sich eingesetzt hatten, sich nun so schwertaten damit, dass die Mehrheit der Bevölkerung anderes wollte als sie – eine schnelle und sichere deutsche Vereinigung auf dem Weg über einen Beitritt der DDR nach Artikel 23 des Grundgesetzes. Bündnis 90 hatte überall vor den Volkskammerwahlen am 18. März 1990 plakatiert: »Kein Anschluss unter dieser Nummer – Artikel 23 GG«. Sie hatten dafür 2,9 Prozent Zustimmung bekommen und wären, hätte es bei der ersten freien Wahl eine Fünf-Prozent-Hürde gegeben, an ihr gescheitert.

Als wir zu unserem ersten regulären Parteitag der Ost-SPD nach Leipzig fuhren, hatten wir Umfrageergebnisse im Kopf und dann auch in der Zeitung, die wir in alle Haushalte der DDR mithilfe der West-SPD am 25. Februar verteilen ließen, die sahen uns bei 46 Prozent der Stimmen bei der Volkskammerwahl am 18. März 1990. Wir hatten uns für Leipzig als Ort des Parteitages entschieden, weil wir an der Stärke der SPD von Sachsen in der Weimarer Zeit wieder anknüpfen wollten und weil wir uns in der Tradition der Leipziger Montagsdemonstrationen verstanden. Die Demonstrationen und der Mut von Leipzig hatten möglich gemacht, dass wir viel schneller da waren, wohin wir uns am 7. Oktober bei der Gründung dieser einzigen neuen Partei in Zeiten der DDR gesehnt hatten, als jemand das für möglich gehalten hatte. Nun fuhren wir von Berlin zum Parteitag, bei dem Willy Brandt zu uns sprechen würde und den denkwürdigen Satz prägen sollte von dem Zug, der auf dem Weg zur Deutschen Einheit ist, und wir uns als Sozialdemokraten dafür in der Verantwortung sahen, dass dabei niemand unter die Räder kommt. Uns beschlich aber auch erstmals das Gefühl, dass wir bei der Wahl unter die Räder kommen könnten. Denn Helmut Kohl war ein taktisches Meisterstück gelungen. Die Ost-CDU wurde von allen nur scheel angesehen – zu lange hatte sie als Blockpartei, als Blockflöte alles mitgemacht, was die SED gemacht hatte. Ihre Kritik schien eher wie das Deckmäntelchen, das die SED brauchte, um so zu tun, als ob die DDR eine Demokratie wäre. Die Ost-CDU hatte mit der CDU im

Westen nur den Namen gemein, war für alle im Grunde genauso wenig wählbar wie die zur PDS gewandelte SED. Mir schien sie gar schwieriger und schmieriger als die SED, bei der man wusste, woran man war. Kohl war es nun gelungen, eine Allianz für Deutschland zu begründen, in dem er den Demokratischen Aufbruch und die gerade erst gegründete DSU in eine Wahlgemeinschaft hineinzwang, um so der von zwei Seiten getragenen CDU seine Unterstützung im Volkskammerwahlkampf geben zu können. Alles, was im Konrad-Adenauer-Haus erdacht und konzipiert wurde, machten die von 40 Jahren Nationaler Front korrumpierten CDU-Leute mit, denn das gehörte zu ihrem Erfahrungsschatz, dass eine viel größere und mächtigere Partei ihnen sagte, wo es lang geht und was zu machen ist. Die nun führende Partei war allerdings nicht nur viel sympathischer, sondern sowieso das Ziel aller Träume, in sie wollte man ja aufgenommen werden. Die beiden anderen hingegen spürten, dass auf sie im Kampf der Giganten wenig Stimmen fallen würden und auch sie traten gern die Flucht nach vorn an. Der Demokratische Aufbruch musste sich verorten und tat es nun, da sie auf der Seite der SPD nicht gebraucht wurden und bei den Bürgerrechtlern wohl nur wenige Stimmen zu holen waren. Die DSU war an der Seite der CDU sowieso an der Stelle, wo sie sich sahen. Probleme, die es im Annäherungsprozess gab, waren durch die Vermittlung von Konsistorialpräsident Stolpe ausgeräumt worden, wie sich der damalige Chef des Bundeskanzleramtes Schäuble erinnert. Wir ahnten davon nichts. Aber wir sahen auf dem Weg nach Leipzig etwas, was wir noch nie gesehen hatten und was es so auch nie wiedergab und geben konnte. Über Nacht war die ganze DDR professionell zugeklebt worden mit Plakaten. Es gab nur wenige Laternen in dem ganzen 17-Millionen-Einwohner-Staat, die von den Klebekolonnen des Adenauer-Hauses verschont wurden. Und diejenigen, die aus dem Süden der DDR zum Parteitag nach Leipzig anreisten, erzählten uns, dass die Stimmung sich gedreht hatte. Der früher rote Süden, das Tal der Ahnungslosen in der DDR, die immer auf Direktiven aus Berlin gewartet hatten, spürten nun, dass die wichtigen Direktiven aus Bonn kamen. Sie spürten, dass die Sozialdemokratie im Westen aber auch in Teilen im Osten nicht den schnellsten denkbaren Weg zur Deutschen Einheit gehen wollte. Je stärker Kohl das Tempo zur Deutschen Einheit forcierte, umso stärker fühlte sich Lafontaine gedrängt, das Tempo zu drosseln, im Osten und vor allem im Westen davor zu warnen, was Kohl wollte.

Als ich das erste Mal auf dem Weg zu einer Wahlkampfveranstaltung in Neuruppin von Herbert Schnoor, dem Innenminister von Nordrhein-Westfalen den Vorschlag von Ingrid Matthäus-Maier hörte, eine Währungsunion Ost-West zu begründen mit dem Kurs 1:1, hielt ich das für verrückt und zu schön, um wahr zu sein. Ich verstand die kapitalistische Welt nicht mehr: Wie konnte eine Währung, die wir mindestens 1:4 tauschten, nun plötzlich in Parität gehandelt und gewandelt werden?

Aber um den drohenden Absturz in der Wählergunst der DDR-Bürger abzuwehren, wurde das nun offiziell am 24. Februar auf dem Parteitag der Ost-SPD von unserem Vorsitzenden und Spitzenkandidaten Ibrahim Böhme gefordert und als unser Wahlkampfziel millionenfach in unserer Wahlkampfzeitung am 25. Februar morgens in alle Haushalte der DDR verteilt. Aber Lafontaine, der stellvertretende SPD-Vorsitzende, stellte unserer Partei Bedingungen. Er wolle als Kanzlerkandidat nur antreten, wenn die SPD im Wahlkampf auf große sozialpolitische Versprechungen verzichtet und sich zu Maßnahmen gegen den weiteren Zustrom von Übersiedlern bereitfindet. Er warnte vor allzu schnellen Schritten zur deutschen Einheit und zu einer Währungsunion. Kohl hingegen nahm das Versprechen von Böhme auf und wandelte es in seine Zusage. Lafontaine hatte den Zug zur deutschen Einheit verpasst und saß auf dem unter Lokführer Helmut Kohl immer schneller fahrenden Zug nur noch hinten im Bremserhäuschen.

Eine Geschichte, die mir Jahre später von Manfred Grund, dem langjährigen Parlamentarischen Geschäftsführer der CDU-Bundestagsfraktion erzählt worden ist, belegt das auf eindrückliche Weise. Der aus dem Eichsfeld stammende Manfred Grund, parteilos, wollte im November 1990 bei sich die SPD gründen und fuhr deshalb zu einem Parteitag der SPD in Hessen, um sich dort Material für die

Gründung eines Ortsvereines zu besorgen wie Parteiprogramm und Statut. Er hatte sich in der Pause an den Tischen, wo reichlich Material auslag, seine Tasche gefüllt und sah sich nun gut gerüstet, die SPD im Eichsfeld zu begründen. In der Diskussion nach der Pause meldete er sich zu Wort und fragte, wie die SPD zur Deutschen Einheit stünde. Es gab eine freundliche und klare Antwort: Dies wäre jetzt nicht das große Thema der Zeit, allenfalls mittel- oder gar langfristig könne man nach einer langen Phase der engeren deutsch-deutschen Zusammenarbeit über eine Konföderation und über die Deutsche Einheit nachdenken. Manfred Grund hatte genug gehört, er legte das SPD-Material still zurück auf die Tische und fuhr zurück ins Eichsfeld und trat der CDU bei. Ähnlich soll es Angela Merkel ergangen sein, die eigentlich von zu Hause aus eher zur SPD tendierte, der ihre Mutter dann auch eine Zeit lang beitrat, während der Vater als »roter Pfarrer« unabhängig, aber eher PDS nah ausharrte. Merkel machte sich über den Demokratischen Aufbruch auf den langen Weg in die CDU.

Die Allianz für Deutschland zu schmieden war eine kluge taktische und strategische Meisterleistung. Damit aber hatte die CDU viele Tausende Wahlkämpfer an ihrer Seite, die alles das, was sie nun voller Leidenschaft bekämpften und beenden wollten, über Jahrzehnte mit aufgebaut und getragen und verantwortet hatten. Um dies zu verschleiern, davon abzulenken, dachten sich nun Kohl und seine Leute eine wirklich infame Kampagne aus. Sie behaupteten ohne jeden Anhaltspunkt in der Wirklichkeit, dass Tausende von SED-Leuten in die ostdeutsche SPD strömten, mancherorts sogar die Mehrheit in den Ortsvereinen stellten und sich anschickten, manche Ortsvereine zu übernehmen. Der Eindruck, der bei vielen so entstand, war, dass man es bei der SPD mit einer schon längst von ehemaligen SED-Mitgliedern übernommenen Partei zu tun hatte und es deshalb egal war, wen man im Osten wählte, wichtig war, wen man damit im Westen als Partner bekam. Diese infame Wendung, die Kohl, als er zu einem großen Staatsmann wurde, zugleich als miesen Parteipolitiker zeigte, hatte aber noch eine langfristige Wirkung.

Verunsichert durch die aus dem Straßenverkehr übernommenen Stoppschilder, die mit einem Band von SPDSPDSPDSPDSPDSPD umrandet waren, guckten die Ortsvereine bei Neuaufnahmen nun doppelt genau hin. Und es entwickelten sich manche der erst im Winter 89 oder später dazugekommenen zu »Gründungsstöpseln«, die sich bemühten zu verhindern, dass erfahrene Leute hinzukamen. Sie wollten die SPD als die Chance ihres Lebens für sich behalten, wollten das Sprungbrett in politische Ämter, zu Mandaten und neuen Perspektiven nicht mit anderen teilen. Die SED Leute hingegen, die ausgetreten waren, wollten zum übergroßen Teil gar nicht neu politische Karriere machen, sondern jetzt ihre Kontakte nutzen, mit denen sie bisher in der SED gut gekonnt hatten, um sich an die Schaltstellen wirtschaftlichen Einflusses zu setzen, weil sie da viel eher die Vorteile fanden. Es trifft insofern zu, dass in vielen Ortsvereinen mit Macht die Türen zugehalten worden sind, Türen jedoch, durch die kaum jemand eintreten wollte. Mir war dann spätestens im Jahr 1992 klar, dass wir als SPD in ganz Ostdeutschland nur dann eine Chance gegen die CDU haben würden, wenn es gelingen würde, auch die politische Linke wieder zu verbinden. Natürlich nicht mit einem weiteren Vereinigungsparteitag, zu dem nun die SPD die PDS einladen würde, aber doch dadurch, dass die SPD die Türen sichtbar für integre, ehemalige SED-Mitglieder öffnete, wie zum Beispiel Lothar Bisky oder Michael Schumann. Bisky war bis Anfang 1993 Landesvorsitzender der PDS in Brandenburg und Prof. Michael Schumann war der strategische Vordenker der Partei in Brandenburg und in den neuen Ländern. Beide waren mit mir Abgeordnete im Brandenburger Landtag. Als klar wurde, dass Bisky für den Bundesvorsitz der PDS kandidieren würde, war mir klar, dass nun alles auf eine Karte zu setzen war. Ich bat beide, in die SPD einzutreten, ihre Mandate bis 1994 zu behalten und dann mit einem SPD-Mandat weiter politische Verantwortung für Brandenburg zu übernehmen. Beide waren im Kern ihrer politischen Einstellung Sozialdemokraten und insofern mit ihren politischen Ansichten bei uns völlig richtig. Michael Schumann sagte mir zuerst ab, mit einer Begründung, die von allen die Einzige war, die mir einleuchtete:

»Deutschland braucht die PDS, damit all diejenigen, die über Jahrzehnte in der SED eine Heimat hatten, nicht heimatlos in die Deutsche Einheit gehen.« Die PDS als Rettungsboot für Menschen, die sonst unbehaust in der nun größeren Republik wären, die eventuell dann sogar zu Störenfrieden werden könnten. Die aber in einer PDS, die auch Schumann mitführte, die er mitgestaltete, ihren Frieden mit dem Land und der Einheit finden würden. Also eine Aufgabe auf Zeit, die er weder vollenden konnte, noch hätte abgeben können, um zeichenhaft in die SPD zu kommen, weil er bei einem Unfall auf dem Weg an die Ostsee viel zu früh starb. Auch Lothar Biskys Loyalitäten waren stärker bei seinen Mitgliedern. Dass es an den Gründungsstöpseln in der SPD gelegen habe, dass die PDS/Die Linke zwischenzeitlich so stark wurde, sollte nicht mehr weitererzählt werden. Ich habe in Brandenburg alle Sozialdemokraten in der PDS offensiv eingeladen, die Türen standen offen in die SPD einzutreten, aber sie sind nicht gekommen. Nur eine Handvoll sind meiner Einladung gefolgt, aber es ist nicht zu einer Bewegung geworden.

Die ehemalige Bezirksparteischule der SED in der Potsdamer Waldstadt war sehr bald zum Tagungshotel gemacht worden. Es fanden in den ersten Monaten und Jahren sehr viele Veranstaltungen der Potsdamer SPD dort statt, u. a. mit Willy Brandt. Nachdem klar war, dass die Volkskammerwahl nicht erst im Mai stattfinden konnte, sondern auf den März vorgezogen werden musste, wurden dort die Kandidaten für den Bezirk Potsdam gewählt. Denn noch gab es diese Strukturen, die die DDR drei Jahre nach ihrer Gründung durch die Zerschlagung der fünf ostdeutschen Länder hergestellt hatte. Ich kandidierte als der bekannteste SPD-Mann aus unserem Bezirk als Spitzenkandidat und wurde mit einem sehr guten Ergebnis gewählt, obwohl ich einer der Jüngsten war. Die Liste kam mit einigen Überraschungen zustande. Denn viele spürten auch, wenn ich jetzt, in dieser Aufbruchsituation meine Arbeitsstelle verlasse, dann komme ich nicht mehr zurück oder nur mit erheblichen Einbußen, denn andere haben sich dann in den neuen Möglichkeiten schon eingerichtet. Wir ahnten, dass die Volkskammer nicht lange bestehen würde, denn auch wir wollten alle möglichst bald die Deutsche Einheit und an regulären Bundestagswahlen teilnehmen. Und so hat es bei manchen guten und erfahrenen Menschen großer Überzeugungsarbeit bedurft, ehe sie sich darauf einließen zu kandidieren.

So musste ich als Spitzenkandidat im ganzen Bezirk Potsdam, der flächenmäßig der größte der 14 Bezirke war und 1,124 Millionen Einwohner hatte, Wahlkampf machen. Der Bezirk reichte von der Prignitz im Nordwesten bis nach Königs Wusterhausen im Südosten und Jüterbog im Südwesten von Berlin. Sitzungen zu leiten und Vorträge zu halten, Diskussionen in großen Veranstaltungen zu bestehen, hatte ich gelernt. Wahlkampf aber war für uns Neuland. Zum Glück hatten wir mitten im Bezirk, später mitten im Land, Berlin und über 20.000 Sozialdemokratinnen und Sozialdemokraten, die Erfahrungen hatten und sie gern einbrachten. Mit meinem Trabant war ich ständig unterwegs, um die weniger bekannten Kollegen vor Ort zu unterstützen.

Wie seltsam aber war es, immer wieder auch meinem Bild zu begegnen, mit dem die SPD für sich warb. Wir fanden hier noch Laternen oder Bäume, an denen wir unsere Plakate anbringen konnten, im Süden hingegen war fast alles schon besetzt durch die Plakate der Allianz für Deutschland. Die Klebekolonnen der CDU aus dem Westen hatten nirgendwo gefragt, es gab dafür auch keine Regeln und wer hätte sie jetzt noch sinnvoll erarbeiten und glaubwürdig verabschieden können in einer Volkskammer, die wie all die 40 Jahre zuvor von der SED dominiert wurde. Oskar Lafontaine hatten wir kaum zum Wahlkampf eingeladen, denn wir hätten ihm immer nur widersprechen müssen, denn wir wollten ja die Einheit wohl sogar leidenschaftlicher als die gegen uns konkurrierende Ost-CDU. Die wurde in diesem Wahlkampf nun auch kaum gefragt und wenn, stimmten sie allem zu, dankbar, nun nach so kurzer Zeit unverhofft und reingewaschen als ganz »neue Partei« durch die Allianz antreten zu können. Die SPD hingegen stimmte alles mit uns ab, hatte Sorge uns als einzige in DDR-Zeiten neu gegründete Partei zu verärgern. Diese Rücksicht kam gut an bei uns, wurde jedoch nicht einmal von allen wirklich bemerkt und verstanden. Nur als Konzept ging sie

Letzter Blick auf die Ergebnisse. Im ARD Studio am Abend der Volkskammerwahl mit Fritz Pleitgen und ???.

nicht auf, denn die DDR-Bürger in ihrer Mehrheit wollten auch gern schon im Wahlkampf den Westen spüren, den sie dann mehrheitlich auch wählten. Wir beharrten auf den Prognosen, die kurz vor der Wahl schon drei Wochen alt waren und uns deutlich vorn sahen, aber spürten, dass sich das Blatt gedreht hatte. Aber bis zuletzt glaubten wir und die anderen Bürgerrechtler fest daran, dass die Bürger an der Wahlurne schon wissen würden, wem sie diesen Wahlgang verdankten. Aber die übergroße Mehrheit blickte bei der höchsten Wahlbeteiligung, die es je bei einer freien Wahl in diesem Gebiet gegeben hat, nicht zurück, sondern nach vorn. Sie wählten nicht die D-Mark, wie ich es in meiner Verbitterung am Wahlabend im Palast der Republik sagte, sondern sie wollten ein unüberhörbares Signal an die Parteien aussenden, aber auch nach ganz Deutschland und nach Europa hinein, dass sie einen schnellen Weg zur Deutschen Einheit gehen wollten. Helmut Kohl hatte die Frage am klarsten gestellt und er bekam eine klare Antwort.

Der SPD-Vorsitzende Lafontaine fand an diesem Abend nicht den Weg in den Saalbau am Friedrichshain, wo wir unsere Wahlparty feiern wollten, die jedoch in der Verbitterung und der Enttäuschung über das Ergebnis unterging. Lafontaine wollte nicht mit den Verlierern gesehen werden, wollte sich dazu nicht äußern und glaubte wohl noch immer mit seinem Kurs im Westen im Dezember die Wahl zu gewinnen. Er kam also nicht, um sich anzusehen, was er angerichtet hatte – wir hatten seinetwegen und durch seinen Kurs verloren, und er wollte damit nicht in Zusammenhang gebracht werden. Ich bedaure heute, dass wir ihm auch an jenem Abend die Solidarität hielten, die er uns bis dahin nicht, aber auch in Zukunft nicht erweisen sollte.

Noch immer übte ich meinen Beruf aus und war am Sonntag in Christinendorf, um dort Gottesdienst zu halten.

Eigentlich hatten meine Frau Katrin und ich gedacht, dass unser zweites Kind am Wahltag kommen würde, zumindest ich hatte es mir gewünscht, aber es kam erst am 24. März, sechs Tage nach der Wahl. Elisabeth wurde in der neuen Charité geboren und ich schaff-

Falsche Strategie? Im Gespräch mit Egon Bahr am Abend der Volkskammerwahlen.

te es nicht, mit dabei zu sein wie bei unserer ersten Tochter Rebecca sechs Jahre zuvor. Zwischen unserer Wohnung in Berlin, im Prenzlauer Berg im Bullenwinkel der Lychener Straße im 1. Hinterhaus und dem schönen großen Pfarrhaus in Christinendorf pendelten wir nun hin und her. Oft waren wir auch in Potsdam, wo Eltern und Schwiegereltern zum Glück ganz in der Nähe wohnten.

Meine Eltern waren nie in einer Partei gewesen und mein Vater war stolz darauf, in der DEFA als einziger Abteilungsleiter arbeiten zu können, der nicht Mitglied in der SED war. Aber nun traten meine Eltern in die Partei ein, die ihr Sohn mitbegründet hatte, und waren stolz darauf. Auch Katrin wurde Mitglied der SPD und ebenso meine Schwiegermutter, die dann längere Zeit sogar Stadtverordnete für die SPD in Potsdam war.

KAPITEL 7

ERSTER LANDESVORSITZENDER DER SPD BRANDENBURG, MANFRED STOLPE WIRD MINISTERPRÄSIDENT

Das Ländereinführungsgesetz wurde von der Volkskammer erst am 22. Juli beschlossen. Aber die Diskussion ging schon früh in die Richtung, dass wir die Länder wiederbekommen würden. Wir als Sozialdemokraten hatten besonderen Grund, das zu wollen und stolz zu sein. Denn in unserem Parteiprogramm war das erste Mal öffentlich die Wiedereinführung der Länder gefordert worden. Alle anderen wollten nicht so weit gehen, weil sie nicht unnötig provozieren wollten, sie einfach nicht daran gedacht hatten oder es schlicht für irrelevant hielten. Die alten, tradierten Länder waren 1952 zerschlagen und durch jeweils drei Bezirke ersetzt worden, in denen der SED-Bezirkssekretär das Sagen hatte und den Vorsitzenden des Rates des Bezirkes, der ihm nicht formal, aber faktisch unterstand, anleitete.

Zwischen den SPD-Bezirksverbänden war spätestens Ende März 90 ein Wettbewerb entstanden, wer zuerst einen Landesverband ins Leben rufen würde. Zudem war klar, wer die Landesverbände initiierte, konnte wesentlich über das neue Führungspersonal mitreden, das bald nach Einführung der Länder gewählt werden müsste.

Ich hatte unseren Bezirksverband sehr früh auf diese Entwicklung aufmerksam gemacht. Und so begann ich im April mit Rainer Speer, der in der Bezirksverwaltungsbehörde dem von Lothar de Maizière ernannten Bezirksbevollmächtigten Jochen Wolf unterstand, den Landesparteitag vorzubereiten.

Für uns war klar, dass Potsdam die neue alte Landeshauptstadt werden musste, und insofern auch der den Landesverband begründende Parteitag in der Nähe von Potsdam stattfinden sollte. Potsdam wäre für manche als Provokation und Vorfestlegung für Potsdam gewertet worden, und so suchten wir etwas in der Nähe, was zugleich angemessen war, bezahlbar und als Statement gewertet werden konnte. Die Parteihochschule der ehemaligen SED in Kleinmachnow war insofern günstig. Denn wir wollten gern einen zweitägigen Parteitag machen und brauchten daher Übernachtungskapazität.

Wir mussten die anderen Bezirksverbände dafür begeistern. Diese Aufgabe war wesentlich meine, denn Rainer Speer galt zunehmend in Potsdam als wichtiger Strippenzieher, aber in den anderen Bezirken kannte man ihn kaum. Ich hatte bei der Gründung der Bezirke, bei ihren Gründungsparteitagen die Grußworte des DDR-Verbandes gehalten und kannte dort viele, die zum größten Teil nach der Kommunalwahl in kommunale Funktionen gewählt worden waren. Britta Schellin, sogar etwas jünger als ich, war Bezirksbevollmächtigte in Frankfurt (Oder) geworden. Sie hatte Jochen Wolf intensiv kennengelernt, was nicht zu einer Steigerung ihrer Wertschätzung für ihn geführt hatte. Das lag daran, wie Jochen Wolf mit ihr umging und wie er sich in der Runde der drei Bezirksbevollmächtigten von Potsdam, Frankfurt und Cottbus gab.

Edwin Zimmermann aus Dahme war Vorsitzender der SPD im Bezirk Cottbus geworden. Wir hatten uns früh bei der Gründung des Ortsvereins in Dahme, wo er wohnte, kennengelernt. Er hatte mich im November 1989 angerufen, um mich einzuladen. Ich war dann im Dezember nach dem Parteitag der SPD in Berlin dorthin gefahren. Am selben Tag hatte ich von dem Berliner Abteilungsleiter der Deutschen Bank, der mit mir vom Parteitag in seine damalige Zentrale in der Nähe vom Ernst-Reuter-Platz gefahren war, drei nagelneue Kopierer geschenkt bekommen. Einen davon nahm ich dem neuen Vorsitzenden Edwin Zimmermann mit. Er schätzte mich, obwohl er

Mit Edwin Zimmermann im Spreewald.

rund 20 Jahre älter war. An dem Abend lernte ich auch seine Frau kennen, da ich von ihm zu ihnen nach Hause zum Abendessen eingeladen worden war. Er gehörte zu denen, die sich in DDR-Zeiten nicht hatten korrumpieren lassen und dennoch sich eine angenehme Nische gestalten konnten. Er war dankbar, dass ich gekommen war und ihn bei seiner Wahl unterstützt hatte und hatte viele Fragen. Vor allem wollte er wissen, was denn ein Sozialdemokrat nun in dieser Situation tun müsste. Ich war erstaunt, denn noch immer fand ich es überraschend, wenn mich Lebensältere und Erfahrenere um Rat fragten. Fraglos wollte er gern eine Agenda von mir haben, wollte wissen, was morgen und in den nächsten Wochen zu tun war und das in einer Zeit, in der sich täglich alles so schnell änderte, dass die Antworten von gestern schon morgen nicht mehr galten. Ich überlegte kurz und sagte: »Das tun, was vernünftig ist und dabei sozial und demokratisch sein.« Das schien mir die geeignete Antwort für ihn zu sein.

Bisher hatte ich mich noch nie um Mehrheiten gekümmert oder mich gar daran gemacht, eine Mehrheit für mich zu organisieren.

Aber nun ahnte ich, dass das nötig und möglich war. Nötig vor allem, weil ich noch keine 30 Jahre war und viele der neuen Genossen wesentlich älter waren. Ich hatte noch alles vor mir, während sie für die noch vor ihnen liegenden Jahre viel nachholen wollten, was die DDR ihnen vorenthalten hatte. Wir redeten im Vorfeld in Potsdam kaum darüber, wer neuer Vorsitzender werden könnte oder würde. Jochen Wolf und Rainer Speer war klar, dass ich wegen meiner Bekanntheit seit den Tagen der Wende einen Vorteil hatte, aber zugleich dachte Jochen Wolf, das durch sein höheres Alter und die damit verbundene Seriosität wieder wettzumachen. Also begannen sie und ich Mehrheiten zu organisieren, ohne uns davon zu erzählen und wohl letztlich auch, ohne uns das gegenseitig zuzutrauen.

Ich redete vor allem mit Edwin Zimmermann und Britta Schellin, weihte sie in meinen Plan ein. Edwin Zimmermann war offen, denn er kannte Jochen Wolf nur flüchtig und im Bezirk Cottbus war bei der Volkskammerwahl die CDU klar im Vorteil gewesen, was mit der Nähe zu Sachsen und der Entfernung zum West-Berliner Fernsehturm zusammenhängen konnte. Insofern hatte der letzte Regierungschef der DDR de Maizière dann auch einen CDU-Mann mit der Aufgabe des Bezirksbevollmächtigten betraut, und Edwin Zimmermann war frei von allen staatlichen Aufgaben und konnte sich ganz um den Parteiaufbau kümmern. Der SPD-Listenführer bei den Volkskammerwahlen Rainer Maria Bischoff hatte in kurzer Zeit viel an Glaubwürdigkeit verloren und war insofern kein Kandidat. Ich hatte in Edwin Zimmermann einen engagierten und treuen Freund an der Seite, der die Cottbuser aus voller Überzeugung für mich gewinnen wollte. Edwin war kein gläubiger Mensch, insofern brachte mir mein Leben als Pfarrer keine Punkte ein, aber er vertraute mir aus in kurzer Zeit gewonnener Überzeugung. Britta Schellin ahnte mehr, als dass sie wusste, dass ich kandidieren würde. Ich denke, sie erwartete es auch und wir hatten viel Sympathie füreinander, weil wir beide ständig beweisen mussten, dass wir trotz unserer Jugend schon große Verantwortung übernehmen konnten. Ich sprach nur mit wenigen Ortsvereinsvorsitzenden direkt, denn es war mir peinlich, erstmals etwas von ihnen für mich zu wollen, bei ihnen in eigener

Sache zu werben. Dieses Werben schien mir auch mit dem Wesen von Demokratie im Konflikt zu stehen. In der Volksherrschaft soll sich der Beste durchsetzen und nicht der mit dem besten Netzwerk, der mit den besten Kontakten oder den besten Beziehungen. Und die hatte durch meinen Einsatz bei der Gründung der SPD fraglos ich. Und noch etwas machte ich, was mich selbst überraschte und mir einiges abverlangte. Ich bat meinen Cousin, mit mir einen Anzug und eine Krawatte zu kaufen. Wir gingen erst zu C&A in Steglitz und als wir einen Anzug sahen, der weniger als 200 D-Mark kosten sollte, war ich zufrieden. Aber mein zehn Jahre jüngerer Cousin Kuno, der schon seit einigen Jahren nach einer Ausreise im Westen lebte, nicht.

Er redete mir gut zu, im benachbarten Herrenkaufhaus »Ansons« einen mehr als doppelt so teuren Anzug nicht nur auszusuchen, sondern auch zu kaufen. Über 400 D-Mark, Westgeld!!! Und das für einen Anzug? Den ich wohl nur selten brauchen würde? Aber wenn er mithalf, dass zu erreichen, wofür er gedacht war, würde ich ihn häufiger brauchen, argumentierte ich selbst. Und mein Cousin gab mir zu verstehen, dass man diesem billigen Anzug sehr bald ansehen würde, dass er billig war und die Klugen würden es sofort sehen und die wollte ich doch auch und erst recht überzeugen? Da zu diesem Zeitpunkt schon klar war, dass wir die Währungsunion sieben Wochen später bekommen würden, leistete ich mir diese, wie mir schien, riesige Investition in die Zukunft, denn der Anzug würde so viel kosten, wie mein sechsbändiges Lexikon für Religion in Geschichte und Gegenwart, wie ich mir innerlich jammernd vorrechnete.

Dann kam der nächste Tag, der Sonnabend, der 26. Mai, und auf der von uns vorgeschlagenen Tagesordnung stand die Wahl eines Vorstandes und natürlich eines Vorsitzenden beziehungsweise einer Vorsitzenden. Wohl keiner hatte, nachdem bei den Kandidaturen für die Volkskammer oder auch für die kommunalen Gremien immer nur wenige sich bereit erklärt hatten, damit gerechnet, dass es sechs Kandidaten für den Vorsitz geben würde: Birke Kleemann, Siegfried von Rabenau, Steffen Reiche, Manfred Schulz, Lothar Friedrich und Jochen Wolf. Drei davon kannte ich nicht oder kaum.

Wir einigten uns nach einiger Diskussion darauf, dass in jedem Wahlgang die zwei mit den wenigsten Stimmen ausscheiden sollten und im letzten, im dritten Wahlgang die Entscheidung fallen würde.

Im ersten schieden Siegfried von Rabenau und Birke Kleemann aus. Es wurde ihnen nicht zugetraut, den Landesverband aufzubauen, die drei Bezirksverbände zu einem Ganzen zu vereinigen, zugleich den Landtagswahlkampf vorzubereiten und eventuell auch noch Regierungschef zu werden.

Im nächsten Wahlgang schieden Lothar Friedrich und Jochen Wolf aus. Jochen Wolf war für einige der Favorit gewesen. Er hatte sich aber mit der ihm eigenen Überheblichkeit, die durch seine Aufgabe als Bezirksbevollmächtigter noch gesteigert wurde, vorgestellt. Ich fand ihn sowieso unsympathisch in seiner hochnäsigen Art, die zudem, für mich spürbar, durch nichts gerechtfertigt wurde. Ich hatte ihn nie für besonders geeignet gehalten, was diese Geschichte für mich eindrücklich bestätigte. Später sollten noch weitere Erfahrungen hinzukommen, die deutlich machten, dass er in der neuen politischen Situation nur seinen eigenen Vorteil suchte und nie wirklich ein politischer Kopf war.

Nun also standen Manfred Schulz, ein schon älterer, freundlicher und umgänglicher Mann aus Kleinmachnow, den nur wenige kannten, der aber seriös wirkte und mit der Politik in der DDR auch spürbar nichts am Hut gehabt hatte gegen einen wesentlich Jüngeren, den viele kannten, dem man aber auch die Erfahrung und das Durchsetzungsvermögen nicht wirklich zutraute. Und zugleich gab es die Sorge der Älteren im Saal, in den Landtagswahlkampf, in die Zukunft der neuen brandenburgischen SPD von einem so jungen Menschen geführt zu werden. Manchen schien es nur wie ein Trick, der mir die Mehrheit sichern sollte, für andere hingegen war es eine sachgerechte und mutige Entscheidung, als ich vor der Schlussabstimmung noch mal ans Mikro trat und sagte: »Ich verbinde diese Wahl nicht mit einer Kandidatur als Ministerpräsidentenkandidat. Ich will den Landesverband aufbauen und den Wahlkampf organisieren. Und ich will einen Kandidaten suchen und euch vorschlagen, der das kann, was von ihm in der neuen Aufgabe verlangt wird. Denn im Grunde kann doch niemand von uns das leisten, was jetzt von diesem Kandidaten verlangt wird.«

Dass ich eine Partei mit aufbauen konnte, hatte ich bewiesen, denn ich hatte die Gründung der SDP mit vorbereitet, war im Vorstand der DDR-SPD und kannte viele, die helfen konnten. Und so gewann ich die Wahl zum Landesvorsitzenden mit 57 zu 36 Stimmen gegen Manfred Schulz, der dann mit Siegfried von Rabenau als Stellvertreter kandidierte. Beide wurden als Stellvertreter gewählt genauso wie Edwin Zimmermann. Oskar Encke aus Werder wurde Schatzmeister und zehn weitere zu Beisitzern gewählt, darunter auch Britta Schellin, Rainer Speer und Jochen Wolf. Gemeinsam bildeten wir nun den ersten Landesvorstand der SPD Brandenburg seit 1946, also seit rund 44 Jahren.

Michael Mara, der schon früh in den Westen geflohen war, der jetzt für den Tagesspiegel arbeitete, war einer der ersten Journalisten, die mit mir nach diesem Wahlsieg sprachen. Wir kannten uns nicht und er sagte, er wäre überrascht, dass ich es geworden sei, noch dazu so deutlich gegen Jochen Wolf. Nach all dem, was Speer und Wolf ihm erzählt hatten, wäre es im Grunde schon klar gewesen, dass Jochen Wolf den Landesvorsitz übernehmen würde und dann auch Spitzenkandidat geworden wäre. Für die meisten, wohl heute auch für mich, wäre danach den beiden gegenüber Vorsicht das oberste Gebot gewesen. Aber ich nahm meine Verantwortung als Landesvorsitzender mit so viel Elan und Freude auf, dass ich nicht nur jetzt, sondern auch in Zukunft diese Vorsichtsmaßregeln sträflich vernachlässigte.

In der ersten Sitzung des neuen Landesvorstandes versuchten wir uns ein wenig kennenzulernen. Denn wir alle hatten bisher kaum miteinander zu tun gehabt, und auch ich kannte viele nur flüchtig, hatte sie einmal kurz gesehen, auf einem der Bezirksparteitage oder sogar erst bei der Gründung des Landesverbandes. Und wir hatten die Aufgabe, in nicht einmal einem halben Jahr den Landesverband kampagnenfähig aufzubauen, den Wahlkampf vorzubereiten und bis zum Wahltag am 14. Oktober zu führen!

Die Landesverbände von CDU und FDP hatten bestehende Strukturen, wir hingegen mussten alles von null aufbauen, mussten Erfahrungen sammeln und Unterstützung organisieren!

Lange hatten wir um ein eigenes Haus gekämpft, denn das Haus der Demokratie in dem ehemaligen Stasi-Gefängnis in der Otto-Nuschke-Straße, heute Lindenstraße, war für uns spätestens seit März zu klein und nicht mehr angemessen. In der Wendezeit waren wir Teil der Bürgerbewegung, und so war es gut, mit denen gemeinsam in einem Haus die Büros zu haben und sich gut abstimmen zu können. Nun aber, wo wir gleichberechtigt mit CDU, PDS und FDP im Wettbewerb lagen, brauchten wir andere Arbeitsmöglichkeiten. Endlich bekamen wir sie in einer mittelgroßen Villa, die zu DDR-Zeiten das Haus der Nationalen Front war, in der Friedrich-Ebert-Straße 61. Es sah alles dunkel und schäbig aus und wir hatten lange zu tun, um mit gemeinsamer Kraft einen arbeitsfähigen Zustand herzustellen.

Ich hatte mir beim Blick aus dem Fenster auf die Straßenschilder vorgenommen, unseren Einzug mit einer Straßenumbenennung zu begehen. In DDR-Zeiten galt wohl den meisten der langjährige Ostberliner Bürgermeister und Mitglied des Zentralkomitees der SED Friedrich Ebert als Namensgeber der Friedrich-Ebert-Straße. Ich wollte jedoch, dass wieder sein Vater Friedrich Ebert, der der erste Präsident der Weimarer Republik gewesen war und der Stiftung der SPD seinen Namen gegeben hat, mit der Straße geehrt wurde, noch dazu, weil das Neue Rathaus, das seit dem 19. Jahrhundert Potsdam als Sitz des Bürgermeisters und seiner Verwaltung diente, in derselben Straße lag. Leider hatten wir zu viel zu tun, sodass diese Idee nicht umgesetzt wurde. Eine andere Idee von Martin Gorholt, meinem Landesgeschäftsführer und mir konnte ich aber später umsetzen. Des großen Deutschen und Brandenburger Sozialdemokraten Otto Wels wird kaum irgendwo mit einer Straße gedacht. Aber er war nicht nur der erste Parteisekretär der SPD in der Provinz Brandenburg und Brandenburger Kandidat bei den Reichstagswahlen im Wahlkreis Calau/Luckau, sondern auch derjenige, der als Fraktionsvorsitzender der SPD bei der Einbringung des Ermächtigungsgesetzes 1933 seine

Hans-Jochen Vogel zu Besuch im Otto-Wels-Haus.

mutige und grandiose Rede hielt, die mit dem Ausruf endete: »Unser Leben könnt Ihr uns nehmen, die Ehre nicht«. Hans-Jochen Vogel war begeistert, als ich ihn die neue Situation vorwegnehmend, im Otto-Wels-Haus begrüßte. In einer Festveranstaltung zur Namensgebung im Oktober 1991 war dann die große Historikerin Susanne Miller die Festrednerin. Mit dem Umzug später in ein neues Haus, wurde der Name nur noch an den großen Besprechungsraum vergeben, so wie auch im Reichstag der SPD-Fraktionssitzungssaal seinen Namen trägt. Aus verständlichen Gründen wollte die Brandenburger SPD ihre kurz zuvor verstorbene Sozialministerin ehren und benannte das neue Haus in der Alleestraße nach Regine Hildebrandt.

Der 17. Juni war bisher nur als großer Gedenktag für die Deutsche Einheit im Westen gefeiert worden, wurde nun erstmals mit einer Veranstaltung im Schauspielhaus am Gendarmenmarkt begangen. Volkskammer und Bundestag veranstalteten dieses Gedenken gemeinsam und erstmals sollte jemand aus dem Osten dazu sprechen.

Manfred Stolpe war eingeladen worden, die Festrede zu halten. Ich war beeindruckt und einmal mehr davon überzeugt, dass er der Richtige für die Spitzenkandidatur in Brandenburg war. Stolpe war auf beeindruckende Weise Staatsmann, sprach bewegend, persönlich und auf einem hohen Niveau. Meine Freunde von der Bürgerrechtsbewegung, mit denen ich beim anschließenden Empfang zusammenstand, fanden die Rede auch nicht schlecht, machten aber unverhohlen deutlich, dass sie Stolpe nicht trauten, ihn nicht in einem herausgehobenen Amt sehen wollten. Er war kurze Zeit im Gespräch gewesen, als erster frei gewählter Ministerpräsident der DDR, aber die SPD hatte sich dann doch nicht so stark machen wollen und die CDU wollte sowieso lieber einen der ihren, der pflegeleichter, steuerbarer als Parteimitglied war und der im Sinne und Interesse der CDU agierte.

Wir besprachen im Landesvorstand, wie wir zu einem Wahlprogramm kommen konnten und beschlossen, alle Interessierten aus dem Landesverband in das Gebäude der Bezirksverwaltung von Potsdam, dem alten Rat und zugleich der künftigen Staatskanzlei einzuladen und so, sehr basisdemokratisch, alle, die etwas beisteuern wollten, zu beteiligen. Dann kam die spannende Frage, wer Kandidat für das Amt des Ministerpräsidenten werden sollte. Ich wurde mit Sondierungen beauftragt, denn jemand, der das Format hat, um diese Aufgabe mit Aussicht auf Erfolg zu übernehmen konnte, wollte gefragt werden, ehe er seinen Namen irgendwo hörte oder las. Ich schlug vor, dass ich in der nächsten Sitzung einen ersten Vorschlag unterbreiten und bis dahin alles nur mit Siegfried von Rabenau besprechen würde.

Zu ihm hatte ich, obwohl wir irgendwie spürbar keine Freunde werden würden, weil wir zu verschieden waren, das größte Vertrauen, denn er war der angenommene Sohn eines wichtigen Leiters beim Bund der Evangelischen Kirchen in der DDR. Ehe ich ihm vorschlug, Hans-Jochen Vogel zu bitten, fragte ich Hans-Jochen selber, um weder ihm noch uns zu schaden. Hans-Jochen guckte mich verwundert an und antwortete erwartungsgemäß. Es ehrte ihn, dass ich ihn fragte und er sagte mir klar, dass es eine schöne Herausforderung wäre, dass er aber so wenige Monate, im Grunde nur sechs Wochen vor der Bundestagswahl seine Aufgaben als Bundesvorsitzender und Fraktionsvorsitzender nicht einfach aufgeben könne. Auch Hans-Ulrich Klose fragte ich, der aber auch ablehnte. Jemand anderes kam für mich dann im Vergleich zu Manfred Stolpe nicht mehr infrage. Er war gleich mehrfach für diese Aufgabe so wie kein anderer qualifiziert. Er kannte Brandenburg, das Land, das es seit Jahrzehnten nicht mehr gab, wie kein anderer, denn als Konsistorialpräsident der Evangelischen Kirche Berlin-Brandenburg hatte er in der einzigen Struktur, die Brandenburg noch im Namen führte, gelebt und gearbeitet. Er hatte Verwaltungserfahrung, denn er hatte die Verwaltung eben dieser Kirche über Jahre geleitet und mit dem Bischof geführt, das heißt, er hatte in einer Zeit, in der wir alle wirkliche Demokratie nicht kannten, die demokratisch konstituierte Kirche geleitet. Er war Ostdeutscher, das heißt, mit ihm konnten wir zeigen, dass nicht alle Profis aus dem Westen kamen, sondern es auch Profis im Osten gab. Er hatte Kontakte zum Staat im Osten und Westen gehabt, Erfahrungen, die wichtig sein würden. Johannes Rau hatte, als er mir gratulierte zur Wahl als Landesvorsitzender, alle Unterstützung zugesagt, als Freund und als Ministerpräsident des Partnerlandes. Er freute sich auch deshalb über meine Wahl, weil es ihm dadurch möglich schien, Manfred Stolpe für die Kandidatur zu gewinnen. In seinen Gesprächen mit Jochen Wolf hatte er gespürt, dass der alles daransetzen würde, die Chance seines Lebens zu nutzen. Nun aber, mit meiner Wahl, war der Weg auch seiner Meinung nach offen für Stolpe.

Ich hatte auf einer der nun öfters stattfindenden Sitzungen des Landesvorstandes vorgeschlagen, dass wir Manfred Stolpe fragen sollten, ob er als Spitzenkandidat für die SPD antreten wolle. Ich erklärte es, da einige fragend guckten, was er machte und wer er war. Begeisterung kam nicht spontan auf, und Rainer Speer sagte:»Nee, nich noch 'nen Kirchenfuzzi.« Er meinte, Stolpe wäre Kirchenmann wie ich und insofern seiner Meinung nach genauso wenig geeignet. Ich erklärte in der Runde, dass Stolpe Jurist sei und als Verwaltungsfachmann gelten müsse, da er die Verwaltung der einzigen demokratischen Struktur in der DDR geleitet habe, nämlich in der Kirchenleitung von Berlin-Brandenburg und beim Bund der Evangelischen Kirchen tätig gewesen war. Eine Mehrheit ließ sich in der Diskussion überzeugen und so bekam ich für Siegfried von Rabenau und mich das Mandat mit Stolpe zu reden.

Siegfried von Rabenau besorgte uns die private Nummer von Manfred Stolpe, den ich nur einmal in meiner Vikariatszeit in der Schönhauser Allee bei einem Gespräch mit der Kirchenleitung kennen gelernt hatte. Er hob sich dort wohltuend von den anderen ab, kam gleich zur Sache, redete konzise und informativ und in einer schon stimmlich packenden Weise. Er hatte für uns eine Stunde Zeit reserviert und ging, als sie zu Ende war, und keiner empfand es als unhöflich, sondern im Gegenteil, als Ausdruck von Wertschätzung, dass er uns in seinem klar getakteten Terminkalender Zeit eingeräumt hatte. Sonst hatten Kirchenvertreter oft Zeit, kamen ins Reden oder gar Schwatzen.

Dann saßen wir bei ihm, an einem sonnigen Nachmittag, in seinem Wohnzimmer, einem schönen Haus im Westen Potsdams, in der Nähe vom Luftschiffhafen und dem königlichen Wildpark.

»Was führt sie zu mir?«, fragte er, nachdem wir uns begrüßt und gesetzt hatten. Empörung und Bewunderung hielten sich bei mir die Waage. Denn es war schon cool und ein bisschen unverfroren, wohl wissend oder zumindest ahnend, was wir wollten, uns genau danach zu fragen. Zugleich imponierte mir die Souveränität, in der er mit dieser für ihn schmeichelhaften Situation umging. Wir fragten ihn also, ob er bereit wäre für die SPD Brandenburg als Spitzenkandidat zur Verfügung zu stehen! Nun stellte er Fragen. Obwohl wir eigentlich in der komfortableren Situation waren, denn wir konnten ja ein Angebot machen, das er eigentlich nicht abschlagen konnte, spürte er, dass wir von der Situation unseres Gespräches weit mehr herausgefordert waren als er. Aber er ging freundlich auf uns ein, ließ sich von mir die Situation des Landesverbandes schildern, fragte, ob es noch andere gäbe, die Kandidaten werden wollten und fragt auch ganz explizit nach Jochen Wolf, den er wohl schon kennengelernt hatte und seinen unbändigen Ehrgeiz sofort gespürt haben musste.

Manfred Stolpe erbat sich Bedenkzeit und sagte, dass er sich melden würde. Er wolle das mit seiner Frau besprechen und noch einige Weggefährten konsultieren. Dann war unser freundliches, aber eher noch distanziertes Gespräch beendet. Siegfried von Rabenau und ich waren erstaunt, zugleich aber auch beeindruckt, denn wir fühlten, hier wusste einer, welche Herausforderung, welche Last ihm übertragen werden sollte. Er sagte nicht einfach zu, ließ uns aber spüren, dass er von dem Prozedere, das wir gemeinsam wählten, und von der Ernsthaftigkeit auf unserer Seite, beruhigt war.

Am 7. Juli schickte Manfred Stolpe eine Postkarte an den SPD-Kreisvorstand Potsdam mit einer Karikatur auf der Rückseite, die Stolpe einem Karikaturenabreißkalender des Eulenspiegels entnommen hatte. Sie zeigte einen Mann, der mit D-Mark-Stücken vor den Augen in Schlaglöcher wie Arbeitslosigkeit und Pleiten rannte. Auf der Rückseite hatte Stolpe geschrieben, dass er, um das umseitig Gezeigte zu mildern, in die SPD eintreten wolle.

In einem weiteren Gespräch mit Stolpe bat ich ihn, sich dem Gespräch mit denen zu stellen, die das Wahlprogramm vorbereiten sollten. Wir hatten in die Heinrich-Mann-Allee 104 eingeladen, in das Haus der Bezirksverwaltungsbehörde, das viele an diesem Tag zum ersten Mal von innen sahen. Bei der Vorbereitung für dieses erste große Treffen nach dem Gründungslandesparteitag hatten wir zehn große Themenkreise festgelegt, die von zehn Gruppen bearbeitet werden sollten. Es waren etwas weniger als 150 Personen gekommen, sodass es gesprächsfähige Gruppen waren, in denen dann mehrere Stunden gearbeitet und das gemeinsam festgelegte zu Papier gebracht wurde. Als wir uns am frühen Nachmittag wieder im Großen Saal, dem ehemaligen Betsaal, der Kadettenanstalt trafen, kam auch Stolpe wie verabredet nach seinen Terminen dazu und stellte sich vor. Auch dies geschah mit einer großen Freundlichkeit und professionellen Distanz und ohne das uns von den Veranstaltungen der SPD mittlerweile vertraute Du und ohne Anrede mit Genossinnen und Genossen. Stolpe biederte sich nicht an, aber er ließ spüren, dass er gern zur Verfügung stand, mit uns gemeinsam loyal etwas für das neue Land Brandenburg erreichen wollte. Man spürte das, was ich für ihn werbend versprochen hatte: er kannte Brandenburg und Verwaltung, er konnte führen und hatte Erfahrungen mit Demokratie über sein ganzes Leben lang gesammelt.

Wir alle spürten, das konnte gut gehen, das konnte gelingen, wir hatten mit ihm eine Chance, die Menschen im Land zu überzeugen und zu gewinnen. Der Schock vom 18. März saß noch tief, obwohl er bei uns in Potsdam und Frankfurt nicht so schmerzhaft gewesen war, da wir wenigstens hier vorne lagen. Aber keiner von uns wollte noch einmal blauäugig in den Wahlkampf gehen und dann für vier Jahre nur Zweiter in einer Großen Koalition sein. Es war eine klare, wenn auch keine begeisterte Stimmung für ihn, in die hinein dann Rainer Speer fragte: »Herr Stolpe, wie ist das, wir duzen uns hier alle? Ist in der SPD so üblich.« Und Stolpe antwortete genauso kurz und lakonisch: »Dann sollte ich das auch machen.« Er verabschiedete sich freundlich, besprach mit mir noch kurz einiges und war unterwegs zu einem neuen Termin.

Ich hatte in diesen Tagen noch eine weitere Aufgabe. Ich musste dem Vorstand einen Landesgeschäftsführer vorschlagen. Mir war klar, dass ich jemanden mit Erfahrung in der Parteiorganisation finden musste. Da bei uns im Vorstand nur gebürtige Ostdeutsche waren, hielt ich es für denkbar, nun einen anderen Akzent bei diesem Amt zu setzen. Jemand, der all die Dinge, die wir erst lernen mussten, schon konnte, der Wahlkämpfe geführt hatte. Und der sinnvollerweise aus Berlin kommen musste, denn dann konnte er ohne große Verzögerung beginnen und auf vieles in Berlin zurückgreifen. Mir wurde der Zehlendorfer Kreisgeschäftsführer der SPD, Dietmar Milnik empfohlen. Er hatte in Potsdam beim Aufbau der SPD geholfen und war daher einigen von uns bekannt. Nach einem kurzen Telefonat trafen wir uns bei einem Italiener und fanden uns sympathisch.

Dietmar Milnik konnte in etablierten Strukturen vielleicht gut arbeiten, war aber von dem, was er hier leisten musste, überfordert. Zu meinem großen Glück entschied sich der Parteivorstand, in jeden ostdeutschen Landesverband einen erfahrenen Parteiarbeiter zu entsenden. Hier hatte ich umso mehr Glück. Martin Gorholt kannte mich vom Oktober 1989 in Bonn, er hatte Lust auf Brandenburg und kam aus NRW, dem künftigen Partnerland von Brandenburg. Gorholt wurde zu uns entsandt. Er war Bundesgeschäftsführer der Juso-Hochschulgruppen gewesen, drängte sich nicht in den Vordergrund, sondern arbeitete im Hintergrund so effizient, dass er uns immer wieder überraschte, was schon geschafft war. Er hatte alles im Blick, vertrug sich mit fast jedem und half uns, alles so zu machen, dass wir den Eindruck hatten, wir hätten es allein geschafft und es ginge uns schon so von der Hand. Wir machten ihn dann zum leitenden Landesgeschäftsführer.

Wir hatten erlebt, wie der CDU-Vorsitzende sich mit dem ganzen Gewicht des Kanzlers nicht nur in den Wahlkampf der CDU im Osten geworfen hatte, sondern ihn schlicht und einfach gemacht hatte.

Daher wollten wir vorsorgen und uns der Unterstützung des größten Landesverbandes der SPD, den von Nordrhein-Westfalen versichern. Unser Interesse war auch deren Interesse. Wir passten auch zueinander. Nicht nur, dass sowohl Manfred Stolpe als auch mich eine gute persönliche Beziehung zu Johannes Rau verband, sondern beide Länder hatten die Bundesstädte auf beziehungsweise neben ihrem Territorium. Noch war Berlin unter dem Viermächte-Status und noch kein Teil des wiedervereinigten Deutschlands, aber es war abzusehen, dass es Bundeshauptstadt werden sollte, wenn nicht gar Regierungssitz. Für uns war klar, dass es Hauptstadt werden musste, für Johannes Rau ebenso klar, dass es das nicht werden sollte. Das heißt, wir hatten gleiche, aber gegenläufige Interessen und insofern war es auch für NRW gut, die Entwicklung Brandenburgs mit zu begleiten oder gar durch Wahlkampfhilfe mitzubestimmen, wer künftiger Regierungschef wird. In den beiden anderen für die Länder existenziellen Fragen war es genauso: Brandenburg und NRW waren die Regionen, die ihre jeweilige Republik mit Strom aus Kohle versorgten. Beides also waren Länder, die mit Kohlestrom einen wesentlichen Teil ihrer wirtschaftlichen Basis sicherten. Hier konnten wir unsere Interessen gemeinsam vertreten und kooperieren und Brandenburg viel Know-how von NRW übernehmen. In einem dritten Bereich wiederum waren wir harte Konkurrenten. Brandenburg mit Potsdam, Berlins wichtigstem Filmstandort, der DEFA, der ehemaligen Ufa, stand in einer erkennbar zunehmenden Konkurrenz zu Köln. Die alten Bundesländer hatten sich fast alle Zentralen der großen deutschen Unternehmen geholt. Nun wollten sie nicht, dass sie etwas abgeben mussten und Johannes Rau hatte langfristig und klug gedacht, dass ein solcher Kampf besser mit politischen Freunden, wenn es so etwas denn gibt, auszufechten ist, als mit politischen Gegnern.

Es war uns als SPD Brandenburg ein echter politischer Coup gelungen. Wir hatten nach Thüringen als erstes ostdeutsches Land unseren Landesverband gegründet, hatten einen Landesvorsitzenden, der nicht für sich plante, sondern das Optimum für das Land erreichen wollte und hatten einen der wenigen prominenten Ostdeutschen für die Kandidatur gewonnen, der als nicht belastet durch die DDR galt und dennoch nicht nur über reichlich Erfahrung, sondern beste Kontakte in alle Parteien der Republik verfügte, der weit in die CDU-Wählerschaft hinein als wählbar und vermittelbar galt.

Nachdem wir am 21. Juli im Landesvorstand, Landesparteirat und mit den Kreisvorsitzenden auf meinen Vorschlag, Manfred Stolpe als unseren Kandidaten für das Amt des Ministerpräsidenten benannt hatten, wurden wir für einen Sonntag nach Düsseldorf eingeladen, um Verabredungen für den Wahlkampf zu treffen. Stolpe holte mich morgens in Babelsberg bei meinen Eltern mit seinem Dienstwagen ab und wir fuhren über Wannsee auf die Autobahn zum Flughafen. Von Tegel, der für mich nicht nur zum Inbegriff von Flughafen wurde, sondern auch lange als schönster denkbarer Flughafen galt, flogen wir nach Düsseldorf und wurden dort von Mitarbeitern von Johannes Rau empfangen.

Johannes Rau informierte uns, dass NRW bald im Palast Hotel eine Vertretung des Landes NRW eröffnen wolle. Zugleich wurde über jemanden gesprochen, der unseren Kontakt zu den Medien koordinieren könnte und uns helfen könnte, optimal in den Bundes-

Treffen mit Johannes Rau in Potsdam.

medien zu erscheinen. Ich erinnere mich nicht, ob der Name Erhard Thomas da schon genannt wurde. Wir lernten ihn jedoch wenig später in Berlin kennen. Zugleich wurde uns empfohlen, die Hilfe von Bodo Hombach für den Wahlkampf in Anspruch zu nehmen. Bodo Hombach galt als Wahlkampfmaschine und war ein echter Spindoktor in Wahlkämpfen. Mir wurde nun gänzlich klar, wie gut nicht nur die Länder, sondern auch die beiden Spitzen zueinander passten. Denn »Versöhnen statt Spalten«, so wie Johannes Rau seinen Bundestagswahlkampf 1987 geführt hatte, konnte und wollte auch Stolpe. Und Johannes Rau hatte mit Manfred Stolpe intensiv über eine mögliche Kandidatur als Ministerpräsident für die SPD geredet und ihm seine Unterstützung zugesichert. Rau hatte sicher einen großen Anteil an Stolpes Zusage.

»Wir in NRW« – damit hatte die SPD in Nordrhein-Westfalen eine gefühlte Symbiose von SPD und NRW erzeugt, hatte viele Wahlkämpfe damit gewonnen und zugleich sich als die Partei für NRW etablieren können. Wir waren uns schnell einig, dass auch wir diesen Weg gehen wollten und dass wir sofort Aufkleber drucken mussten mit dem brandenburgischen Adler »Wir Brandenburger« und der roten Farbe der SPD darunter. So konnte jeder ihn benutzen, auf sein Auto oder an seine Tasche kleben, ohne sich als SPD-Anhänger verpflichtet zu fühlen. »Wir Brandenburger«, damit hatten wir als erste die Brandenburg-Karte gespielt.

Die CDU hatte einige Zeit später Lothar de Maizière aufs Schild gehoben, doch der war bis in die letzte Zeit vor der Wahl gebunden als Ministerpräsident der DDR durch seinen Chefunterhändler für den Einigungsvertrag Krause und erst recht von Helmut Kohl an den Rand gedrängt worden. Lothar de Maizière wurde Landesvorsitzender, Spitzenkandidat wurde aber Peter-Michael Diestel.

Stolpe begann intensiv in die Parteiarbeit einzusteigen, nahm immer mehr auch Termine außerhalb des Bezirks Potsdam wahr, um sich den Mitgliedern der SPD, aber auch den Menschen im Land als Kandidat vorzustellen. Stolpe wollte den für uns gefährdeten Süden gern gewinnen und so fuhren wir sehr bald nach der Entscheidung zu einer Abendveranstaltung in Dahme, die Edwin Zimmermann, der ehemalige Bezirksvorsitzende und jetzt neue stellvertretende Landesvorsitzende bei sich organisierte. Er war schon der starke Mann in der Region. Die Bezirke ließen uns über lange Zeit nicht los. Sie hatten uns über fast 40 Jahre geprägt und so schleppten wir sie weiter in Gedanken und Strukturen mit uns herum. Auch weil die Bezirke durch ihre Zeitungen noch bis heute eine Basis haben.

Es war eine gute Veranstaltung, vermutlich ging sie bis 21.00 Uhr und Edwin Zimmermann lud uns noch zum Essen in sein Haus ein. Stolpe wollte Edwin Zimmermann besser kennenlernen und so gingen wir mit. Wenn ich es richtig erinnere, verließ seine Frau uns bald, nachdem wir gegessen hatten. Stolpe hatte in kurzer Zeit so viel Vertrauen gefasst, dass er Zimmermann schon an diesem Abend fragte, ob er, wenn wir in einer Koalition das Agrarressort bekämen, in sein Kabinett eintreten wolle. Ich war verwundert, denn Zimmermann war damit der erste, den Stolpe noch inoffiziell, aber klar in sein Team berufen hatte. In meiner Gegenwart gab es auch keine weiteren festen Zusagen vonseiten Stolpes.

Mit meiner Wahl zum Landesvorsitzenden im Mai war nun klar, ich würde nicht ins Pfarramt zurückkehren. Meine Gemeinde in Christinendorf, einem kleinen Dorf mit rund 300 Einwohnern, war nicht überrascht, aber traurig, als ich es ihnen endgültig sagte. Auch die Kirchenleitung musste ich informieren, dass aus der mit der Volkskammerzeit im März begonnenen Phase eine längere, mehrjährige Unterbrechung werden würde. Ich wollte das Pfarramt, was ich zunächst ehrenamtlich fortgeführt hatte, im Herbst 1990 verlassen, um ganz frei zu sein für meine Aufgaben als Landesvorsitzender und Landtagsmitglied. Damit war auch klar, dass ich meiner Familie eine Wohnung in Potsdam besorgen musste, denn das Pfarrhaus in Christinendorf stand dann nicht mehr zur Verfügung und unsere seit Studententagen in Berlin in der Lychener Straße gemietete Wohnung war nicht nur zu weit entfernt, sie war auch zu klein für unsere vierköpfige Familie. Zudem hatten wir zu sehr auf den Stillschutz vertraut und die Ahnung wurde im Herbst zur Gewissheit. Wir würden nicht zu viert bleiben, sondern fünf werden.

Mit der Kommunalwahl im Mai war Horst Gramlich Bürgermeister geworden. Er hatte sich in seiner ruhigen seriösen Art durchgesetzt gegen Helmut Przybilski aus Babelsberg, der nun Stadtverordnetenvorsteher war. Erster Beigeordneter war Detlef Kaminski aus der Bürgerbewegung geworden, ein entfernter Verwandter von Katrins Familie und zugleich guter Bekannter von mir aus der Zeit der Montagsdemonstrationen. Wir wollten keine Vorzugsbehandlung, machten aber sowohl Detlef als auch seiner Verwaltung deutlich, dass wir ein wirkliches Problem hatten. Uns wurden nach rund zwei Wochen zwei Wohnungen angeboten, von denen die eine herrlich in der Nähe vom Park Sanssouci lag und die andere alternativlos günstig in Babelsberg, in der Domstraße 31. Wir waren dankbar und entschieden uns sofort für diese noch dazu schöne, großzügige Wohnung. Ein Ehepaar wollte die Wohnung nicht nur wegen der Größe verlassen, sondern auch weil sie als bekannte Mitarbeiter der Stasi gern in einer gerade fertiggestellten Wohnung im

Wohnkomplex Stern eine Wohnung beziehen und ein neues Leben beginnen wollten, in dem ihre alte Identität keine Rolle spielte. So war es für niemanden eine Vorzugsbehandlung, sondern mit unserer Bereitschaft lösten sich mehrere Probleme. Vor allem auch das des Babysittings, denn in der nächsten Parallelstraße wohnten Katrins Eltern, in der übernächsten meine und so konnte Katrin sogar nach einiger Zeit im Bergmann-Klinikum mit ihrer Facharztausbildung beginnen. Sie hatte lange studiert, um Rebecca großzuziehen, und wollte nun, nach dem Wechsel von Magdeburg nach Berlin nach der Geburt 1984, endlich nicht nur mit dem Studium fertig sein, sondern auch zumindest gestaffelt die Facharztausbildung machen. Mitten im Wahlkampf, Ende September zogen wir ein. Mit der Wahl würden die Aufgaben nicht geringer werden, ich aber durch die Nähe zum Landtag in der Heinrich-Mann-Allee einiges an Zeit sparen können. Und zudem war es für uns als Familie auch eine Belastung, bei meinen Eltern oder Schwiegereltern ständig zu Besuch zu sein und unser Leben so auf unsere beiden Wohnungen und die beiden Wohnungen unserer Eltern zu verteilen und nirgendwo mehr richtig zu Hause zu sein. Freunde halfen uns, die Sachen aus Berlin und aus Christinendorf an einem Tag zusammen zu bringen und so hatten wir mit einem Mal eine richtige Wohnung am für uns idealen Ort, eine atemberaubende Zukunft in jeder Hinsicht, denn alles war in Veränderung begriffen.

Zu meinen Aufgaben als Landesvorsitzender gehörte auch, mitzuhelfen, dass in allen Wahlkreisen für die Landtags- und die Bundestagswahlen gut geeignete Kandidaten zur Wahl standen. Diejenigen, die sich von Anfang an für die SPD und ihren Aufbau engagiert hatten, die nach der Volkskammerzeit uns im Bundestag vertreten hatten, sollten eine Chance bekommen, ihre Erfahrungen und Kontakte weiter zu nutzen. Besonders habe ich mich deshalb für Markus Meckel, Stefan Hilsberg und Martin Gutzeit als Bundestagskandidaten eingesetzt, die alle drei eigentlich in Berlin wohnten. Dort aber waren es nun so viele, die sich in den Wahlkreisen bewarben, dass für die drei, die im Jahr 1990 weniger Basisarbeit machen konnten, dort kein Platz mehr war. Also bemühte ich mich um den Bereich Elbe-Elster für Stephan Hilsberg, wo es in Familie Elmer leidenschaftliche Helfer gab. Der Bruder Konrad Elmer kandidierte in Berlin, auch er hatte die SDP mitbegründet und sie halfen sehr wirksam, dass mein Vorschlag auf dem Parteitag, der über die Kandidatur entschied, gehört wurde. Ebenso im Wahlkreis Uckermark, wo Markus Meckel zumindest ein Wochenendhaus hatte und sich mit meiner Unterstützung durchsetzen konnte. Schwieriger war die Situation im Osten von Berlin, wo ich Martin Gutzeit helfen wollte, einen Wahlkreis zu bekommen. Aber hier gab es von vor Ort mit Winfried Mante starke Konkurrenz, der sich auch schon über Monate in der Region politisch engagiert hatte. Er wurde als Kandidat von der SPD auf einer Wahlkreiskonferenz nominiert. Martin Gutzeit hat mir sein Scheitern, was auch auf sein eigenes Auftreten vor Ort zurückzuführen war, nie verziehen. Wir kannten Martin, sein klares politisches Gespür, aber den Menschen vor Ort erschien seine Art zu abgehoben.

Noch bitterer war die Wahlkreiskonferenz im Süden von Berlin, in Zossen, wo der erst kurz zuvor Landrat gewordene Herbert Meißner sein Amt gern abgeben wollte, um in den Bundestag zu gehen. Gegen ihn kandidierte Richard Schröder, der weit über die Parteigrenzen hinaus geachtete Fraktionsvorsitzende der SPD in der Volkskammer, der die Fraktion in der Regierungsverantwortung halten wollte und der, als die Fraktion gegen ihn entschied, zurücktrat und für Wolfgang Thierse, der schon Parteivorsitzender im Mai 1990 geworden war, Platz machte. Die Genossen auf der Wahlkreiskonferenz hatten die Sorge, dass er sich nur ein Mandat abholen wollte und dann für die Basisarbeit nicht zur Verfügung stehen würde. Daher fragten sie ihn, was er denn machen würde an einem parlamentsfreien Abend – mit ihnen in der Kneipe ein Bier trinken oder in Berlin auf großen Empfängen sein. Leider war Richard nicht nur zu ehrlich, sondern auch nicht argwöhnisch genug. Er sagte, in der Hoffnung, das würde überzeugen: Wenn ich auf dem Empfang etwas für den Wahlkreis erreichen kann, zum Beispiel, dass ein Werk einen neuen Investor findet, dann gehe ich dorthin und tue was für die Bürger im Wahlkreis. Er wurde nicht gewählt, obwohl der dortige Vorsitzende

Christoph Schulze und ich mit allen Mitteln für Richard Schröder gekämpft haben.

Der Stolz darauf, diesen Coup mit Manfred Stolpe für Brandenburg ermöglicht und organisiert zu haben, mischte sich bei mir mit einem immer größer werdenden Respekt gegenüber ihm. Immer stärker übernahm er Verantwortung im Wahlkampf, der ihm sogar noch etwas fremder war als mir, denn ich hatte den Volkskammerwahlkampf und den Kommunalwahlkampf schon geführt. Aber er brachte eine für mich frappierende Erfahrung im Organisieren mit, eine faszinierende Selbstdisziplin und einen Überblick, eine Gabe Menschen einzuschätzen und sie zu gewinnen, die mich beeindruckte.

Im Sommer machten wir unser Wahlkampfseminar in Bad Münstereifel, dem legendären Ort, wo 1974 die Entscheidung für die Übergabe der Kanzlerschaft von Willy Brandt auf Helmut Schmidt gefallen war. Unser Spitzenkandidat, der gesamte Landesvorstand und alle die, die wir für den Wahlkampf brauchten, waren mitgekommen. Dem Landesvorstand gehörten 15 Personen an, von denen, die nun schon wieder ehemaligen Bezirksvorsitzenden besonders wichtig waren – Britta Schellin aus dem Bezirk Frankfurt, Jochen Wolf aus dem Bezirk Potsdam und Edwin Zimmermann aus dem Bezirk Cottbus. Die Bezirke existierten noch, nur nicht mehr in der Partei, wo wir schon den Landesverband hatten. Auf der staatlichen Ebene wurden die Bezirke erst mit der Konstituierung der Länder durch die Deutsche Einheit am 3. Oktober durch das Ländereinführungsgesetz abgelöst. Britta Schellin und Jochen Wolf waren, weil wir in beiden Bezirken bei den Volkskammerwahlen die Mehrheit gewonnen hatten, als Bezirksbeauftragte durch den Ministerpräsidenten der DDR Lothar de Maizière ernannt und Jochen Wolf war mit der Koordinierung der Bezirke betraut worden. Bodo Hombach, der in Nordrhein-Westfalen schon viele Wahlkämpfe gewonnen hatte, erklärte uns auf eine beeindruckende und mitreißende Weise, wie man Wahlkampf macht. Er versprach uns, bis zu den Wahlen zu helfen, und wir haben seinen Rat auch gern umgesetzt.

Mit Wolfgang Thierse im Gespräch

In dieser Zeit kamen die ersten Mobiltelefone auf. Sie waren groß, wie ein Aktenkoffer und nur ganz wenige konnten sie haben. Aber Edwin Zimmermann hatte eines und er wurde am häufigsten angerufen. Wir machten uns ein wenig lustig darüber, aber er koordinierte seine eigenen Leute auf diese Weise auch in dieser Zeit am effizientesten.

An einem Abend nahm mich Stolpe beiseite und sagte mir: »Ich mache das alles gern mit, aber es gibt eine Bitte, im Grunde eine Bedingung, die ich aber als Bitte formuliere: Du sollst in das Kabinett eintreten, das ich, wenn wir Erfolg haben, nach der Wahl bilden kann.« Ich war überrascht, aber auch zugleich erfreut. Wir alle waren in einer durch die DDR-geprägten Weise noch stärker staatsorientiert als die Freunde von der West-SPD, denn eigentlich hätte ich Stolpe sagen können, dass ich als sein Landesvorsitzender auch sein Fraktionsvorsitzender werden wolle. Aber ein Platz im Kabinett schien mir wie allen anderen, mit denen ich davor oder danach darüber sprach, am besten.

Der Wahlkämpfer.

Absprachen für den Wahlkampf.

Stolpe hat mir mehrfach in den ersten Jahren gesagt, dass er es für gut hält, dass ich Landesvorsitzender bin und es deshalb auch bleiben soll. Er habe daran kein Interesse, er wolle als Ministerpräsident frei agieren können und gerade in einer Koalition Landesvater sein und nicht Parteivorsitzender werden. Jeder verstand ihn darin, meist auch ohne, dass er es aussprach. Es ergab sich einfach aus seinem Agieren und entsprach viel eher seinem Naturell, als wie es im Westen üblich war, Parteivorsitz und Regierungschef in einer Person zu bündeln.

Rund zwei Wochen nach der Deutschen Einheit, am 14. Oktober 1990, waren dann endlich die Wahlen in den fünf neuen Bundesländern. Wir hatten als einziger SPD-Landesverband in den neuen Bundesländern die Nase vorn, vor allem dank unseres Spitzenkandidaten Manfred Stolpe. Mir war von Anfang an klar, wie grundlegend die Entscheidung für den Ministerpräsidentenkandidaten sein würde. Mit Jochen Wolf und jedem anderen Kandidaten hätten wir auch in Brandenburg verloren. Stolpe stand vermutlich im Sommer 1990

Parteitag in Cottbus: Diskussion um ein gutes Wahlprogramm und Wahl der Landesliste.

äquidistant zwischen beiden Parteien, der CDU und der SPD. Aber wir waren die, die ihn besser fragen konnten, denn die anderen hatten in de Maizière sozusagen einen geborenen Kandidaten, auch wenn sie sich dann für den Innenminister Peter-Michael Diestel als ihren Spitzenkandidaten entschieden. Wie dankbar war ich nun Stolpe, dass er mein Werben nicht ausgeschlagen hatte, und Johannes Rau, der auch alles darangesetzt hatte, Stolpe als Kandidaten zu gewinnen. Wir hatten als SPD 38,3 Prozent geholt und 36 von 88 Mandaten gewonnen, davon 30 direkt. Ich lag in meinem Wahlkreis in Luckenwalde mit guten 38 Prozent klar vorn. In der Lausitz und in der Prignitz konnte die CDU einige Wahlkreise gewinnen. Nur Stolpe gewann im Süden, in Cottbus mit 34,9 Prozent für die SPD direkt.

Edwin Zimmermann war sauer, dass so wenige Lausitzer für die SPD im Landtag saßen. Aber so war der Mechanismus von Wahlkreisen und Landesliste. Später hat sich das ausgeglichen. 1994 gewannen wir als SPD Brandenburg alle Landtags- und Bundestagswahlkreise. Es war geschickt, dass ab 1994 nicht nur Manfred Stolpe seinen Wahlkreis im Süden hatte, sondern auch Regine Hildebrandt in Elbe-Elster. Zeitweise besetzte die SPD in der Lausitz alle kommunalen Spitzenämter. Dieter Friese in Spree-Neiße, Holger Bartsch in Oberspreewald-Lausitz und Klaus Richter in Elbe-Elster waren Landräte und Frank Szymanski Oberbürgermeister in Cottbus. Heute sind die politischen Konstellationen in der Lausitz wieder völlig anders. Die Ämter werden von der CDU besetzt, nur der Landrat in Oberspreewald-Lausitz ist parteilos. Bei den Landtagswahlen 2019 lag wiederum die AfD vorn. Die Prignitz wird jedoch heute von der SPD dominiert. 1990 wie heute war und ist der Einfluss von Sachsen in der Brandenburgischen Niederlausitz nicht unerheblich und einfach analysiert, liegt heute die SPD Brandenburg in den erfolgreichen Regionen, wenn auch auf niedrigem Niveau vorn, in den gefühlt oder tatsächlich abgehängten hinten.

Aber zurück nach 1990. Auf dem 3. Parteitag unseres Landesverbandes in Frankfurt (Oder) am 21. Oktober musste eine Entscheidung getroffen werden, mit wem wir in Koalitionsverhandlungen gehen würden. Nach Potsdam, dem Gründungsparteitag in Kleinmachnow und dem Parteitag in Cottbus, wo wir unsere Landeswahlliste zusammengestellt hatten, war nun der dritte Bezirk des schon gebildeten Landes der Ort für den Parteitag. Wer Stolpe ein wenig kannte, wusste, dass er eine Präferenz für eine Große Koalition hatte. In der CDU gab es Menschen mit Erfahrung, die wussten, wie man Politik macht, wenn auch unter anderen Umständen. In der SPD hingegen waren lauter Politikneulinge ebenso wie bei Bündnis 90. Ihm war eine Koalition, in die die Partei von Bundeskanzler Helmut Kohl eingebunden war, lieber als eine, für die bestenfalls Genscher eine Loyalität empfinden würde. Stolpe hatte mit Wolfgang Birthler einen guten Schachzug bei seinem Vorschlag für den Fraktionsvorsitz gemacht. Wolfgang Birthler und ich kämpften beide aus tiefer Überzeugung für eine Koalition unter Ausschluss der Partei, die überall die Regierungen im Osten anführte, für eine Koalition, die vom Herbst 89 inspiriert war. Gemeinsam mit Wolfgang Birthler konnte ich Manfred Stolpe überzeugen, nicht wie von ihm bevorzugt, eine rotschwarze Koalition zu bilden, sondern die erste Ampelkoalition Deutschlands. Ich wollte das damals auch, um Bürgerrechtlern wie Matthias Platzeck, dem ehemaligen Minister ohne Geschäftsbereich in der letzten Modrow-Regierung, die Möglichkeit zu geben, sich am Aufbau Brandenburgs zu beteiligen. Der Parteitag segnete dieses Konzept ab.

In fairen Verhandlungen, in denen wir die Interessen von Bündnis 90 gut berücksichtigten, kamen wir mit dem Koalitionsvertrag zügig voran und wir kannten die Forderungen von Bündnis 90 nach dem Umwelt-, dem Landwirtschafts- oder dem Bildungsministerium und ebenso wie die von der FDP nach dem Wirtschafts- und dem Wissenschaftsressort. Mir war bewusst, dass Manfred Stolpe sowohl Edwin Zimmermann als auch mir angeboten hatte, als Minister in sein Kabinett zu gehen. Das Wissenschafts- und Kulturressort reklamierte die FDP für sich und hatte mit Hinrich Enderlein aus Baden-Württemberg einen guten Kandidaten. Strategisch war Manfred Stolpe das Ressort für Landwirtschaft und den ländlichen Raum für ein Flächenland wie Brandenburg wichtig, wollte mich aber auch im Kabinett sehen. In einer Sitzung des Landesparteirats hatte ein Meinungsbild eine knappe Mehrheit für das Ressort für den ländlichen Raum im Vergleich zum Bildungsressort ergeben. Kurz vor Unterzeichnung des Koalitionsvertrages legte sich Bündnis 90 fest. Matthias Platzeck trug vor, dass Bündnis 90 nicht das Landwirtschaftsressort, Graefe zu Baringdorf war schon als möglicher Minister genannt worden, sondern das Bildungsressort für Marianne Birthler bekommen wolle. Ich erinnere mich noch gut daran, dass Manfred Stolpe über das Vorgehen alles andere als erfreut war. Die SPD hatte aber nun ein Ministerium, das für den ländlichen Raum zuständig war, und zugleich würde mein Freund Edwin Zimmermann das Ressort bekommen und so auch der Süden Brandenburgs durch ihn in der Regierung vertreten sein. Ich befürwortete gegenüber Stolpe diese Ressortverteilung. Ich glaubte damals mit 30 Jahren, dass ich noch genug Zeit hatte, Verantwortung in einer Regierung zu übernehmen und es zu dem Zeitpunkt besser war, dass ich mich ganz dem Parteiaufbau widmete. Einige Freunde waren der Meinung, dass mir das nicht als Stärke, sondern als Schwäche ausgelegt werden würde. Aber ich dachte in anderen Kategorien, mir leuchtete ein, dass dies gut sein könnte für Brandenburg und für die SPD. Auch rückblickend konnte Manfred Stolpe 1990 eine überzeugende Kabinettsliste präsentieren: Hinrich Enderlein und Walter Hirche für die FDP, Matthias Platzeck und Marianne Birthler für Bündnis 90, für die SPD Alwin Ziel, Regine Hildebrandt, Jochen Wolf, Edwin Zimmermann, Klaus-Dieter Kühbacher und als Parteilosen Hans Otto Bräutigam.

Kapitel 8

Der Aufbruch in das neue Land und der Brandenburger Weg

D iejenigen, die am lautesten nach der Deutschen Einheit gerufen hatten und auf den Straßen für maximales Tempo im Einheits-prozess gesorgt hatten, waren oft am meisten von dem wirtschaft-lichen Umbruch, der dem politischen Umbruch auf dem Fuß folgte, überrascht. Der Ruf »Kommt die D-Mark nicht zu uns, kommen wir zur D-Mark« wurde im Frühjahr 1990 immer lauter, immer drängen-der. Völlig verständlich, denn 40 Jahre betrogen worden zu sein, war genug, die Geduld war zu Ende. Und jetzt wollten die Menschen ihr Geld wenigstens 1 zu 1 tauschen und hatten kein Verständnis dafür, dass das wirtschaftliches Harakiri bedeuten konnte. Es war eine politisch sinnvolle Entscheidung, die gegen die Deutsche Bundesbank und gegen viel wirtschaftlichen Sachverstand notwendigerweise zu treffen war. Für den Westen Deutschlands bedeutete das eine gigan-tische Sonderkonjunktur, denn das meiste, was nun in Ostdeutschland mit der D-Mark gekauft werden konnte, konnte hier zumindest am Anfang noch nicht hergestellt werden.

In der Volkskammer hatten wir ein anderes Treuhandmodell entwickelt, das viel stärker, aber in einem sehr langen Prozess die Bürger der DDR beziehungsweise nun der Ost-Länder an dem Volks-vermögen beteiligen wollte. Die Treuhand, die nun mit dem Auftrag von Bundestag und der Bundesregierung ihre Arbeit aufnahm, arbeitet ganz anders. Sie hatte den Auftrag, so schnell wie möglich die Betriebe an solvente Partner verkaufen. Management-Buy-out, also führende Mitarbeiter aus den Unternehmen erwerben ihr Unternehmen, gab es zumindest gefühlt zu selten und doch auch wieder zu oft, denn wenn es irgendwo gemacht wurde, hörten wir sehr schnell den Vorwurf alter Seilschaften. Natürlich sind in diesem einzigartigen Prozess, für den es keine Blaupause gab, für den nirgendwo Anleitungen zu finden waren, viele Fehler gemacht worden. Aber wenn man mit der nötigen Ruhe und Kenntnis der Situation auf den Gesamtprozess sieht, ist vor allem Respekt geboten. Man hätte viel mehr falsch machen können. Und leider ziehen solche Situationen natürlich auch Glücksritter an, die die Situation für sich nutzen wollen und Eigenwohl vor Gemeinwohl setzen. Der Spiegelkorrespondent Norbert Pötzl hat die Treuhandarbeit gut analysiert und ihr zu Recht ein besseres Zeugnis ausgestellt, als die Bürger es landauf landab tun würden.

Als die RAF den gerade benannten Treuhandchef Rohwedder erschoss, folgte ihm Birgit Breuel. Kraft seiner politischen und wirtschaftlichen Verbindungen und seiner Expertise als Chefsanierer der Hoesch AG hätte Rohwedder vielleicht mehr für die neuen Länder erreicht, als es der CDU-Politikerin Birgit Breuel möglich gewesen ist.

Stolpe hat sich in diesen Fragen sehr engagiert und mit seiner geschickten Diplomatie und seiner Hartnäckigkeit immer wieder Menschen zusammengebracht, die helfen konnten. Die Menschen im Land wollten am Anfang lieber deutsche Unternehmen, deren Namen sie kannten und von denen sie sich mehr Verständnis und Hilfe erhofften. Und auch die Gewerkschaften spielten mehrfach keine gute Rolle, denn die Gewerkschafter kamen aus den Unternehmen im Westen, kannten deren Probleme und Möglichkeiten am besten. Die deutschen Unternehmen wollten aber oft viel lieber nur eine Marktbereinigung oder eine verlängerte Werkbank am neuen Standort. Besonders deutlich wurde das im Stahlbereich in Brandenburg. Brandenburg hatte vier Stahlstandorte – Eisenhüttenstadt, Hennigsdorf, Oranienburg und Brandenburg. Die traditionellen deutschen Stahlstandorte waren im Westen, denn dort war die Steinkohle, die für die Stahlprozesse nötig ist. Aber mit dem Mauerbau brauchte auch der Osten Deutschlands eine eigene Stahlproduktion. Die gab es am ehesten dort, wo die Rohstoffe aus Polen oder der Sowjetunion, also Kohle beziehungsweise Erze, am besten geliefert werden konnten und wo es einen Fluss gab, also die Oder beziehungsweise die Havel. Als sich die Treuhand mit der Landesregierung dann als Erwerber für die vier Volkseigenen Betriebe (VEB) für zwei ausländische Unternehmen und ein deutsches Unternehmen entschied, gab es am Anfang viel Protest. Riva aus Italien erwarb Brandenburg und Hennigsdorf und produziert da noch heute Stahlprodukte. Der belgische Konzern Cockerill-Sambre erwarb das EKO in Eisenhüttenstadt und auch dort wird, nachdem das Werk über Usinor weiter an Arcelor und dann an den Inder Lakshmi Mittal verkauft wurde, noch heute Stahl produziert. Nur dort, wo Krupp das Werk in Oranienburg erwarb, steht heute ein großes Einkaufszentrum. Denn Krupp schloss das Werk nur drei Jahre, nachdem es 1990 erworben worden war, und hat die Anlagen, die das Werk 1990 zu einem der modernsten Werke machten, nach China verkauft.

Immer wieder habe ich diese Geschichte erzählt, um der wachsenden Ablehnung von Ausländern etwas entgegenzusetzen. Das Gefühl für den Anteil von Ausländern wuchs exponentiell. Ich fuhr in jener Zeit so oft es ging in Schulen, um mit den Jugendlichen zu diskutieren, sie für die Politik, die wir zumindest in der ersten Legislaturperiode noch in größerer Harmonie und gemeinsamer Verantwortung machten als in den Jahren danach, zu sensibilisieren und zu gewinnen. Es ging uns dabei weniger um Parteipolitik, als vielmehr vor allem die jungen Menschen und Bürger in ihrer Verunsicherung nicht abdriften zu lassen in braune Sümpfe. Als ich einmal in Eberwalde in einer Schule zu Gast war und mit den Schülern diskutierte, fragte ich sie dann irgendwann etwas genervt, wie hoch sie den Anteil von Ausländern in Deutschland denn schätzen würden. Ein Schüler hatte sogleich die Antwort parat und meinte, es wären mindestens 20 Prozent. Mein überraschtes und entsetztes Gesicht verstand er falsch, korrigierte sich sofort und »verbesserte« sich: Na, dann eben 50 Prozent. Nun war dasselbe Entsetzen in den Augen seiner Lehrer und ich erklärte der erstaunten Klasse, wie hoch der Ausländeranteil in Berlin beziehungsweise München ist und dass er damals mit 25 Prozent am höchsten in Frankfurt am Main war. Meine Frage, ob sie auch solchen Wohlstand haben wollten wie die Menschen in München oder Frankfurt, quittierten sie mit einem erstaunten Gesicht: Welche Frage! Na klar. Und dann erklärte ich ihnen, dass der Wohlstand auch mit dem Ausländeranteil in jenen Städten zu tun hätte.

Die Zahl der Initiativen, die uns motivieren wollten, ostdeutsche Produkte zu kaufen, um ostdeutsche Arbeitsplätze zu sichern, wuchs stetig. Auch die SPD Brandenburg startete eine Kampagne »Made in Brandenburg«. Als dann aber die Stadt Potsdam sich für ein neues Heizkraftwerk entscheiden musste und sich für ein Gasheizkraftwerk entschied, schlug der Protest 1993 riesige Wellen. Tausende Kumpels aus der Lausitz waren in Potsdam und forderten Solidarität. Sie demonstrierten in der Friedrich-Ebert-Straße schräg gegenüber vom Büro der SPD Brandenburg in der Landeshauptstadt, machten Mahnwache mit Fackeln über Tage und mauerten das Rathaus zu. Wenn wir von hier aus regiert werden, denn wir haben zugestimmt, dass Potsdam Landeshauptstadt wird, dann müsst ihr auch mit uns Solidarität zeigen. Hier in Potsdam, im Speckbauch von Berlin, im S-Bahn-Bereich, da würde es genug Arbeitsplätze geben. Aber in der Lausitz? In Cottbus, in Guben oder Spremberg? Ich musste mich damals völlig neu in das Thema einarbeiten. Denn bis dahin gehörte ich wie die riesige Mehrheit der Bevölkerung zu denen, die wussten, dass der Strom aus der Steckdose kommt. Nun aber wurde ich von denen, die von der SPD traditionell viel erwarteten, gefordert.

Drei Freunde habe ich in jener Zeit dazu bekommen, die mir viele unerwartete Einblicke organisierten. Ulrich Freese von der Gewerkschaft Bergbau und Energie, Bernd Wilmert, Finanzvorstand bei der ESBAG und Martin Martiny, der bei der VEAG Arbeitsdirektor war. Sie organisierten eine Fahrt in die Lausitz, wo mir einen Tag mehr gezeigt wurde, als ich aufnehmen konnte, aber tief beeindruckt nach Hause fuhr. Denn ich hatte den ganzen Prozess erlebt, von der Förderung der Kohle im Tagebau bis zur Verstromung, in dem dann viele Jahre als größte Dreckschleuder der Erde geltenden Jänschwalde, wo mich die Kirchenleitung vier Jahre zuvor in den Entsendungsdienst schicken wollte. Ich hatte die gigantischen Umweltschäden gesehen und wurde in das Nachdenken über die Bewältigung dieser Lasten eingebunden. Die Spree würde über Wochen rückwärts fließen oder gar der Müggelsee in Teilen trocken fallen, wenn das gigantische Wasserloch, das durch die jahrzehntelange Braunkohleförderung entstanden war, auf natürliche Weise durch den Zufluss der Spree aus Bautzen gefüllt werden würde. Vom Spreewald würde so lange nichts zu sehen sein. Nachdem ich dann auch noch im Steinkohlenbergbau Westerholt in der Nähe von Bochum 1.000 Meter »unter Tage« gewesen war, entschloss ich mich zu einem Zeichen der Solidarität und wurde zum ersten Mal Mitglied einer Gewerkschaft – der IGBCE. Das Kraftwerk wurde in Potsdam als Gaskraftwerk gebaut. Ein Kohlekraftwerk wäre nicht nur wegen der Umwelt und nicht nur in der Investition, sondern auch im Betrieb wesentlich teurer geworden, argumentierte die Stadt.

40 Jahre hatte es im Grunde eher Stillstand gegeben im Osten, unterbrochen durch einschneidende Veränderungen wie den Mauerbau 1961. Wir hatten gelernt, beredt zu schweigen. Nachdem wir die Mauer durchlaufen hatten an diesem Schicksalstag Deutschlands, an dem 9. November, veränderte sich alles in einem so rasanten und noch nie gekannten Tempo, dass einem die Worte im Munde altbacken wurden. Was über Jahrzehnte an Dynamik aufgestaut war, entlud sich nun. Diese im Grunde vor allem nachholende Revolution, die uns innerhalb weniger Jahre mit westdeutscher Hilfe auf deren Niveau bringen sollte, musste aber auch die Menschen mitnehmen. Der Umbruch war ein gewaltiger. Ein Drittel der Betriebe konnten sich relativ schnell erfolgreich dem Wettbewerb stellen, ein Drittel wurde geschlossen und ein Drittel musste von der Treuhand »ansaniert« werden. Während in der Woche Regieren in Potsdam angesagt war, wollten Stolpe und ich an den Wochenenden, an den Sonntagen die Bürger mitnehmen auf dem Weg dieser Veränderun-

Der Landesvorsitzende und der Landesvater.

gen. Sie sollten spüren und erleben, dass sich nicht nur vieles mit hohem Tempo änderte, sondern dass wir für ihre Interessen eintraten, an vielen Stellen intervenierten und Regine Hildebrandt unterwegs war, um »Arbeit statt Arbeitslosigkeit« zu finanzieren. Stolpe kannte seine Brandenburger, die Märker und wusste, dass sie bereit waren, auch schwierige Wege mitzugehen, wenn es erklärt wird. So entschieden wir uns, einmal im Monat, wenn es ging auch zweimal, gemeinsam ins Land zu fahren. Oft begann das Ganze mit einem Besuch im Gottesdienst und dann folgte der Frühschoppen im Dorfkrug. Wir gingen auch in kleine Orte, in den Medien wurde sowieso berichtet, aber die erfahrene Wertschätzung, dass wir auch dorthin gingen, wo manchmal seit aller Lebenden Wissen kein Vertreter aus Berlin oder Potsdam gewesen war, sprach sich herum. Der Landesvater mit dem Parteivorsitzenden! Fuhren wir in den Norden, holte mich Stolpe in Babelsberg ab, fuhren wir in den Süden, kam ich morgens zu ihm und dann fuhren wir mit seinem Herrn Bauer, dem Fahrer, den er aus dem Konsistorium mitgebracht hatte, gemeinsam.

Oft lasen wir erst einen Pressespiegel, den Stolpe schon im Auto hatte. Zugleich redeten wir mit einer für Stolpe erstaunlichen Offenheit über die Situation im Land und in der Partei. Stolpe wollte mich einbinden und teilhaben lassen, was ja durch die ungewöhnliche Konstellation, dass ich »nur« Parteivorsitzender war, auch nötig war. Ihm war es recht. Er wollte nicht auch noch die Partei führen, weil er so viel offener in der Koalition auf die anderen zugehen konnte. Regierungschef zu sein, aber nicht Parteivorsitzender, entsprach viel mehr seinem Naturell und der Situation der neuen Länder. Er konnte so für alle erlebbar und erkennbar Landesvater sein und wusste die Partei loyal geführt. Ich lernte sehr viel und sehr gern von ihm und er hatte Freude an unserer Zusammenarbeit. Er lobte mich manchmal in einer Weise auch vor anderen oder im Gespräch, dass ich rot wurde und manchmal nicht wusste, ob es wirklich ernst gemeint war. Aber das war Stolpes Art, Menschen denken zu lassen, dass sie ihm unendlich wichtig waren. Er hob sie so auf Augenhöhe, ließ sie seine Wertschätzung spüren und stiftete so eine tiefe und bleibende Loyalität, etwas das im Zweifelsfall dann auch abrufbar war, auf das er sich in schwierigen Situationen verlassen konnte. Ich habe in jener Zeit so gern und viel von ihm gelernt, wie vorher von meinem Kirchengeschichtslehrer Wolfgang Ullmann. Ich war 30, noch formbar, musste erst meinen Stil, meine Art mit diesen Aufgaben, auf die mich nichts vorbereitet hatte, entwickeln und hatte mit Stolpe jemanden an der Seite, den ich nicht kopieren wollte, von dem ich mir aber vieles abschaute oder übernahm, so zum Beispiel vieles in Fragen von Gesprächsführung. Jemanden im Gespräch permanent im Blick zu behalten, ihm in die Augen zu schauen und ihn damit auch in gewisser Weise zu bannen, habe ich bei ihm erlebt und für mich übernommen.

Die Gespräche im Dorfgasthaus waren oft in Zusammenarbeit mit der Partei vor Ort organisiert. Stolpe wusste, dass die Menschen nach 40 Jahren von dieser einen Partei genug hatten und deshalb skeptisch generell gegenüber Parteien waren, man sie aber in und für eine Demokratie braucht. Und so in dieser Dienstfunktion für die Demokratie wollten wir sie durch diese Reisen auch stärken. Stolpe wollte, dass er nicht nur als Landesvater, sondern auch als Sozialdemokrat wahrgenommen und dann wiedergewählt würde. Er wollte, dass ich als Landesvorsitzender zusehen war, wahrgenommen wurde und gab mir auch manchmal Tipps, was wir als Partei machen oder fordern konnten. Da ich an den Kabinettssitzungen nicht teilnehmen konnte, gab es ein wöchentliches Briefing im Interhotel, das nun den Namen Mercure trug. Jürgen Linde, der Chef der Staatskanzlei und seit Jahrzehnten Sozialdemokrat, traf sich mit mir wöchentlich um 7.30 Uhr vor den Fraktionssitzungen dort zum Frühstück und erläuterte mir die Kabinettstagesordnung und unterhielt sich mit mir über Projekte für die Partei und über Strategien. Ebenso trug ich Projekte vor, die in der Partei diskutiert wurden und wir stimmten ab, wie weit man gehen konnte, wo die Grenzen waren.

Israel hatte für mich seit meinem Studium eine immer größere Rolle gespielt. Ich hatte Hebräisch lernen müssen, das Alte Testament gelesen und durch die Vorlesungen ein immer besseres Verständnis für die menschheitsgeschichtliche Rolle dieses kleinen Volkes gewonnen. In der Volkskammer hatten wir noch in den letzten Wochen fraktionsübergreifend einen Antrag beschlossen, mit dem wir uns beim israelischen Volk für die Politik der DDR entschuldigten, denn über fast vier Jahrzehnte hatte es keine diplomatische Anerkennung gegeben. Die Juden und die Shoah waren nur am Rande bei den Opfern des NS-Terrors genannt worden. Erst die frei gewählte Volkskammer verabschiedete im April 1990 eine Resolution zur »Verantwortung der Deutschen in der DDR für ihre Geschichte und ihre Zukunft«, mit der wir »die Juden in aller Welt um Verzeihung« baten. »Wir bitten das Volk in Israel um Verzeihung für Heuchelei und Feindseligkeit der offiziellen DDR-Politik gegenüber dem Staat Israel und für die Verfolgung und Entwürdigung jüdischer Mitbürger auch nach 1945 in unserem Land. Wir erklären, uns um die Herstellung diplomatischer Beziehungen und um vielfältige Kontakte zum Staat Israel bemühen zu wollen.« Aber die Deutsche Einheit kam schneller und mit dem Beitritt zum Geltungsbereich des Grundgesetzes galt die Anerkennung Israels nun auch im Osten. Dann war der 2. Golfkrieg und wir hatten uns als Landtag erst wenige Wochen konstituiert, da schlug ich vor, Israel ein Zeichen der Solidarität zu geben und eine Landtagsreise in das Kriegsgebiet zu organisieren. Ich hatte keine große Hoffnung, dass es so weit kommen würde, denn was sollten wir vor dem Bundestag eine solche, nicht ungefährliche Reise machen! Würden die anderen Fraktionen mitziehen? Würde das Auswärtige Amt nicht versuchen, uns davon abzuhalten? Außerdem gab es so viele wichtigere Aufgaben im Lande zu lösen, denn wir waren ja erst zwei Monate konstituiert. Und dennoch, es gelang. Die Argumentation, dass gerade wir im Osten nun dem Beschluss vom April 1990 Taten folgen lassen sollten, überzeugte. Zugleich reizte uns alle das fremde und zugleich irgendwie vertraute Land. Unter Leitung des Landtagspräsidenten Herbert Knoblich, der sich meine Idee zu eigen gemacht hatte, fuhren wir mit den Vertretern aller fünf im Landtag vertretenen Fraktionen in den Winterferien des Parlamentes Ende Januar 1991 für knapp eine Woche nach Israel. Man war dort völlig überrascht, dass wir kamen, und zugleich dankbar. Bis heute kann ich mich daran erinnern, wie wir uns mit dem Botschafter durch Scud-Raketen zerstörte Häuser in Tel Aviv anschauten und dann mit unserem Begleiter vom israelischen Außenministerium Moti Levi in einem Schutzraum des Hotels im Norden von Tel Aviv saßen und mit Gasmasken in den Händen, deren Gebrauch wir gemeinsam geübt hatten, das Ende des Alarms abwarteten. Moti Levi wurde zu meiner größten Freude wenig später Gesandter Israels in Deutschland.

All das hatte Karl-Heinz Striek, der langjährige Vorsitzende der Deutsch-Israelischen Gesellschaft in Berlin, verfolgt und kam im Jahr 1992 zu mir und forderte mich auf, nun endlich auch in Potsdam eine Gruppe der Deutsch-Israelischen Gesellschaft zu gründen. Ich hatte Lust dazu, aber wusste nicht, wie ich neben dem Landesvorsitz der SPD und meinem Landtagsmandat und der Familie auch diese Aufgabe noch bewältigen sollte. Aber Karl-Heinz Striek wollte es nicht ertragen, dass ausgerechnet Potsdam, die Landeshauptstadt neben Berlin, als letzte Landeshauptstadt Deutschlands immer noch keine Deutsch-Israelische Gesellschaft hatte. Mit seiner Unterstützung haben wir die DIG dann vor der anstehenden Jahrestagung gegründet und ich wurde ihr Vorsitzender.

Viele Male ist es mir noch so gegangen, dass ich überredet wurde, Aufgaben zu übernehmen, für die eigentlich keine Zeit blieb. Da es aber kein anderer machen wollte oder konnte, habe ich dann ein Einsehen gehabt und wenn man gute Freunde hatte, konnte die neue Aufgabe auch gelingen.

Von der Arbeiterwohlfahrt in Bernau war ich gefragt worden, ob ich bereit wäre, eine Rede bei den Jugendfeiern zu halten, die sie organisieren wollten. Ich traf mich mit den Verantwortlichen und sie bestätigten mir, dass sie keine Jugendweihe machten, aber vorhatten, denen, die auch keine Konfirmation machen wollten, eine Alternative anzubieten. Ich war begeistert und sagte zu. Unter der Voraussetzung, dass ich zumindest von dem, was mich trägt und hält, nämlich Verantwortung zu übernehmen, reden könne. Gerade daran hatten sie Interesse. Sie wollten keine kirchliche Feier und keine Weiheveranstaltung, sondern etwas Neues, wo über verschiedene Lebensmöglichkeiten gesprochen wird. Sie machten auch Vorbereitungsveranstaltungen und ich lud die Jugendlichen in den Landtag Brandenburg, meinen Arbeitsplatz, ihr Parlament ein und wir hatten ein wunderbares Gespräch. Ich erzählte von meinem Glauben, ohne sie zu missionieren, aber um ihnen eine Alternative auf der Höhe der Zeit zu präsentieren. Meine Rede vor den zweimal rund 30 Jugendlichen und ihren rund 400 Gästen, war ein großer Erfolg. Ich hatte ihnen in einer anderen Sprache, als sie in der Schule erlebten, deutlich gemacht, dass sie jetzt mündig und damit verantwortlich werden. Denn sie müssen in eigenem Namen, mit eigener Verantwortung einen Standpunkt beziehen, in der Verantwortung vor ihren Mitmenschen, ihren Nächsten, Verantwortung vor ihrer Zeit, dem Staat, in dem sie leben, aber eben auch vor Gott. Ungewohnte Töne! Mit den Jugendlichen hatte ich einen Faden geknüpft, die Eltern waren dankbar und die AWO war stolz, dass ihr Konzept, ihre Idee funktionierte. Sie waren wie ich der Meinung, dass Namen nicht Schall und Rauch sind, sondern etwas bezeichnen und deshalb auch als

Ansage ernst genommen werden müssen. Die AWO bot eben bewusst keine Jugendweihe, sondern eine Feier an, um die Jugendlichen bei dem Schritt erwachsen zu werden, verantwortungsbewusst zu begleiten. Mit Manfred Stolpe hatte ich das Ganze besprochen, er bestärkte mich, denn auch er hatte ein Interesse daran, dass die Jugendweihe nicht gegen die Kirche gerichtet war. Er sah wie ich, dass die Konfirmation in der Kirche nicht wieder so bedeutend werden könnte, wie sie einmal war. Aber die Kirchenleitung protestierte, wollte mir gar die Rechte der Ordination, also das Recht, Pfarrer zu sein, aberkennen, wenn ich weiterhin Jugendfeiern machen würde. Mein Argument, dass man doch die unterstützen müsse, die etwas anderes als Jugendweihe machen wollten, verstanden sie nicht, sie wollten den Unterschied zwischen Jugendfeier und Jugendweihe nicht sehen, nicht akzeptieren. Wolfgang Ullmann, mein Kirchengeschichtslehrer am Sprachenkonvikt und inzwischen für die Grünen im Europaparlament war hingegen ganz auf meiner Seite und freute sich auf die Auseinandersetzung mit der Kirchenleitung, wenn sie mir die Rechte der Ordination aberkennen wollten. »Dann vertrete ich Sie!«, sagte er begeistert und so sprach ich immer wieder bei Jugendfeiern vor allem in Bernau. 1995, ich hatte ein längeres Gespräch mit Konsistorialpräsident Lütcke gehabt, gab ich mein Engagement auf. Es war weniger der kirchliche Druck, als vielmehr der Eindruck, der entstehen musste, wenn ein Minister der Landesregierung bei der Jugendfeier sprach, also ein Vertreter des Staates. Dann war es eben doch wieder zu sehr eine Veranstaltung des Staates. Insofern sah ich auch skeptisch, dass einige Zeit später andere Minister sich einladen ließen und dort bei Jugendfeiern sprachen.

»Wo einem so viel Gutes wird beschert, ist das schon eine neue Verfassung wert,« hatte ich damals in Anlehnung an eine im Westfernsehen gelernten Werbespruch im Kopf. Der Entwurf vom Runden Tisch für eine neue Verfassung für die DDR hatte auf dem Parlamentstisch der frei gewählten Volkskammer gelegen. Es gab mehrere Initiativen, sich damit zu befassen. Aber zugleich war uns allen im Grunde durch den Wählerauftrag klar, dass die überwältigend große Mehrheit der Wähler und der Bürger der DDR den schnellstmöglichen Beitritt zur Bundesrepublik Deutschland wollte. Denn sie hatten doch im Grunde, als sie die von allen im Grunde verachtete Ost-CDU wählten, das Versprechen von Helmut Kohl für einen schnellen Weg zur Deutschen Einheit gewählt. Sollte man also ernsthaft, für ein von der Mehrheit abgelehntes Staatsgebilde wie die DDR für einen Übergangszeitraum, der doch ein Jahr nicht überschreiten durfte, noch eine Verfassung schreiben beziehungsweise die vom Runden Tisch vorgeschlagene in Kraft setzen? Und zudem war jedem klar, dass es dafür in der neugewählten Volkskammer keine Mehrheit geben würde. Das heißt, diejenigen, die mutig 1989 den Stein ins Rollen gebracht hatten, wollten ihn jetzt, wo die Mehrheit nun endlich auch so viele Veränderungen wie möglich wollte, zum Stehen bringen. Eine skurrile Situation, in der wir uns befanden. Aber wir wollten doch alle Demokratie und nun mussten wir uns den demokratisch getroffenen Entscheidungen beugen und nicht wie die nun endlich überwundene Partei- und Staatsführung sagen, dass wir schon besser wüssten, was für die Menschen gut ist.

Ich gehörte schweren Herzens also zu den Skeptikern in Bezug auf eine neue Verfassung für die vergehende und abgewählte DDR. Aber wir trösteten uns damit, dass in der größer gewordenen Bundesrepublik über eine Novellierung des Grundgesetzes und natürlich vor allem in den neuen Ländern über Länderverfassungen entschieden werden musste. Daher wollte ich mich als Landesvorsitzender der stärksten Partei im Brandenburger Landtag in die Verfassungsgebung in besonderer Weise einbringen. Hier konnten wir die neue Situation gestalten, hier konnten wir das Erbe der »friedlichen Revolution« bleibend und dauerhaft, prägend und Staat bildend, einbringen.

Schon die drei Bezirksbevollmächtigten von Potsdam, Frankfurt und Cottbus hatten einen Vorschlag für eine Landesverfassung erarbeiten lassen, der dem neuen Landtag vorlag. Und wenige Wochen nachdem sich der Landtag konstituiert hatte, wurde am 13. Dezember 1990 ein Gesetz beschlossen zur Erarbeitung einer Landesverfassung für Brandenburg. Wir konnten den ehemaligen Bundesverfassungsrichter Helmut Simon gewinnen, dass er mit Wolfgang Birthler,

Heidrun Förster und mir die SPD im Verfassungsausschuss vertrat. Das war für uns ein Hauptgewinn. Er war bis 1987 Richter am Bundesverfassungsgericht gewesen und konnte nun wirklich sagen, was grundgesetzkonform war und was nicht. Außerdem war er für die CDU nicht irgendein Linker, sondern als Kirchentagspräsident ein glaubhafter Zeuge. Es war eine gute Zusammenarbeit im Verfassungsausschuss und eine offene, ehrliche und leidenschaftliche Diskussion. Ein Segen war für uns, dass Peter-Michael Diestel der Fraktionsvorsitzende der CDU war und dass mit Michael Schumann ein hoch integrer und intelligenter Kopf die PDS vertrat. Es ist uns so gelungen, viele der Anstöße in den Text, den wir dann im Jahr 1992 der Bevölkerung von Brandenburg zur Abstimmung vorlegten, aufzunehmen und eine Verfassung zu erarbeiten, die Geschichte schrieb.

Unsere Koalition ging diesen Weg ein wenig von der FDP gebremst gut mit, aber wir sagten sofort von uns aus, dass wir, da wir eine Zwei-Drittel-Mehrheit im Landtag brauchten und einen Volksentscheid wollten, auch die Opposition gleichberechtigt beteiligen wollten, und zwar beide, die linke und die rechte, die progressive und die konservative, also PDS und CDU. Wir stellten sicher, dass genügend Externe mit beraten konnten und so auf einem modernen und offenen Weg, Abgeordnete und externe Experten gleichberechtigt im Ausschuss zusammenarbeiteten. »Diese Verfassung ist Ausdruck eines modernen Common Sense, weil hier die Erfahrungen vom Herbst 89, europäisches und internationales Recht eingeflossen sind«, erklärte ich damals in der Debatte im Landtag.

Immer wieder habe ich um die CDU geworben, vor allem auch bei Peter-Michael Diestel, deren Fraktionsvorsitzenden. Manchmal haben wir bis in die Nacht bei ihm zu Hause diskutiert, und meist war Beate Blechinger dabei. Bei aller Unterschiedlichkeit wuchs in diesen Gesprächen ein belastbares Vertrauen.

Uns war klar, dass der Rahmen des Grundgesetzes für unsere Landesverfassung galt, und wollten ein Maximum an Grund- und Freiheitsrechten für die Bürgerinnen und Bürgern garantieren, lesbar und erkennbar, sodass man darauf als Bürger Brandenburgs stolz sein konnte. Es sollte sich nicht um Verfassungslyrik handeln, die schön klingt, aber nichts bringt. Und wir haben die Bevölkerung durch Grundpflichten in ihrer Verantwortung für Staat, Gesellschaft und Umwelt eingebunden. Die direkte Demokratie wurde in ihrer Bedeutung für einen bürgerfreundlichen demokratischen Staat hervorgehoben. Die von der SPD vorgeschlagenen Quoren setzen sich durch. Der Text zum straffreien Schwangerschaftsabbruch wurde, um die CDU im Boot zu halten, aufgegeben. Wir haben versucht, im Prozess aufeinander zu hören und zu achten und auch auf das einzugehen, was andere Parteien vorschlugen. Wir alle hatten die Erfahrung der friedlichen Veränderungen noch im Kopf und wollten, dass das ganze Land abstimmt und zustimmen kann. Und jeder von uns im Gremium hatte bestimmte Sätze in der Verfassung vor Augen, die es lohnenswert machten, auch anderes zu übernehmen, um eine breite Basis zu sichern. Jeder Gruppe ging etwas nicht weit genug, aber es gab eben auch für jeden etwas, wo unser Entwurf weiterging, als das, was bisher in irgendeiner Verfassung stand.

Am heftigsten umstritten war die Aufnahme von Staatszielen. Wir wollten sie definieren, damit es erkennbar ein Staat für den Bürger ist. Auch wenn sie nicht einklagbar sind, geben sie doch Orientierung. Ein Vorteil für diesen Prozess war, dass die konservative CDU und die linke PDS gemeinsam in der Opposition waren. Von Anfang an widerstanden wir der Versuchung, nur eine der beiden Parteien als Mehrheitsbeschaffer zu beteiligen. So konnten wir immer wieder zum Kompromiss rufen, denn was dem einen recht war, musste dem anderen billig sein. Unsere Kompromissbereitschaft zwang die anderen dazu, es auch zu sein. Und es war keine Kompromisssuche auf dem kleinsten gemeinsamen Nenner, sondern jede Partei sollte sich wiederfinden können.

Dieses Vorgehen prägte auch den Begriff des »Brandenburger Weges«, des Versuchs, die Zusammenarbeit über Parteigrenzen hinweg zu suchen, im Wettbewerb zueinander zu stehen, aber mit dem gemeinsamen Ziel, das Beste für das Land zu erreichen.

In einem eigenen Hauptteil waren nicht nur die Grundrechte formuliert, sondern die Staatsziele wurden schon in der Überschrift angesprochen, wie zum Beispiel die Gleichstellung von Frauen und

Männern, die Gleichwertigkeit der Lebensbedingungen alter und behinderter Menschen, die seelische, geistige und körperliche Entwicklung der Kinder und die Rechte unserer brandenburgischen Minderheit, der Sorben und der Wenden. Der Umweltschutz und der Schutz der natürlichen Lebensgrundlagen fanden breiten Raum, bis hin zu einer Formulierung wie »Tier und Pflanze werden als Lebewesen geachtet.« Mancher lächelte darüber, für andere war es ein Grund, diese Verfassung bis heute in besonderer Weise zu mögen und mit Respekt zu sehen. Wir waren stolz darauf, an vielen Stellen Neuland zu betreten, und Helmut Simon half nicht nur, alles verfassungsgerecht zu formulieren, sondern gab auch selbst Anregungen. »Jeder schuldet jedem die Anerkennung seiner Würde.« Das klingt nicht nur gut, sondern erweiterte das Grundgesetz, in dem es heißt, die Würde des Menschen ist unantastbar, um eine aktive Haltung von uns Bürgern. Wir formulierten, dass Kriegspropaganda und die Würde des Menschen verletzende Diskriminierungen verboten sind, dass der Missbrauch wirtschaftlicher Macht unzulässig und jeder bei Unfällen oder Katastrophen zur Nothilfe verpflichtet ist.

Breiten Raum in den Diskussionen nahm die Anerkennung der auf Dauer angelegten Lebensgemeinschaften ein. Mit CDU und FDP mussten wir lange diskutieren, da sie die Stellung der Ehe in der Gesellschaft gefährdet sahen. Es ging uns um die Gleichstellung der Lebensgemeinschaft Homosexueller mit der Ehe. Die Schutzbedürftigkeit von anderen auf Dauer angelegten Lebensgemeinschaften wurde nun durch die Verfassung anerkannt. Auch der Artikel 12 stand in der Diskussion, der garantiert, dass niemand wegen seiner sexuellen Identität benachteiligt werden darf.

Nachdem der Text für die Verfassung im Landtag beschlossen worden war, fuhren wir mehrere Wochen durch das Land und warben für diese moderne Verfassung. Es gab leidenschaftliche Diskussionen. Nach den Veränderungen, dem Ende der DDR und dem Beitritt zum Geltungsbereich des Grundgesetzes war diese Verfassung ein sichtbarer Schritt die neue Zeit zu gestalten und zu entscheiden, wie und in welchem Rahmen wir leben wollten.

Niemand erwartete, dass die Verfassung im Volksentscheid nicht angenommen würde. Vielleicht war das auch ein wichtiger Grund, dass weniger als 50 Prozent der Bevölkerung an dem Volksentscheid am 14. Juni 1992 teilnahmen, obwohl es der erste war, den es im Land Brandenburg gab. Die Zustimmung lag bei über 90 Prozent. Sowohl der Prozess als auch das Ergebnis waren beispielgebend und haben zur Herausbildung einer Brandenburger Identität einen wichtigen Beitrag geleistet.

Im Spiegel 4/1992 vom 27. Januar 1992 wurde ein Vorabdruck aus Manfred Stolpes Buch »Schwieriger Aufbruch« veröffentlicht, in dem Stolpe ausführlich über die Rolle der »Kirche im Sozialismus« und die »Rolle der Kirche vor der Wende« schreibt. Manfred Stolpe berichtete von seinen zahlreichen Gesprächen mit der Staatssicherheit. Ich wusste aus eigenem Erleben, wie Biografien plötzlich nach einer solchen Veröffentlichung einen ganz anderen Verlauf nahmen. Ich hatte es erlebt bei Wolfgang Schnur vom Demokratischen Aufbruch, der als Stasi-Informant enttarnt worden war. Wenig später mit meinem eigenen damaligen Parteivorsitzenden der Ost-SPD, Manfred Ibrahim Böhme. Dann mit Lothar de Maizière, dem letzten Regierungschef der DDR, von uns in der Volkskammer gewählt, der im Dezember 1990 als Bundesminister zurücktrat, weil auch ihm vorgeworfen wurde, dass er Stasi-Informant gewesen sei. Nun Stolpe. Ich wollte es nicht glauben. Ich konnte es nicht glauben. Und wurde als sein Landesvorsitzender immer wieder gefragt, ging dann in den Stolpe-Untersuchungsausschuss, der über Jahre untersuchte, ob Stolpe jemandem geschadet hatte oder wie sein Verhältnis zur Staatssicherheit zu deuten war.

Stolpe hatte weder mir noch Wolfgang Birthler, unserem Fraktionsvorsitzenden von dem Vorabdruck erzählt, der im Spiegel erschien. Es traf uns unvorbereitet. Ich habe ihm aber all die Jahre vertraut und tue es noch heute. Er hat Gespräche geführt, auch an geheimen Orten, um für Menschen, die Hilfe brauchten, und um für die Evangelische Kirche Berlin-Brandenburg, deren Konsistorialpräsident er war, etwas zu erreichen. Ich habe Stolpe auch in schwierigsten Situationen erlebt, habe seine freundliche und konziliante Verhandlungsführung kennengelernt. Ich habe Dutzende Male erlebt, wie er Menschen umgarnte und einnahm für das, was wir erreichen wollten. Stolpe war derjenige, der fast nie sein Blatt zeigte und mit unendlicher Geduld pokern konnte. Er blieb geduldig und freundlich und hatte immer noch eine Tür im Blick, durch die er, wenn es sein musste, einen Ausgang finden konnte. Ich habe mit Johannes Rau geredet, der mir erzählte, dass man es nicht gewusst habe, dass man es aber immer ahnte. Niemals hatte man ihn, niemals hätte man ihn gefragt. Aber kein Draht ins Machtzentrum der DDR war so belastbar wie eben der von Stolpe! Er machte manches möglich, was eigentlich als unmöglich galt.

Natürlich habe ich mir auch viele Male die Fragen gestellt, die sich viele stellten:War der Kirchenmann Manfred Stolpe einer, der im Interesse der Menschen und ihrer Rechte mit der Stasi über lange Jahre seine Kontakte hatte? Oder war er, wie etwa der Anwalt Wolfgang Schnur, bloß die Stasi-Laus im Kirchenpelz, was Stolpe-Gegner und Freunde, mit denen ich die SDP gegründet hatte, ihm vorwerfen?

»Die entscheidende Frage lautet«, so fasste es mein Lehrer am Sprachenkonvikt, der Theologie-Professor Richard Schröder über seinen Parteifreund zusammen, »kam es Stolpe darauf an, Stasi-Interessen in der Kirche durchzusetzen, oder kam es ihm darauf an, durch Stasi-Kontakte kirchliche Freiräume zu wahren, menschliche Härten zu mildern, Bewegung in die versteinerten Verhältnisse zu bringen?«

Stundenlang haben wir im Ausschuss über den Orden der Stasi geredet, den Stolpe in der Wendenschlossstraße in Köpenick bekommen haben soll. Wenn Stolpe den Orden bekommen hat, dann musste er auch wissen, dass ihn die Stasi als Mitarbeiter führte, so die Argumentation derer, die Stolpe überführen wollten. Aber Stolpe hatte den Auftrag seiner Kirche, den Auftrag von Menschen, die seine Hilfe suchten und den Auftrag der Politiker im Westen, die seine Unterstützung für vertrackte Probleme erbaten. Stolpe ist dafür in den Graubereich gegangen, wo er heikle Fälle mit denen besprach, die vielleicht helfen konnten, wenn sie helfen wollten. Dafür musste

Stolpe ihnen das Gefühl von Kooperation geben. Dafür hat er auch in die andere Richtung Vermittlungsarbeit geleistet. Ich denke, dass keiner so weit gegangen ist wie er, und bin überzeugt, dass es auch kein anderer so konnte wie er, ohne die Seiten zu wechseln, ohne sich mit denen, die er brauchte, um Probleme zu lösen, gemein zu machen. Natürlich konnte Stolpe mit niemanden darüber reden. Er hatte keine Seelsorger für diese auch für ihn schwierige Situation. So konnte er auch nicht »seinen« Bischof Forck über die Schritte informieren, die zu gehen er genötigt war, um etwas zu erreichen. Andere wie Bischof Demke haben ihm immer vertraut, dass er vieles gewagt, aber nie jemanden verraten hat, vor allem Wege für sie gegangen ist, die sie selbst nicht gehen konnten und durften.

Stolpe hatte erfahrene Anwälte, die ihn in seinem Kampf nicht nur um seine Ehre, sondern auch dabei, dass er weiter in unserem Land und für unser Land arbeiten konnte, im Untersuchungsausschuss unterstützten. Und es gab eine Gruppe von leidenschaftlich engagierten Menschen wie ich, die Stolpe in dieser Frage völlig vertrauten, weil wir wussten, wie er arbeitete und deshalb überzeugt waren, dass ihm in der Sache nichts vorzuwerfen war. Stolpe hatte viel erreicht und war mit Respekt von vielen durch diese 40 Jahre gekommen. Nun wollten wir nicht zulassen, dass er, der doch nun gewiss mit seiner Arbeit immer wieder Freiräume für die Arbeit der Menschen im Widerstand vermittelt und auch Freiheit organisiert hatte, wie zum Beispiel die Möglichkeit in die Freiheit über die Mauer zu wechseln, nun seine Arbeit in der neu erlangten Freiheit nicht fortsetzen konnte.

Es hat mich oft verwundert und geärgert, dass einige, die ihm Hilfe und Lösungen verdankten, ihn danach, als sie in ihrer Freiheit ungefährdet waren, schmähten und kritisierten. Ich war dankbar, dass Männer wie Helmut Schmidt oder Johannes Rau offen davon sprachen, dass sie auch damals schon ahnten, wie weit Stolpe gehen musste, um Schwierigstes zu erreichen. Stolpe, der in einer außergewöhnlichen Weise verschwiegen und belastbar war, nahm die dazu nötige Kraft aus seinem Glauben. Diese Kraft zeigte sich für mich manchmal, wenn wir in einer Gemeinde irgendwo in Brandenburg

Johannes Rau und sein Staatskanzleichef Wolfgang Clement zu Besuch bei den Brandenburger Sozialdemokraten.

am Sonntag früh Gottesdienst feierten und er mit seiner beim Sprechen ja wunderbar volltönenden Stimme sang, aber abenteuerlich falsch und dennoch laut und leidenschaftlich.

Die SPD Brandenburg stand mit ganz wenigen Ausnahmen geschlossen hinter Manfred Stolpe. Wir waren in diesen Jahren eine sehr geschlossene, aber auch sehr aktive Partei. Sieben Parteitage führten wir in der Zeit bis 94 durch und bereisten fast jede Region Brandenburgs. Schon 1990 waren wir in Cottbus und Frankfurt (Oder) gewesen, ab 91 kamen Neuruppin, Templin, Senftenberg, Seelow, Finsterwalde, Werder und Glöwen dazu. Auch der Landesvorstand tagte nicht nur in Potsdam, sondern ging in die Regionen. Regelmäßig tagte ich mit den Kreisvorsitzenden und eine Kommission unter meiner Leitung legte ein Zukunftsprogramm Brandenburg vor. Wir diskutierten kontrovers die Länderfusion mit Berlin und bereiteten

Mit dem SPD-Vorsitzenden Björn Engholm auf der Brandenburger Straße in Potsdam.

die Kommunalreformen vor. Die Arbeitsgemeinschaften wurden aufgebaut, insbesondere die für Arbeitnehmerfragen, der Frauen und die Jusos. Wir gründeten eine Bürgerberatung Brandenburg mit zehn Beschäftigten und das Otto-Wels-Bildungswerk. Wir bauten 18 Regionalgeschäftsstellen auf, sechs mehr, als uns der Parteivorstand eigentlich zugestanden hatte, die dann gut zu der neuen Kreisstruktur passten. Johannes Rau kam oft zu uns, Oskar Lafontaine war zum 1. Mai 1991 in Forst und Finsterwalde und die Parteivorsitzenden besuchten gerne Brandenburg, ob Hans-Jochen Vogel, Björn Engholm oder Rudolf Scharping. Mit Willy Brandt hatten wir wenige Monate vor seinem Tod im Jahr 1992 ein beeindruckendes Gespräch mit den 44 Kreisvorsitzenden im Otto-Wels-Haus. Die Bundesgeschäftsführer Karl-Heinz Blessing und Günter Verheugen lernten viel in Brandenburg über Parteistrukturen und ihre Möglichkeiten in Ostdeutschland. Ich schrieb in einem Sammelband über die Zukunft der SPD als Parteiorganisation, die in ihrer Mitgliederzahl und Struktur sich immer mehr der in den ostdeutschen Bundesländern angleichen

Parteitag in Seelow mit SPD-Chef Rudolf Scharping.

würde. Um das operative Geschäft musste ich mich nicht kümmern. Martin Gorholt leistete gute Arbeit. Dietrich Hohmann, Schriftsteller aus Werder, war in der Anfangszeit mein Referent in der Landesgeschäftsstelle, bis er der Geschäftsführer der SGK, der Sozialdemokratischen Gemeinschaft für Kommunalpolitik wurde. Martin Gorholt holte dann für diese und andere Aufgaben Klaus Ness aus Peine bei Braunschweig in die Geschäftsstelle. Martin kannte ihn gut aus der Juso-Arbeit. Martin wechselte 1995 mit mir ins Ministerium und Klaus Ness wurde Landesgeschäftsführer. Als Matthias Platzeck 2000 Landesvorsitzender wurde, rief er mich an und wollte, dass Martin Gorholt und Klaus Ness ihre Aufgaben tauschten. Ich lehnte ab und zwischen Matthias Platzeck und Klaus Ness wuchs das Vertrauen. Als Generalsekretär wurde Klaus Ness der strategische Kopf der SPD Brandenburg. Seit 2013 war er Vorsitzender der SPD-Landtagsfraktion und starb im Dezember 2015 viel zu früh im Alter von 53 Jahren.

Brandenburg wurde oft als »Landräterepublik« bezeichnet. Das drückt den Einfluss der kommunalen Ebene auf die Landespolitik aus, vor und nach der Kreisgebietsreform. Die SPD stellte hervorragende Landräte, die im Mai 1990 aus ihren Berufen heraus von einem Tag auf den anderen wichtige politische und Verwaltungsaufgaben übernahmen. Da waren Karl-Heinz Schröter in Oberhavel, Burkhard Schröder im Havelland, Gunter Fritsch in Straußberg, Bodo Ihrke in Barnim, Peer Giesecke in Luckenwalde oder Christian Gilde aus Wittstock. Wir banden sie immer stärker im Landesvorstand ein. Ernst Bahr aus Neuruppin wurde 1992 stellvertretender Landesvorsitzender, Burkhard Schröder für über 20 Jahre Schatzmeister im Landesvorstand, manche wie Gunter Fritsch und Karl-Heinz Schröter wurden Minister. Es war deshalb keine Überraschung, dass die Landräte eine große Rolle in der Diskussion über die Kreisgebietsreform spielten. Wir diskutierten, vor allem Innenminister Alwin Ziel und ich, intensiv und immer wieder mit den Kreisvorsitzenden und den Landräten, um diese Reform möglichst im Konsens mit der kommunalen Ebene auf den Weg zu bringen. Und wir versuchten die neuen Strukturen möglichst schnell mit der Organisation unserer Kreisverbände beziehungsweise Unterbezirke vorwegzunehmen, um schlagkräftig im Kommunalwahlkampf auftreten zu können.

In einem zentralistischen Staat wird von oben durchregiert. Nicht Vernunft und das Interesse des Bürgers prägen die getroffenen Entscheidungen, sondern die Maßgaben der Partei- und Staatsführung. »Divide et impera«, »teile und herrsche«, war nicht nur im alten Rom die Devise, sondern eben auch 1952, als aus fünf Ländern im Osten in der damals schon drei Jahre bestehenden DDR 15 Bezirke entstanden. Mit dem in der Volkskammer beschlossenen Ländereinführungsgesetz war die Entscheidung gefallen, die fünf Länder wieder einzuführen und es ergab sich ein daraus folgender großer Entscheidungsbedarf. Die Länder wurden erst zu dem Zeitpunkt eingeführt, als die DDR als Ganzes dem Geltungsbereich des Grundgesetzes beigetreten war.

So gab es mit dem Beitritt zum Geltungsbereich des Grundgesetzes am 3. Oktober wieder die Länder und die Bezirksbevollmächtigten wählten aus ihrer Mitte einen Landesbeauftragten. In Brandenburg war das Jochen Wolf, der mit seinem Stellvertreter Rainer Speer nun nicht nur für die Organisation der Landtagswahlen zuständig war, sondern auch für alle Entscheidungen für das neue Land Brandenburg.

Im Kreise sozialdemokritischer Kommunalpolitiker mit der Vorsitzenden der SGK, Petra Ketzer, und Innenminister Alwin Ziel.

Dann fanden am 14. Oktober 1990 die Landtagswahlen in den fünf neuen Ländern statt und in den neugewählten Landtagen wurden die Ministerpräsidenten gewählt. Wir in Brandenburg wollten von den alten Bezirksstrukturen nichts übrig behalten. Brandenburg war mit 2,6 Millionen Einwohnern zu klein, als dass wir neben der Landesregierung in Potsdam noch eine weitere Struktur haben wollten. Unser Ziel war eine zweistufige Verwaltung ohne Zwischenbehörde, das Land als oberste Landesbehörde, die Landkreise als untere Landesbehörden. Aber wir hatten 38 Kreise und sechs kreisfreie Städte – die drei Bezirksstädte Potsdam, Frankfurt und Cottbus, aber auch die Stadt Brandenburg, die Wiege der Mark und die von ihren Aufgaben für den osteuropäischen Wirtschaftsraum geprägten Industriestädte Schwedt und Eisenhüttenstadt, beide an der Oder gelegen. Dort wurden die aus dem Osten kommenden Rohstoffe gleich hinter der deutsch-polnischen Oder-Neiße-Friedensgrenze weiterverarbeitet. In Schwedt war das Öl aus Russland und Holz aus Polen. In Eisenhüttenstadt waren es Erze, die mit der Kohle aus dem Osten verhüttet und dann gewalzt wurden.

Aber wie sollte die neue Landesregierung mit diesen 44 in der Kommunalwahl vom 6. Mai 1990 auch erstmals demokratisch legitimierten Gebietskörperschaften sinnvoll zusammenarbeiten? Wie sollte und konnte das mit weit über 1 800 Kommunen in Brandenburg passieren? Uns allen wurde von Tag zu Tag klarer, dass wir hier Abhilfe schaffen mussten, die neuen Aufgaben nur mit weniger, dafür leistungsfähiger Verwaltung bewältigt werden konnten. Vor allem wurde uns bewusst, dass mit Berlin, der größten deutschen Stadt mitten im Land mit ihren 3,4 Millionen Einwohnern, sich alles auf diese Metropole ausrichten würde. Aber wie konnten wir das Leben im ländlichen Bereich, in den Berlin fernen, den peripheren Regionen stärken? Zwei Modelle waren im Gespräch, das Achsenmodell, mit dem man an den Zugangswegen zur Metropole die Entwicklung an den Knotenpunkten stärkt und das Modell der dezentralen Konzentration. Das Letztere wurde das Modell der Wahl, zumindest für die ersten Jahre. Es war uns von Prof. Halstenberg aus Nordrhein-Westfalen vorgestellt worden. Aber was für NRW sinnvoll war, war es noch nicht für Brandenburg. Circa 15 Jahre arbeiteten wir mit diesem Modell, in dem man Berlin ferne Zentren möglichst stärkte. Aber da die von uns mit großer politischer Kraft entwickelten Regionalbahnen die Achsen bedienten, setzte sich das andere Modell durch, ohne dass es eine offizielle Änderung gegeben hätte.

Das, was an Aufgaben in einer Kreisverwaltung konzentriert werden sollte, brauchte nicht nur zwischen 30.000 und 60.000 Einwohner, sondern besser 150.000 bis 180.000 Einwohner, die mit ihrer Steuerkraft eine solche Verwaltung auch finanzieren konnten. Und wir wollten die Kreise möglichst so bilden, dass sie, wenn irgend möglich, an Berlin grenzten. Bei acht von 15 Landkreisen ist das auch gelungen. Wie zum Beispiel bei Potsdam-Mittelmark, dem die Landeshauptstadt umgebenden Kreis, der von Stahnsdorf, Kleinmachnow und Teltow bis nach Belzig, der Kreisstadt und bis zur Grenze mit Sachsen-Anhalt gebildet und strukturiert wurde. Wie schon bei der Bildung des Landes, wo aus drei Bezirken die alten neuen Länder gebildet wurden, so entstanden die neuen Kreise aus zwei oder drei DDR-Kreisen. Es war ein uns alle über Monate fordernder politischer

Prozess, der sein spannendes Finale im Landtag fand, als die Kreisstädte für die neuen Strukturen festgelegt werden mussten. Hier wurde auch parteiübergreifend territorial gekämpft und gestritten. Die getroffenen Entscheidungen haben sich alle im Grunde bewährt und haben Geschichte geschrieben. Wie zum Beispiel in Barnim, wo nicht Bernau mit seinem S-Bahn-Anschluss und seiner schon damals guten Perspektive Kreisstadt wurde, sondern das entfernte Eberswalde. Oder im Havelland, wo wir mit der SPD in Nauen und Falkensee lange Überzeugungsarbeit leisteten, um für Rathenow als Kreissitz einigermaßen Akzeptanz zu schaffen. Bei den Entscheidungen ging es oft auch um persönliche Perspektiven, denn wer sich 1990 der Wahl gestellt hatte, wollte, wie zum Beispiel Siegfried Jausch seinen Landkreis um Jüterbog gern bis zum Berufsende führen. Nun aber wurde es im neuen Großkreis der Landrat von Zossen, Peer Giesecke, der in Luckenwalde die Kreisstadt aufbaute. So gab es kurz hintereinander drei Dinge zu entscheiden, die neuen Kreisgrenzen, die Kreissitze und die Landratskandidaten. In Ostprignitz-Ruppin setzte sich Christian Gilde gegen Ernst Bahr durch, der später Bundestagsabgeordneter wurde, oder in Potsdam-Mittelmark Lothar Koch gegen Norbert Glante, der 1994 der erste gewählte Europaabgeordnete von Brandenburg wurde.

Bei den Kommunalwahlen am 5. Dezember 1993 lag die SPD mit 34,5 Prozent vorn und konnte in der Mehrzahl der Kreistage ihre Landratskandidaten durchsetzen. Direkt gewählt wurden die Oberbürgermeister. Der in Frankfurt (Oder) von der SPD unterstützte damals noch parteilose Wolfgang Pohl und der SPD-Kandidat Helmut Schliesing in der Stadt Brandenburg gewannen ihre Wahlen. Besonders spannend war es in der Landeshauptstadt Potsdam. Im ersten Wahlgang lag der PDS-Kandidat Rolf Kutzmutz vorn, was ein ernstes Signal für eine neue Stimmung in Ostdeutschland ausdrückte. Nur ein breites Bündnis von CDU bis Bündnis 90 verhalf Horst Gramlich von der SPD zu 54,9 Prozent in der Stichwahl.

KAPITEL 9

MINISTER FÜR KULTUR UND WISSENSCHAFT
UND DIE GESCHEITERTE LÄNDERFUSION

Mit 54,1 Prozent der Zweitstimmen und allen 44 gewonnenen Direktwahlkreisen gewann die SPD mit Manfred Stolpe als Spitzenkandidat die Landtagswahlen am 11. September 1994. Das Ergebnis der Wahl war eine große Überraschung für uns. Lange vorher war uns klar, dass wir weiter regieren könnten. Aber wir waren sicher, dass wir dazu weiterhin einen Koalitionspartner brauchen würden. Ich erzielte mit 58,7 Prozent in meinem Wahlkreis Luckenwalde das drittbeste Ergebnis aller Kandidaten, Manfred Stolpe mit 64,1 Prozent in Cottbus das Beste. Über die 44 direkt gewählten Abgeordneten zogen noch acht über die Landesliste in den Landtag ein. Es war in erster Linie eine Personenwahl gewesen, das Ergebnis war ein Erfolg für Manfred Stolpe. Aber auch Regine Hildebrandt und ich waren ununterbrochen unterwegs gewesen, Tausende von Brandenburgern strömten zu unserem Wahlkampfauftakt mit den Pudhys auf den Luisenplatz in Potsdam. Den Schwung konnten wir auch für die Bundestagswahlen am 16. Oktober nutzen. Auch hier gewannen wir alle zwölf Wahlkreise, bescherten damit der SPD auf Bundesebene drei Überhangmandate. Aber es gab auch einen Wermutstropfen für mich. Richard Schröder, mein Lehrer am Sprachenkonvikt und Fraktionsvorsitzender in der Volkskammer war ohne Wahlkreis Spitzenkandidat auf der Brandenburger Lan-

Wahlkampfkundgebung 1994 mit Manfred Stolpe und Regine Hildebrandt.

desliste gewesen. Bei dem Ergebnis hatte er keine Chance auf ein Mandat.

Mit der Landtagswahl stand fest, dass ich in der neuen Regierung ein Amt übernehmen würde. Stolpe beriet sich mit mir. Ihm war klar, dass ehe er mir das Kulturministerium übertragen konnte, erst jemand für das Bildungsressort gefunden werden musste. Gerade in der Situation einer absoluten Mehrheit mussten wir jemanden finden, der genügend offen und selbstständig war und sich gegenüber der Fraktion auch durchsetzen konnte.

Das Bildungsressort war die vielleicht schwierigste und zugleich undankbarste Aufgabe, die in der Landesregierung zu vergeben war. In keinem Aufgabenbereich sind so viele betroffen, wie im Bildungsbereich und zugleich hat man als Einzelner allein die Verantwortung für fast die Hälfte aller Landesbediensteten. Und das in einer Situation, wo die Zahl der Schüler so dramatisch sinken würde, dass es auf die Zahl der Lehrer und der Schulen nachhaltige Folgen haben würde. Nach langem Überlegen entschieden wir uns für Margrit Spielmann, die freundliche und resolute Bildungsdezernentin aus der Stadt Brandenburg. Niemand hatte sie auf der Liste gehabt und so musste, kurz nachdem wir ihre Zusage bekommen hatten, eine Pressekonferenz in Potsdam stattfinden. Erhard Thomas, der Regierungssprecher bereitete sie darauf vor. Sie sollte noch kein Programm vorstellen, sich nicht in die vielen kniffligen Einzelthemen einarbeiten, sondern sich vorstellen, einen guten Eindruck hinterlassen, damit man ihr das Amt zutrauen konnte. Aber genau das gelang nicht. Sie hatte nach einiger Überlegung zugesagt, aber dann wuchs ihr die Aufgabe über den Kopf. Das Sympathische an ihr war, dass sie eine von den wenigen war, die das sofort merkte und darauf reagierte. Am Ende der Pressekonferenz stand für sie fest, dass sie es nicht werden würde. Wir mussten von vorn überlegen. Die einzige, die mir einfiel, war Angelika Peter, Lehrerin und Stadtverordnetenvorsteherin in Frankfurt.

In der nicht einfachen Stadt an der Grenze zu Polen leitete sie freundlich, aber bestimmt, die Sitzungen der Stadtverordnetenversammlung. Der Bürgermeister gehörte zu Bündnis 90, fühlte sich uns aber sehr nah und wurde dann auch später, nachdem ich ihn lange umworben hatte, Landtagsabgeordneter für die SPD.

Stolpe kannte sie, wollte aber nach der Erfahrung erst mit ihr selbst reden. Wir fanden einen Weg, wie wir mit ihr, ohne dass es Aufsehen erregte oder als eine Vorfestlegung erscheinen musste, reden konnten und entschieden uns für sie. Sowohl die Fraktion als auch die Öffentlichkeit waren überrascht, aber einverstanden. Bei Angelika Peter war klar, wer ihr Staatssekretär werden würde. Gerd Harms würde Staatssekretär bleiben, stand der SPD nahe, war fachlich exzellent, die Chemie zwischen beiden stimmte und man konnte ihr das Ministerium nur übertragen, wenn sie jemanden an ihrer Seite hatte, der das Ministerium kannte.

Nicht unumstritten war die erneute Berufung von Matthias Platzeck als Umweltminister. Gegen den seit der Fusion von Bündnis 90 und den Grünen Parteilosen gab es Widerstände in der SPD, über die sich Manfred Stolpe möglicherweise sowieso hinweggesetzt hätte. Mir gelang es aber, in der Partei zum Beispiel im Landesausschuss Abstimmungen gegen ihn zu verhindern. Hilfreich war dabei Uli Freese, der als Vertreter des Bergbaus in der Lausitz einen anderen industriepolitischen Kurs vertrat, aber strategisch die Personalentscheidung unterstützte.

Nun war das Kabinett komplett und Stolpe übertrug mir das Kulturministerium. »Ministerium für Wissenschaft, Forschung und Kultur« würde es weiter heißen, aber ein Staatssekretär musste neu ernannt werden. Wie so oft sollte es auch hier ein Tandem Ost und West sein. Einmal mehr erwiesen sich die Verbindungen zu Nordrhein-Westfalen als Segen. Friedrich Buttler sollte mein neuer Staatssekretär werden. Er war Rektor an der von Johannes Rau neu gegründeten Gesamthochschule Paderborn gewesen und leitete zu dem Zeitpunkt der Anfrage an ihn das »Institut für Arbeitsmarkt- und Berufsforschung« der damaligen Bundesanstalt für Arbeit. Wir sahen uns kurz in der Staatskanzlei und ich lud ihn zu mir nach Hause, in die Domstraße in Potsdam ein. Martin Gorholt, der bis dahin Landesgeschäftsführer der SPD war, wollte mit mir ins MWFK kommen und ich wollte ebenso gern, dass er mitkam, denn wir hatten ein blindes Vertrauensverhältnis, konnten uns aufeinander verlassen und ergänzten uns optimal. Er war für lange Zeit sowohl mein Büroleiter als auch mein Pressesprecher. Der vierte im Bunde war Reiner Walleser, mit dem ich eine Arbeitsgruppe der Fraktion zur Funktionalreform geleitet hatte. Dabei hatten wir uns angefreundet, gemerkt, dass wir gut miteinander arbeiten konnten, da er loyal und zugleich kritisch war. Er wurde mein persönlicher Referent.

Das Haus, in dem das Ministerium war, war eines der hässlichsten in Potsdam. Da Potsdam durch die Fliegerangriffe im April 1944 so zerstört worden war, hatte man, nachdem unnötigerweise auch das Schloss abgerissen wurde zwischen die Bürgerhäuser der barocken Stadterweiterung hässliche Neubauten gesetzt. Neben der von Schinkel gebauten Nikolai-Kirche standen so eine Reihe von großen Betonkuben, dreistöckige Monstren, in denen in DDR-Zeiten das Institut für Lehrerbildung saß und nun die Fachhochschule und das Ministerium für Wissenschaft, Forschung und Kultur ihren Sitz hatten.

Wie jemand sein Amt ausfüllen wird, könnte man schon an der Haltung sehen, wie er es betritt, sagt man. Mich erfüllte weniger Stolz auf das Amt, sondern Respekt vor der Aufgabe. Ich hatte noch nie eine Verwaltung geleitet und nur über vier Jahre lang Führungserfahrung in der SPD in Brandenburg gesammelt. Nun also sollte ich, wollte ich ein Haus mit über 200 Mitarbeitern leiten, zuständig für neun Hochschulen, über 20 Forschungseinrichtungen, viele Kultureinrichtungen und knapp eine halbe Milliarde D-Mark. Die Themen kannte ich alle aus meiner vierjährigen Arbeit im Kulturausschuss und aus der Erarbeitung des Landtagswahlprogramms. Aber nun ging es nicht nur um wohlfeile Programme, sondern um die Umsetzung, das Überwinden von Widerständen und das Schaffen von Mehrheiten.

Die große Herausforderung war Balance halten. Balance zwischen den eigenen Ansprüchen und den Erwartungen der Menschen. Mit allem ist man öffentliche Person, von vielen sorgsam beobachtet und muss sich zugleich den Freiraum lassen, Privatperson zu bleiben, nicht in dem Amt aufzugehen.

Dann bekam ich den ersten Stapel mit Mappen. Da das Amt seit der Wahl nicht mehr wirklich geführt wurde, da klar war, dass ein Neuer kommt, kamen nun besonders viele auf einen Schlag. Ich kannte sie schon, diese grünen, gelben und roten Mappen aus Pappe, auf denen man den Gang der Mappe bis zum eigenen Schreibtisch nachverfolgen konnte. Und drinnen sah man, wenn man die Mappe aufschlug auch den Weg, den ein Vermerk genommen hatte. Vom Sachbearbeiter, der den Vermerk gefertigt hatte über den Referenten zum Referatsleiter, den Abteilungsleiter zum Staatssekretär, zum Büroleiter, dann zu mir. Jeder Schritt war dokumentiert, mit Unterschriften in verschiedenen Farben – normales Blau der Referent, schwarz der Referatsleiter, braun war Abteilungsleiter, rot der Staatssekretär und ich gab dann das Grün. Daher auch die vielen grünen Stifte in der Tasche, die ich von meinem Vorgänger übernahm. Anfangs fand ich es skurril, überlegte, ob das alles abzuschaffen nicht modern und souverän wäre. Aber umso länger ich mich damit beschäftigte, umso mehr leuchtete es mir ein. Auf einen Blick konnte man erkennen, wer schon mitgezeichnet, wer also Verantwortung übernommen hatte, konnte erkennen, wer auf welcher Ebene Hinweise gegeben hatte. Als ich mich noch mit dem Gedanken trug, das alles mit einem Federstrich abzuschaffen, leuchtete mir plötzlich der Sinn von preußischer Verwaltung ein, und dass es doch auch viel Gutes hatte. Immer wieder bin ich bei Diskussionen mit Schülern oder Eltern und Lehrern gebeten worden, diese ganze Bürokratie mit einem Federstrich abzuschaffen und ich habe dann immer lächelnd gesagt, dass wir das gern machen könnten. Aber dann würde ich nur noch ganz allein entscheiden, mit meinen Einsichten und Sympathien. Ich habe den Menschen versucht zu erklären, dass Bürokratie ein Schutz für sie wäre vor meiner Willkür, vor meiner Ungerechtigkeit und Parteinahme, die ein Mensch in diesem Amt haben oder entwickeln könnte.

Der Jahrestag der Befreiung Deutschlands und die Befreiung der Konzentrationslager jährten sich 1995 zum 50. Mal. Als ich das Amt des Ministers für Wissenschaft, Forschung und Kultur übernahm, gab es kaum Vorbereitungen auf diesen wichtigen Gedenktag.

Brandenburg hatte nun leider gleich zwei große Lager, das Konzentrationslager für Frauen in Ravensbrück und das in Sachsenhausen. Das zweite Lager von Oranienburg nach dem frühen KZ 1933/34 war in Sachsenhausen errichtet worden und hat brutal Geschichte geschrieben. Es war das Konzentrationslager der Reichshauptstadt und das Muster-Konzentrationslager, das die Nationalsozialisten an allen Orten versuchten zu kopieren. Von einem Punkt aus konnte mit einem Maschinengewehr das ganze Lager unter Kontrolle gehalten werden. Es waren keine Vernichtungslager wie Auschwitz und dennoch sind 350.000 Menschen dort über Jahre gequält und viele Zehntausend Menschen zu Tode gebracht worden.

Sachsenhausen hatte eine schwierige Geschichte nach der Befreiung. Kaum befreit, wurde das Lager wieder zur Hölle, vereinzelt sogar für die gleichen Menschen. Nun aber herrschten dort die Befreier. Als das zu Ende war, wurden die Gedenkstätten Orte der Indoktrination durch den Staat, der dort seine eigene Sicht auf die Geschichte lehrte, die nicht hinterfragt werden durfte. Ich kannte die Lager Sachsenhausen und Ravensbrück und das Zuchthaus Brandenburg aus meiner Zeit als Schüler. Wir mussten alle dort mehrfach hin und auch wenn wir in Rutenberg auf Rüstzeiten der Evangelischen Kirche waren, sind wir in das Lager Ravensbrück gegangen und haben, etwas anders akzentuiert, der Opfer gedacht. Allerdings auch dort, ohne an die Zeit nach 1945 zu erinnern.

Als Mitglied des Kulturausschusses des Landtages habe ich die Veränderungen in der Kultur unserer Erinnerungen intensiv mitdiskutiert und war insofern mit meinem Staatssekretär Prof. Friedrich Buttler, meinem Freund und Büroleiter Martin Gorholt und der Abteilung Kultur fest entschlossen, die uns noch verbleibenden rund fünf Monate intensiv zu nutzen, um eine würdige Erinnerung zu gestalten. Wir richteten sofort eine Arbeitsgruppe ein, die die Gedenkveranstaltungen konzipieren sollte. 50 Jahre Befreiung der Konzentrationslager – das hieß, dass wir im Grunde allen, die damals befreit wurden, die Möglichkeit geben mussten, wieder zu dem Ort zurückzukommen. Wir haben für mehrere Tausend Menschen Flüge und Übernachtungen organisiert und finanziert. Es waren dafür im Haushalt keine Mittel eingestellt. Insofern war eine Kabinettsvorlage schnellstmöglich zu erarbeiten. Auf dieser Grundlage konnten die Landesregierung und der Landtag entscheiden.

Wir schickten in Rücksprache mit der Stiftung Brandenburgische Gedenkstätten Briefe an die im April 1945 Befreiten, um herauszubekommen, mit wie vielen Menschen man rechnen konnte. Als wir bei 3.000 einzuladenden Gästen waren, bekam ich es mit der Angst zu tun.

Zu meiner Freude gab es im Kabinett, das ja aus lauter Mitgliedern meiner Partei bestand, außer den Parteilosen Hans Otto Bräutigam und Matthias Platzeck, einen großen Konsens, dass wir dieses Gedenken nicht an Geld scheitern lassen dürften und insofern bekam ich grünes Licht, alle, die kommen wollten, auch einzuladen.

Wir planten zwei große Veranstaltungen, eine in Sachsenhausen und die andere in Ravensbrück. Die in der Stadt Brandenburg und in Tröbitz, dem Gedenkort für die jüdischen Opfer des verlorenen Transportes waren im Vergleich sehr klein und brauchten nicht so viel Vorbereitung wie die an den beiden großen Nationalen Mahn-

und Gedenkstätten, wie sie früher genannt wurden. Am Werbellinsee in der Nähe von Ravensbrück war noch eine große Abschlussveranstaltung geplant, bei der man miteinander reden und essen konnte und die, die diese aufwühlenden Veranstaltungen an den Orten des Leids, der Trauer und der Erinnerung gebracht hatte, in Ruhe einen Abschluss finden konnten. Dann konnte noch am nächsten Tag in Berlin das neue, das andere Deutschland kennengelernt werden.

Mit der Agentur Artecom von Roberto Riviera, mit der wir auch schon eine Reihe anderer Aufgaben wunderbar bewältigt hatten, gelang es, alles sehr gut vorzubereiten. Selten zuvor hatte ich eine so große Verantwortung für eine Veranstaltung gespürt und war täglich dankbar, so viele hundertprozentig verlässliche Menschen an meiner Seite zu wissen, die alles gaben für ein würdiges Gedenken. Alle sahen ihre Verantwortung und leisteten das Beste, zu dem sie imstande waren.

Und dann kamen die finalen Vorbereitungen. Manfred Stolpe übertrug mir die Aufgabe, für die Landesregierung zu reden. Er selbst redete in Tröbitz. Es war damit auch von ihm ein Signal verbunden, dass die Aufgabe der Erinnerung hier im Osten Deutschlands und damit auch in Brandenburg an die jüngere Generation weitergegeben war, an die, die wie ich 1995 35 Jahre alt waren. Ich sollte an beiden Orten alle für das Land Brandenburg begrüßen und auf das Gedenken an die Befreiung vor 50 Jahren einstimmen. Selten in meinem Leben bin ich so aufgeregt, so angespannt gewesen. Aber als ich dann reden sollte, vor mir mehrere Tausend Menschen, deren Leid ich nicht wirklich ermessen konnte, fiel alles von mir ab. Für immer wird mir die Rede von dem großen polnischen Schriftsteller Andrzej Szczypiorski, der selbst in Sachsenhausen befreit worden ist, in Erinnerung sein. Er setzte in meinem Herzen, in meiner Erinnerung damit ein Denkmal für seine Kameraden, mit denen er hier gelebt und gelitten hatte. Er erklärte uns an diesem warmen Frühlingstag, dass jeder der hier Gestorbenen eine zerbrochene Achse im Weltall sei. Aber eine Achse kommt eben aus der Unendlichkeit und geht in die Unendlichkeit. Und mitten drin wurde sie zerbrochen durch das, was ein Mensch hier erlebt und nicht überlebt hat. Dieser Satz ist zu einem unverrückbaren Eindruck in meinem Kopf geworden, er ist eingraviert in mein Denken, weil er so einleuchtend und mit so viel Respekt gesagt wurde.

In Ravensbrück redete nach meiner Begrüßung Rita Süssmuth, die Bundestagspräsidentin. Auch dort war es gelungen, in der kurzen, uns zur Verfügung stehenden Zeit eine Erinnerung zu ermöglichen, die uns miteinander Frieden finden ließ. Unsere über 3.700 Gäste waren dankbar und gerührt, dass wir für sie und mit ihnen solche Veranstaltungen organisiert hatten und uns fiel ein Stein vom Herzen, dass wir so zur Versöhnung und zur Verschwisterung beigetragen hatten.

Mit allen gemeinsam freuten wir uns auf den Ausklang am Sonntagabend in der Begegnungsstätte Werbellinsee. Wie wir all die vielen Gäste dort untergebracht haben, ist mir bis heute ein Rätsel. Auch dort lief alles gut und ließ mich langsam ruhiger werden. Ich wusste die ganze Zeit, dass ein falscher Ton, ein falsches Wort alle unsere Bemühungen scheitern lassen konnte. Und dann geschah genau das, was ich befürchtet hatte. Günter Morsch, der Leiter der Stiftung und ich saßen an einem Tisch, waren einander dankbar für das, was wir miteinander geschafft hatten. Da passierte es! Plötzlich erklang Tanzmusik. Ich wurde kreidebleich. Wie konnte das passieren? Wer hatte das zugelassen? Wer war so stillos? Noch ehe wir zu der Band, die da fröhlich deutsche Tanzmusik spielte, laufen konnten, gingen wir gemeinsam zu den Vertretern der Opferverbände und baten um Verzeihung, versprachen, dass die Musik sofort beendet sein würde, und flehten sie an, dass bitte kein Schatten von diesem Fauxpas auf unsere Tage fallen dürfte. Doch sie verstanden uns nicht. Sie schauten verwundert wegen unserer Aufregung und begannen zu lachen. Sie sagten mit der größten Freude in den Augen, dass sie sich von der Band genau diese Musik gewünscht hätten, denn nun erstmals nach 50 Jahren waren sie wieder im Reinen mit diesem Land und den Deutschen. Sie waren so bewegt von diesen Tagen, dass sie nun feiern und das Leben genießen wollten. Trotz dieser unermesslichen Trauer über die Tage an den beiden Orten der Hölle, an die sie zurückgekehrt waren, waren sie nun bereit und in der Lage, das Buch zu schließen und neu mit uns zu beginnen. Und sie baten uns, an ihrem Tisch zu bleiben, gossen Günter Morsch und mir Wein ein und stießen mit uns an. L'Chaim! Auf das Leben! Die zurückgehaltenen Tränen der Wut und Verzweiflung kamen mir nun doch. Ich konnte, ja wollte sie nicht zurückhalten. Sie kamen aus Freude und Dankbarkeit, aus Erleichterung und Glück. L'Chaim!

Mit der Deutschen Einheit hatte die Bundesregierung 1991 ein Programm aufgelegt, das mit viel Geld aus dem Westen die kulturelle Infrastruktur im Osten bewahren sollte. Es gab in Ostdeutschland viel mehr staatlich finanzierte Kultur als im Westen, da es nicht so viele freie Kultureinrichtungen wie im Westen gab und der vormundschaftliche Staat, um die Bürger bei Laune zu halten, viel mehr Kultur vorgab und für die Bürger organisierte. An all den Stellen saßen Menschen, die nun das erste Mal frei gestalten konnten und dafür auch Geld brauchten, was ich ihnen als Vertreter des Staates besorgen sollte. Noch dazu war ich doch Parteivorsitzender der SPD, die mit absoluter Mehrheit regierte. Wem, wenn nicht mir, sollte es gelingen, das Geld zu besorgen?

Aber dieses Programm wurde nun eingestellt, denn der Bund war nicht zuständig für Kultur, das war nach der föderalen Ordnung der Bundesrepublik Aufgabe der Länder und der Kommunen. Das Geld kam aus dem Bundesinnenministerium, einer dort geschaffenen Abteilung Kultur. Die hatte die Aufgabe, nach der Anfangszeit der Förderung in den neuen Ländern, die übliche Ordnung in Deutschland wiederherzustellen. Es war immer gesagt worden, dass es dieses Geld vom Bund nur übergangsweise für vier Jahre geben würde, also bis Ende 1994. Das Geld hatten alle gern genommen, das Ministerium hatte es gern gegeben, denn der, der zuteilt, hat teil an der Achtung gegenüber dem Geber. Aber niemand hatte darauf hingewiesen, dass mit dem Jahr 1994 diese Finanzierung zu Ende sein würde. Selbst wenn, es war nicht gehört worden. Zugleich spürte der Finanzminister, dass die Zeiten der dicken Brieftasche nicht fortgeführt werden konnten. Mit 3 Milliarden D-Mark hatte er das Land pro Jahr mit neuen Schulden belastet, in dem Glauben, dass diese Anfangsfinanzierung schon sehr bald ihre Rendite abwerfen würde. Die Rendite kam nicht so schnell, aber die Zinsen wuchsen exponentiell. Also musste auch das Land seine Mittel reduzieren und konnte erst recht nicht die auslaufenden Bundesprogramme ersetzen. So kam ich mit dem von mir zu verantwortenden Haushalt in die doppelte Klemme, der wegfallenden Bundesmittel und der Reduzierung der Landesmittel, und das als neuer Minister, der doch mit all den Einrichtungen, die jetzt von »meiner« Finanzierung abhingen, groß geworden war.

Mein Vorgänger Hinrich Enderlein kam aus Baden-Württemberg, einem der reichsten Länder der Republik, war dort im Kulturausschuss gewesen. In den vier Jahren, in denen er Verantwortung trug, hatte er den Aufbau der Wissenschaftslandschaft zu verantworten. Brandenburg hatte lange Zeit mit Berlin zu Preußen gehört. Seit die bis dahin einzige Hochschule Preußens, die Viadrina in Frankfurt, geschlossen und in Berlin 1810 die Humboldt-Universität gegründet wurde, gab es keine Universität in Brandenburg. Nur die Filmhochschule war im heutigen Brandenburg, weil der Filmstandort der UFA in Potsdam war.

Nun aber wollte die Pädagogische Hochschule in Potsdam Universität werden, und jede größere Stadt eine Hochschule haben, denn eine Hochschule zu haben hieß Entwicklungsperspektiven zu besitzen.

Mein Vorgänger hatte mit leidenschaftlicher Zustimmung des Landtags neun Hochschulen gegründet und ihnen feste Aufbauzusagen gegeben, die über den vom Wissenschaftsrat genehmigten Rahmen hinausgingen. Eine Kommission war beauftragt, bis zu maximal drei weitere Standorte für Fachhochschulen festzulegen. Überall wo ich hinkam, musste ich nicht nur fest vereinbarte Zusagen der Hochschulentwicklung erfüllen, sondern wurde mit Hoffnungen konfrontiert, die nicht zu realisieren waren.

Wir hatten das Glück, dass die Hochschulrektoren uns folgten, verstanden und einsahen, aber selbst unter großem Druck ihrer Hochschulen und der Studenten standen.

Da wir den Kultureinrichtungen nicht das Geld geben konnten, was sie sich aus der in den ersten Jahren nach der Wende gemachten Erfahrung erhofften, musste ich immer häufiger vor Ort in den Einrichtungen sein, um die Situation zu erklären und um Lösungswege zu finden. Zugleich hatte ich bei Stolpe, der darin ein wirkliches Vorbild für mich war, die Wichtigkeit der Nähe zu den Menschen gelernt. Man kann Konflikte dadurch entschärfen und manchmal sogar lösen, wenn man mit den Menschen vor Ort redet, sie besucht, sie nicht nur als Objekt von Entscheidungen sieht, sondern mit Ihnen die Entscheidung vor Ort gemeinsam entwickelt.

Anders als viele andere Minister sprach ich ganz bewusst fast nie von »meinem Haus«, »meinem Ministerium«, denn es gehörte nicht mir, ich war nur auf Zeit zuständig und die Mitarbeiter, die ich auch lieber Kollegen nannte, fühlten sich wie ich in der Verantwortung für die Kultur im Lande, für die Hochschulen, für die Forschung. Sie hatten anders als ich nur einzelne Zuständigkeiten, identifizierten sich also oft mehr mit der einzelnen Einrichtung, als ich es konnte. Zugleich spürte ich, dass es besser ist, die Menschen im Lande und die Kollegen im Ministerium so einzubinden, sie in der Verantwortung zu lassen, in die wir alle erst wenige Jahre zuvor hinein gegangen waren. Mein Vorgänger konnte mit Zuwendungsbescheiden ins Land fahren, ich fuhr oft, um schmerzliche Entscheidungen zu erklären.

So kam es, dass ich ständig im Land unterwegs war, außer an den Tagen, an denen einmal im Monat der Landtag oder der Ausschuss tagte, sich die Fraktion und das Kabinett am Dienstag trafen oder am Mittwoch die wöchentliche Runde der Abteilungsleiter war. Wenn schon nicht genügend Geld da war, dann sollte wenigstens der Minister da sein, um mit einer guten Rede Mut zu machen, für öffentliche Aufmerksamkeit zu sorgen oder auch zu erklären, warum für die Kultur im Ort die Menschen vor Ort und die Kommune zuständig waren.

Nicht allen Terminwünsche konnte ich entsprechen, sodass mich dann manchmal die Abgeordnetenkollegen im Landtag beiseitenahmen und sagten: »Wenn du schon kein Geld hast, dann musst du wenigstens selbst kommen«. So wuchs über die Monate und Jahre ein ganz eigenes Förderprogramm, was ich dann im Hause als »Förderprogramm Präsenz« erklärte.

Mein jahrelanges Engagement in der Jugendarbeit und meine Arbeit in der Kirche hatten die Begabung entwickelt, frei und sinnstiftend zu reden. Ich wollte nicht nur etwas sagen, sondern etwas mit auf den Weg geben. Nun kam mir einmal mehr zugute, dass ich am Sprachenkonvikt in Berlin studiert hatte und dort die Möglichkeit bekam, nicht nur Schmalspur-Theologie zu studieren, sondern mich allgemein bilden zu können mit einer für DDR-Verhältnisse wunderbaren Bibliothek. Zugleich hatte ich mit Matthias Artzt einen Kommilitonen im Haus, den wir für Sonderaufgaben heranzogen und der Redeentwürfe schrieb, die mir eine gute Grundlage gaben.

Gemeinsam diskutierten wir im Haus das Konzept einer Kulturentwicklungsplanung. Wir beschritten damit Neuland in der Republik, denn wir hatten vor, in einem breiten Dialog-Verfahren, in das wir die Kultureinrichtungen im Land, die Verbände und die Kommunen einbinden wollten, gemeinsam zu entwickeln, wie die Kultur im Land im neuen Jahrzehnt und Jahrhundert aussehen sollte. Kurz KEP nannten wir unser Verfahren und ließen uns dafür über ein Jahr Zeit. Denn zunächst musste mit allen gemeinsam der Status quo erhoben werden, dann wurden unsere Ziele geklärt. Das musste aufgeschrieben und diskutiert und dann Sparten bezogen und mit den Landkreisen und kreisfreien Städten abgestimmt werden. Der Prozess als solcher war schon ein Gewinn und erhielt viel Aufmerksamkeit auch von anderen Bundesländern.

Wir wollten aber auch unsere Kultur vernetzen und als gemeinsames Projekt landesweit, vor allem aber Richtung Berlin und bundesweit vermarkten. Wir begannen damit, alles was im Land stattfand unter eine Leitidee, unter ein Thema zu stellen und nannten das »Kulturland Brandenburg«. Wir starteten mit neuem Selbstbewusstsein eine Dachmarke, die zugleich eine Imagekampagne war.

Wir hatten 1998 das Glück, dass mehrere große Jubiläen gefeiert werden konnten. Die erste rechtliche Erwähnung von Brandenburg mit der Gründung des Bistums vor 1.050 Jahren durch Otto I., 900 Jahre Zisterzienserorden mit den vielen Klöstern im Land Brandenburg,

350 Jahre Westfälischer Frieden nach der blutigen Schlacht bei Wittstock, 150 Jahre Märzrevolution, 100. Todestag von Theodor Fontane mit seinem Geburtsort in Neuruppin und der 100. Geburtstag von Bertolt Brecht, der in Buckow in der Märkischen Schweiz seinen Sommersitz hatte. Das ganze Jahr fanden Veranstaltungen statt, an allen Klosterstandorten, in Neuruppin, eine große Ausstellung zu »Theodor Fontane und sein Jahrhundert« im Märkischen Museum in Berlin, in Buckow und Brandenburg an der Havel, in Wittstock mit dem Schauspiel »Gustav Adolf« durch die Ruhrfestspiele und der Eröffnung des Museums des Dreißigjährigen Krieges. Wenn ich das vortrug, wuchs bei allen der Stolz und man verstand besser, dass es großer Anstrengungen bedurfte, das zu erhalten.

Brandenburg hat eine fast unüberschaubare Anzahl von Denkmälern, die seit zwei Generationen nicht oder fast nicht saniert worden waren. Die Dorfkirchen allein hätten ein großes Programm verdient, aber wir hatten im Grunde kein Denkmalpflegeprogramm. Ich hatte selbst mit dazu beigetragen, da wir zu Beginn der Legislatur die Denkmalpflegemittel von ungefähr 40 Millionen D-Mark im Etat des Kulturministeriums aus meiner damaligen Sicht funktional sinnvoll auf die Landkreise und kreisfreien Städte verteilt hatten. Das stellte sich als Fehler heraus, denn die Mittel wurden auf der kommunalen Ebene immer weniger und das Land muss die Möglichkeiten haben, übergreifend Prioritäten zu setzen. So gab es im Rahmen der Stadtentwicklung Mittel, es gab europäische Mittel in verschiedenen Programmen, es gab die privaten Stiftungen und es gab die Steuerersparnis, die der Bund bei Denkmalpflege gewährte.

Der Verfall war weit fortgeschritten, weil die DDR lieber in Großprojekten die Überlegenheit des Sozialismus zeigte und um mit dem preußischen Erbe abzuschließen, das Potsdamer Stadtschloss und die Garnisonkirche gesprengt hatte, obwohl sie problemlos rekonstruierbar waren. Die Armut des DDR-Systems wurde aber auch zum Segen – es gab noch viele erhaltene Stadtkerne und Gebäude, die nun ihre große Chance bekamen. Brandenburg hatte zudem das Glück, dass wir mit Detlef Karg einen national und international hoch anerkannten Denkmalpfleger hatten, der schon vor der Wende Mitglied in der (West-)Berliner Akademie der Künste war, wo ich ihn im Herbst 1989 kennengelernt hatte. Detlef Karg war ein großer Meister des Kompromisses und unglaublich gewinnend durch seine Art und Fachkenntnis. Als Minister war ich die Oberste Denkmalschutzbehörde und so auch sein Vorgesetzter. Er leitete die Obere Denkmalschutzbehörde. Manchmal waren wir gemeinsam vor Ort, denn wenn ein Bauherr oder eine Kommune alle Mittel ausgeschöpft hatte und der Dissens mit dem Landesamt nicht auszuräumen war, wandten sie sich an mich als Oberste Denkmalschutzbehörde und ich musste als Minister entscheiden. Viele spannende Vorgänge sind mir in Erinnerung, von drei will ich erzählen.

Einmal musste ich eine Entscheidung im Milower Land im westlichen Havelland treffen. Eine Kirchenruine sollte abgerissen werden, weil es für sie keine Verwendung gab. Die Bevölkerung des kleinen Ortes sank und die Kirchengemeinde hatte eine andere Kirche, in der sie Gottesdienst feierte. Die Kirche war verfallen, schon entwidmet und der Supermarkt, der dort geplant war, wollte keine Kirchenruine auf seinem Grundstück. Entweder sollten wir als Ministerium die Hülle der Kirche sanieren oder die Gemeinde sollte dort ein Jugendzentrum bauen. Mit allem wäre der Investor einverstanden gewesen, eben nur nicht mit einer Ruine. Wir hatten einen Vororttermin. Aber Denkmale können nur erhalten werden durch Nutzung und hier fanden wir keine. Es war wie verflixt. Ich sah schon die Schlagzeilen vor mir: Pfarrer gibt Genehmigung zum Abriss einer Kirche. Oder noch mehr Boulevard: Pfarrer reißt Kirche ab. Aber ich sah keinen Ausweg und konnte mir auch keinen vorstellen.

Als ich von einem der Termine vor Ort nach Hause fuhr, sah ich ein neu ausgewiesenes Baugelände: »Hier baut die Sparkasse ein neues Filialgebäude für Sie« war da zu lesen. Ich rief den Chef der damals größten ostdeutschen Sparkasse an, zu der sich vier Kreise zusammengeschlossen hatten, und bat ihn um einen Termin. Ich erklärte ihm meine Idee und bat ihn, die Investition außerhalb des Ortes noch einmal zu überdenken und ins Zentrum zu kommen und die Kirche als Gebäude zu nutzen. »Aber sie kennen die Geschichte?«, fragte er mich.

Ich wusste, dass er an die Geschichte dachte, wie Jesus die Geld-wechsler aus dem Tempel in Jerusalem vertreibt. »Ich komme aus dem katholischen Rheinland«, sagte er in einer unverkennbaren Weise. Wenn publik wird, dass ich eine Sparkassenfiliale in eine Kirche gebaut habe, guckt mich dort keiner mehr an. Er wollte eine Garantie, dass wir das gemeinsam als Projekt um eine Kirche zu retten, vertreten würden. Die konnte ich ihm geben. Wir verabrede-ten, dass Geldverkehr nicht im Altarbereich stattfinden würde und kein Automat in dem Bereich außen zu finden sein würde. Dann gab er grünes Licht.

Noch schwieriger war die Rettung des letzten Siemens-Martin-Ofens in Europa. Überall waren sie schon seit Jahren weggerissen, nur in der Stadt Brandenburg war noch bis zur Wende an den Öfen gearbeitet worden. Vergleichbares gab es an vielen Orten. Die letzten Arbeiter gingen kurz nach der Wende, weil der Investor das Werk schloss. Und am selben Tag übernahm die Denkmalpflege und stell-te alles unter Schutz, sozusagen im noch warmen Zustand. So habe ich es auch erlebt in der Brikettfabrik Luise in der Lausitz. Es wurden kaum noch Briketts gebraucht, denn wer irgend konnte, stellte auf Öl oder Gas um und reihenweise wurden die Fabriken geschlossen, die zu DDR-Zeiten im Winter kaum nachkamen im Verpressen der Braunkohle aus den benachbarten Tagebauen. Mit einer wunder-baren Initiative von Museumsleuten habe ich deshalb in besonderer Weise die industriegeschichtlichen Museen gefördert und in der Lausitz eine industriegeschichtliche Tour aus der Taufe gehoben, acht Museen, die wir miteinander verbanden und gemeinsam in einem Flyer bewarben. Immer wieder erzählte ich dann das Bonmot von der japanischen Delegation, welche die DDR besucht hatte und sich kurz nach ihrer Rückreise bei Erich Honecker bedankte für den bewegenden Besuch in drei Museen in der DDR – Pergamon, Robo-tron und Elektron. Ich ergänzte das oft durch den Hinweis auf die große Pressekonferenz, die Honecker gegeben hatte, um den ersten begehbaren Mikrochip der Welt vorzustellen.

Überall gab es vor Ort Initiativen, die meist schon den Bürger-meister und die Stadtverordneten auf ihre Seite gezogen hatten. In der Stadt Brandenburg war das leider anders. Die Initiative »Stahlmuseum« stand allein da. Sie störte, denn das riesige Gebäude war verkauft worden an den Entsorger Rethmann, der dort eine große Recycling-Anlage aufbauen wollte. Das Unternehmen hatte schon gekauft, und auch die Genehmigung für den Abriss von neun Siemens-Martin-Öfen und von zehn riesigen, das Stadtbild prägenden Schornsteinen war erteilt. Die Vertreter des Unternehmens waren freundlich, aber unerbittlich. Wenn der eine Ofen bliebe, zögen sie die Investition zurück. Mich überzeugte ihre Argumentation nicht, denn man konnte, so stellte ich mir das vor, in 90 Prozent der Halle Recycling machen und in einem kleinen Teil mit einem Museum an die Geschichte des Gebäudes erinnern. Ich war mir sicher, dass wir Mittel der Europäischen Union für den Aufbau eines solchen Museums bekommen würden, so wie die anderen Gebäudeteile mit EU-Mitteln entkernt und die Recycling-Technik eingebaut werden würde. 2 Millionen D-Mark waren als Investitionssumme für das Museum im Gespräch. Aber die Unternehmensvertreter blieben hart, drohten der Stadt mit Weggang in eine andere Stadt. Es gab eine Landtagssitzung, bei der als letzter Punkt mit öffentlicher Debatte diese Frage verhandelt werden sollte. Meine eigenen Parteifreunde in Brandenburg standen gegen mich, die Fraktion folgte ihnen und die Vertreter der Stadt baten darum, dass ich mich einige Wochen nicht in der Stadt sehen lassen solle, wegen der Autoreifen und der Sicherheit. Die Stahlarbeiter waren so wütend, dass ich ihnen ihre Arbeitsplätze nun zum zweiten Mal nehmen wollte, dass mein Verhalten gar als parteischädigend bezeichnet wurde.

Einen Trumpf glaubte ich noch zu haben. Ich wollte ihn spielen, und, wenn er nicht zog, aufgeben. Ich bat um einen Termin bei Norbert Rethmann, dem Eigentümer und Chef des Unternehmens. Ich bereitete mich gründlich mit einer ordentlichen Präsentation des Projektes vor. Ich wollte, dass er verstand, dass wir die Investition genauso dringend wollten wie er, dass wir nur einen kleinen Teil einer anderen Nutzung zuführen wollten – einer kulturellen. Ich fuhr in die westfälische Provinz und kam überpünktlich an und ging noch einmal alles durch. Norbert Rethmann hörte sich alles freundlich an und stimmte dann zu. Er gab mir zu verstehen, dass die Sache in sich logisch und stimmig war, dass man es machen, aber auch lassen könnte. Aber was ihn überzeuge war, dass sich ein Minister auf den Weg gemacht hatte und für das Projekt kämpfte. Ich war sehr dankbar für diese Entscheidung. Heute sind viele in Brandenburg immer für das Stahlmuseum gewesen. Aber die in den Ruhestand gegangene Leiterin des kleinen Museums, deren Lebenstraum sich erfüllte, kann sich an den wahren Hergang der Geschichte erinnern.

Das vielleicht schwierigste Problem der Denkmalpflege in Brandenburg aber war das Landesamt selbst. Denn das Brandenburger Amt saß in Berlin, im Zentrum und musste dort eine ortsübliche Miete bezahlen. Wir alle wussten, spätestens nach der verlorenen Abstimmung über ein gemeinsames Land, dass das nicht zu halten war.

Kurz nachdem ich ins Amt gekommen war, waren die letzten russischen Truppen abgezogen. Richtig muss es heißen, die letzten Vertreter der Sowjetischen Armee, der Roten Armee waren aus Wünsdorf, ihrem Hauptquartier, nach Russland verlegt worden. Manfred Stolpe hatte General Burlakow bei mehreren Besuchen versprochen, die Stadt Wünsdorf nicht dem Erdboden gleich zu machen, sondern weiter zu nutzen. Der Ort, von dem aus über 40 Jahre Millionen von Sowjetbürgern als Alliierte oder als Besatzer geführt worden waren, sollte nicht Wildwest, sollte nicht dem Vandalismus preisgegeben werden mit bitteren Fotos, die den abgezogenen Sieger brüskieren mussten.

So wurde ein Masterplan entwickelt, um diese Kleinstadt, die am Ende des Jahres kaum mehr Einwohner hatte, wieder mit neuen Leben zu entwickeln. Wäre der Flughafen im Süden Brandenburgs gebaut worden, wäre das kein Problem gewesen. So aber hatte uns die verlorene Abstimmung über die Länderfusion auch diese Frage krachend vor beziehungsweise auf die Füße gelegt.

Ab 1997 gab es eine Liste von Einrichtungen der Ministerien, die nach Wünsdorf umziehen sollten. Ich war sogar mit zwei Einrichtungen an dieser Aktion beteiligt – dem Landeshauptarchiv und dem

Landesdenkmalamt. Jeder kämpfte am Kabinettstisch auch mit verwegenen Argumenten für den Verbleib am alten Standort, manchmal mussten wir uns das Lachen verkneifen, wenn ein Kollege Argumente vortrug, die er unmöglich selbst glauben konnte.

Stolpe war Wünsdorf eine Herzensangelegenheit, er hatte sein Wort gegeben und er wollte es halten. Aber auch dem für die Landesentwicklung zuständigen Minister und mir wurde es zur Herzensangelegenheit. Nicht wegen der Einrichtungen, die wir nach Wünsdorf geben sollten, sondern weil wir es, je länger die Diskussion dauerte, umso mehr in der Sache für falsch hielten. Warum sollte so viel Entwicklungspotenzial, das mit den Landeseinrichtungen auch wegen der Arbeitsplätze verbunden war, abgezogen werden an einen Ort wie Wünsdorf? Gerade weil wir alles brauchten, um die schwierige Entwicklung vieler Städte mit ihren Bürgern zu stärken, konnten wir uns nicht leisten, knapp eine Milliarde D-Mark in die Entwicklung einer Stadt zu stecken, die 1995 fast keinen einzigen Einwohner zählte. Wir beide stimmten deshalb im Kabinett dagegen.

Mir war klar, dass ich unmöglich beide Einrichtungen vor einem Umzug nach Wünsdorf bewahren konnte. Ich hatte schlechte Karten. Das Landesdenkmalamt saß in Berlin und musste dort weg. Potsdam kam nicht infrage, denn dorthin drängte alles. Das Landeshauptarchiv musste aus der Orangerie, in der es untergebracht war, auch raus. Aber hier gab es einen anderen Vorschlag für eine zu entwickelnde Liegenschaft in der Nähe von Potsdam, die sich im Eigentum des Landes befand. Außerdem würden bald alle Ministerien ihre Akten regelmäßig an das Archiv abgeben müssen. Ich gewann das eine und verlor das andere. Detlef Karg verzieh mir zunächst nicht, dass ich diesen aussichtslosen Kampf verloren hatte beziehungsweise, dass ich mich mehr und mit Erfolg für das Archiv stark gemacht hatte. Auf Dauer sah das Landesamt aber auch die Großzügigkeit der neuen Liegenschaft zum Beispiel für die Werkstätten.

Die Zahl der Kultureinrichtungen in Brandenburg stieg in den Jahren meiner Amtszeit unentwegt. Das war vor allem den Museen zu verdanken. Es gab immer neue Initiativen. Es gab das Lügenmuseum von Reinhard Zabka, den ich mehrmals besuchte und das mehrfach den Standort wechselte, bis er nach Sachsen ging. Und es entstand ein Internationales Artistenmuseum, für das Roland Weise, um sich seinen Lebenstraum zu erfüllen, sogar ein Haus baute. Der zuständige Referent empfahl, keine Förderung zu geben, weil das Konzept aus museologischer Sicht nicht gut genug wäre. Aber ich war anderer Meinung. Wenn schon jemand so viel eigenes Geld in die Hand nahm und so vor Elan sprühte, musste man ihm dann nicht wenigstens ein wenig geben? Ich schlug den Rat des Referenten in den Wind und verfügte mit viel Grün, dass die beantrage Förderung für die Vitrinen zu erfolgen habe. Es war eine der umtriebigen Museumsgründungen in der Nachwendezeit, die aber zu sehr an ihrem Gründer hing, und es leider auch wegen Roland Weise selbst nicht gelang, das Museum in eine Stiftung zu überführen, um es auf Dauer zu bewahren.

Die schwierigste Operation in der Kultur war der Theater- und Orchesterverbund zwischen den Städten Frankfurt, Potsdam und Brandenburg. Er konnte nur gelingen durch gute vorbereitende externe Gutachten und Unterstützung der Oberbürgermeister, insbesondere von Matthias Platzeck, der Oberbürgermeister von Potsdam geworden war. Es tat weh, dass zwei Theaterensembles und das Potsdamer Orchester aufgelöst werden mussten. Aber wir setzten auf Kooperation und langfristig tragfähige Finanzierung. Im Land Brandenburg gibt es noch das Mehrspartenhaus in Cottbus und die kleinen, aber sehr erfolgreichen Theater in Schwedt und in Senftenberg. Abgefedert wurde die Vereinbarung über den Verbund durch die festen Planungen für Theaterneubauten in Brandenburg, Potsdam und Frankfurt und des Nikolaisaales als Konzerthaus in Potsdam. Zu der Aufzählung dieser in den 1990er-Jahren von uns auf den Weg gebrachten Kulturbauten gehört auch noch das Dieselkraftwerk als Kunstmuseum in Cottbus. Seit vielen Jahren gibt es in Potsdam mit der Kammerakademie wieder ein Orchester auf anderer finanzieller Basis. Im Grunde sind die in den 1990er-Jahren gefundenen Strukturen bis heute so erhalten geblieben, harte Nachsteuerungen wie in anderen ostdeutschen Ländern waren nicht nötig. Es waren bezeichnenderweise meine beiden langjährigen Mitarbeiter Klaus Ness und

Martin Gorholt, die in ihren Funktionen als SPD-Fraktionsvorsitzender im Landtag beziehungsweise Kulturstaatssekretär im Sommer 2015 im Vorfeld der damals geplanten Kreisgebietsreform vereinbarten, die Grundlagen für die Theater und Orchester durch höhere Finanzierungsanteile im Finanzausgleichsgesetz und in der Landesförderung signifikant zu stärken.

Mit dem Jahr 1995 endete eine erste Phase des Aufbaus des Landes. Die Ministerien hatten sich entwickelt, im Kabinett musste gemeinsam planerisch entschieden werden und es konnten nicht einfach neue Zusagen gegeben werden, um neue Fakten zu schaffen. Friedrich Buttler und ich wussten, wir mussten so bald wie möglich die Entwicklung der Wissenschaft in eine transparente, für alle durchschaubare und verstehbare Situation überführen. Nachdem wir uns mühsam einen ersten Überblick verschafft hatten und der erste von uns verantwortete Haushalt beschlossen war, gingen wir von den bis dahin gepflegten Einzelgesprächen mit den Hochschulen zu einem regelmäßigen Treffen aller Hochschulrektoren und ihrer Kanzler über. Ich lud alle in ein nach der Wende entstandenes Hotel mit einer wunderbaren Gaststätte in meinem Wahlkreis nach Kloster Zinna ein. Weder der Ort noch die Art der Vorgehensweise war bei unseren Hochschulen bekannt und alles löste große Zustimmung aus. Wir nahmen uns zwei Tage Zeit. Der Abteilungsleiter und die Referenten waren mit dabei und so waren wir danach alle auf einem gemeinsamen Stand. Allen wurde klar, dass die in der ersten Legislatur gemachten Zusagen in Bezug auf Personal und Bau auch und insbesondere bei der größten Hochschule, der Universität Potsdam, in keinem Fall, vor allem nicht in dem in Aussicht genommenen zeitlichen Rahmen, umzusetzen war. Die Rektoren verstanden, wie leidenschaftlich wir mit allen Kollegen daran arbeiteten, die Liste der Vorhaben abzuarbeiten. Die Brandenburger Bauverwaltung machte eine hervorragende Arbeit und hatte im Gegensatz zu heute einen hervorragenden Ruf.

Ein großer über Monate gemeinsam errungener Erfolg war der Bau des Gebäudes für die »Hochschule für Film und Fernsehen« (HFF) in »Public Private Partnership«. Das Modell von PPP ist fast nie für die öffentliche Hand günstiger, weil es immer nur die Kosten in die Zukunft verlagert. Hier war es aber von Vorteil und überzeugte auch den verständlicherweise kritischen Finanzminister Klaus-Dieter Kühbacher und seine Nachfolgerin Wilma Simon. Die Hochschule arbeitete schon am Limit, das heißt, die maximale Aufbaugröße war schon erreicht. Und sie arbeitete verteilt auf eine Vielzahl von großen teils angemieteten Gebäuden. Selbst wenn sie in Landeseigentum waren, wurden sie dringend für andere Aufgaben gebraucht. Zugleich lebte die Hochschule von der Kooperation mit der DEFA, der alten neuen UFA, also mit den Filmstudios und auch mit dem ORB, aus dem nach der Fusion von ORB und SFB der rbb wurde, auf einem gemeinsamen Campus. Wir erstritten in einem mühevollen Prozess, dass die über 80 Millionen D-Mark für den neuen Gebäudekomplex für die HFF außerhalb des Baubudgets finanziert und gebaut wurden und dann in Jahresscheiben aus den Hochschulbaumitteln nachfinanziert wurden.

Eines der wenigen Gesetze des Landes und der Republik, das in einem Landtag einstimmig verabschiedet wurde, war das Hochschulgesetz Anfang der 1990er-Jahre. Im Kern war es ein Hochschulerrichtungsgesetz und keine der fünf im Landtag in der ersten Legislatur vertretenen Parteien wollte außen vor bleiben, wenn es galt neun Hochschulen zu errichten. Es war zugleich die Grundlage für vielleicht drei neue Fachhochschulen, über deren Standorte in der nächsten Wahlperiode entschieden werden sollte, wozu es aber aus finanziellen Gründen nicht kam. Ansonsten war das Gesetz eher State of the Art. Aber die Zeit ging mit großem Tempo über dieses Gesetz hinweg. Das CHE in Hannover, das vor allem von der Wirtschaft geförderte Centrum für Hochschulentwicklung begann neue Maßstäbe für bessere oder gar optimale Hochschulorganisation und damit zugleich gute Gesetzgebung zu setzen. Die Diskussion, die wir auch schon in der SPD-Fraktion in der ersten Legislaturperiode geführt hatten, der Übertragung von Aufgaben auf die Ebene, die sie optimal bewältigen kann, beschäftigte mich nun auch hier. In der Finanzpolitik war die Konsequenz, dass wir Finanzen, die das Land den Kommunen zweckgebunden für Aufgaben zuteilte und sie damit am Goldenen Zügel hielt, direkt mit den Kommunalfinanzen zur Verfügung stellten. Zum Beispiel bei der Denkmalpflege verzichteten wir ganz bewusst auf die Steuerung, im Interesse der kommunalen Selbstverwaltung.

Es ging um eine Optimierung der Aufgabenverantwortung, hin zu einer Neujustierung von Subsidiarität, auch in der Verwaltung von Hochschulen.

Wir begannen in den »Kloster Zinna-Gesprächen« eine Diskussion zu den Eckpunkten eines neuen Hochschulgesetzes. Das Skurrile war, dass die Hochschulen alle gern neue Aufgaben übertragen bekommen wollten, aber nicht einsahen, dass sie dafür auch ihre Struktur ändern mussten. Mich verwunderte das sehr. Wenn man einen sehr viel stärkeren Motor einer neuen Generation in ein Auto einbaut, musste man selbstredend auch an anderen Teilen wie den Bremsen etwas ändern. Doch die Hochschulen und Studenten sahen es anders. In einem von vielen bis dahin kaum für denkbar gehaltenen Umfang gaben wir Aufgaben an die Hochschulen ab. Wir wollten nun auch klare Strukturen von Verantwortung in den Hochschulen festlegen, ähnlich transparent, wie sie auf der Ebene, wo die Aufgaben bisher erledigt wurden, auch vorhanden waren. So bekam Brandenburg als erstes Land ein Hochschulgesetz, das für einige Jahre den Standard der Hochschulgesetzgebung neu festlegte, ehe andere Länder auf- und überholten.

Je länger ich im Amt war, desto mehr wurde aus dem Kulturminister auch der Minister für Wissenschaft und Forschung. Das war anfangs stärker die Aufgabe meines Staatssekretärs, da er aus der Wissenschaft und Forschung kam, Erfahrungen einbrachte, die ich nicht haben konnte. Nun teilten wir uns immer stärker die Aufgaben. Friedrich Buttler war froh und dankbar, dass ich durch ihn so viel lernte.

In diesen Jahren begann ein Wandel, der die Welt tief verändern sollte. Das Internet, das World Wide Web sprang aus dem Forschungsbereich, in dem es und für den es gegründet war, in die wirkliche Welt über. Mein Freund Matthias Artzt, den ich zu mir ins Ministerbüro gezogen hatte, damit er Reden schrieb, hatte mir einiges erzählt und wir beschlossen, dass wir als Ministerium möglichst schnell ins Internet gehen sollten. Wir machten eine Pressekonferenz, bei der alle eine neue Visitenkarte des Ministers bekamen mit unserer ersten Internetadresse. Im Landtag hatten einige das mit dem Internet nicht verstanden und fragten mich dann, was da mit meinem Versprechen sollte, nun »immer nett« zu sein, dazu würde ich doch gar nicht so viel Technik brauchen, sondern sollte einfach so bleiben, wie ich war. Wir waren im Jahr 1995 das erste Ministerium der Bundesrepublik, das ins Netz ging. Das Bundesforschungsministerium unter Jürgen Rüttgers folgte einige Wochen später. Aber keiner konnte damals einordnen, was wir taten, denn niemand konnte sich vorstellen, wie sehr innerhalb eines Jahrzehnts das Netz unser Arbeiten und Leben verändern würde.

Zugleich erzählte Matthias Artzt begeistert, dass die EU ein Programm auf den Weg gebracht hatte, für das sich Regionen bewerben konnten, die ein stimmiges Konzept zur Entwicklung des Internets entwickeln wollten. Uns leuchtete das ein, und wir beteiligten uns und schafften es mit »BIS 2006« unter die ersten zehn in Europa. Wir bekamen Geld, um ein Konzept für Brandenburg zu entwickeln. Nun mussten wir das Wirtschaftsministerium beteiligen. Die aber hielten es für verrückt und kümmerten sich lieber um Wichtigeres. »BIS 2006«, »Brandenburger InformationsStrategie 2006«, wie wir das Konzept getauft hatten, belächelten die meisten nur mild und verstanden nicht einmal, was wir damit hätten schaffen können, weil genau da die Zukunft spielte. Es wurde nach dem Ende der Legislatur 1999 bei den neuen Ressortzuschnitten ganz dem Wirtschaftsministerium zugeschlagen, weil mein Nachfolger im MWFK damit nichts anzufangen wusste. Aber auch dort ging es unter, weil auch die zu dem Zeitpunkt nicht verstanden, was sich dort bewegte. Ich selbst hatte die eigentliche Dynamik, die hier begann, auch noch nicht wirklich verstanden, sonst hätte ich wohl mehr dafür gekämpft.

Aber einen großen Impuls gaben mir diese Erfahrung und meine stetig wachsende Überzeugung von Europa mit auf den Weg. Nun wusste ich, in welchem Umfang Mittel in Europa für Forschungs- und Zukunftsthemen auf dem Tisch lagen. Wir begannen ein großes

Treffen aller Leiter der Forschungseinrichtungen mit ihren Geschäftsführern in unserer Landesvertretung in Brüssel vorzubereiten. Es war uns klar, dass das viel Geld kosten würde, aber wir wollten zweierlei für die Einrichtungen vor Ort organisieren – eine Präsentation ihrer eigenen Möglichkeiten und zugleich einen großen Workshop mit Vertretern der Kommission, um zu zeigen, welche Möglichkeiten die EU bot und wie man sie nutzen konnte. Es wurde ein großer Erfolg an einem wunderbaren lauen Mai-Abend in Brüssel.

Fünf Jahre gingen nun ihrem Ende entgegen – die zweite Legislaturperiode des Landtages Brandenburg, die wir mit einer absoluten Mehrheit der SPD gestalten konnten. Am Ende des Jahres würde ein Jahrzehnt, ein Jahrhundert, ja ein Jahrtausend enden und ein neues Jahrtausend beginnen. Es war gut, dass wir in der Verfassung des Landes eine fünfjährige statt der bisher in fast allen Ländern vierjährigen Legislaturperiode festgelegt hatten. Das brachte ein Jahr mehr, um mit Kontinuität eine Entwicklung fortzuschreiben.

Aber auf eines in dieser Legislatur muss ich noch eingehen. Es ist bald 25 Jahre her, dass die Fusion der beiden Länder Berlin und Brandenburg, von Stadt und Land scheiterte. Sie scheiterte an Berlin, aber in Brandenburg. Und das Scheitern hat bis heute sichtbare und spürbare Folgen. Es hing nicht damit zusammen, dass Brandenburg, als es über die Fusion abstimmen sollte, schon innerhalb von fünf Jahren drei Fusionen durchlebt hatte, von denen jede und jeder im Lande betroffen war. Auf die deutsche Einheit am 3. Oktober war nach wenigen Jahren die Fusion der Kreise gefolgt. Denn das Land Brandenburg war 1952 nicht nur in drei Bezirke zerschlagen worden, sondern es war ihm gleich auch eine neue Kreisstruktur verordnet worden. So hatten wir 44 Kreise und kreisfreie Städte, die den demokratischen Zentralismus der DDR ermöglicht hatten, jetzt aber nicht mehr lebensfähig waren und nach intensiver Diskussion auf 14 Kreise und vier kreisfreie Städte reduziert wurden. Und auch die über 1.800 Kommunen waren nicht lebensfähig, da sie gar keine Verwaltung finanzieren konnten. Auch sie waren in größere Einheiten fusioniert worden, aber bei Weitem nicht ausreichend, denn über Jahre musste weiter fusioniert werden, um den Menschen eine effiziente Verwaltung zu garantieren.

Nein, das Scheitern war schon im Vertrag besiegelt, ohne dass wir etwas dagegen tun konnten. Es war vor allem das Datum, das in einer Nacht-ohne-Nebel-Aktion festgelegt worden war.

Als im Herbst 1994 zum zweiten Mal im neuen Land Brandenburg gewählt worden war, hatte die SPD mit Manfred Stolpe eine absolute Mehrheit geholt. Nachdem sich das neue Kabinett in Brandenburg unter Stolpe konstituiert hatte, wurde eine Regierungskommission unter Leitung der beiden Regierungschefs von Berlin und Brandenburg, Diepgen und Stolpe gebildet, die die Aufgabe hatte, einen Vertrag zur Länderneugliederung zu erarbeiten.

Zehn Regierungsmitglieder, aus jedem Land fünf, trafen sich regelmäßig, um den Vertrag, der die Fusion beider Länder regeln sollte, zu erarbeiten und abzustimmen. Die Regierungschefs, die Chefs der Staats- beziehungsweise Senatskanzlei, die Finanz- und die Innenminister waren dabei gesetzt. Brandenburg brachte den Wissenschafts- und Kulturminister mit, da dieser Landesvorsitzender der Regierungspartei SPD war und Berlin den Wirtschaftssenator. Nach einem halben Jahr war auch dank der guten Vorarbeit der beiden Kanzleien ein guter Vertrag erarbeitet worden, der in einer Volksabstimmung in beiden Ländern eine Mehrheit finden musste.

Die Fusion von Baden und Württemberg Anfang der 1950er-Jahre war die einzige, die es bis dahin in der Republik gab. Auch sie konnte nur nach einer Volksabstimmung stattfinden. Wir in Brandenburg hatten erst im Sommer 1992 eine neue Verfassung durch Volksentscheid beschlossen, die die Abstimmung der Bevölkerung zur Frage der Länderfusion für uns zur Pflicht machte. Und wenn in Brandenburg abgestimmt werden musste, dann konnte man in Berlin darauf nicht verzichten.

Die Regierungskommission hatte als Abstimmungsdatum den Tag der Abgeordnetenhauswahl in Berlin im Herbst 1995 vorgeschlagen. Dann hätte man 1999 nach rund vierjähriger Vorbereitung die Fusion mit einer gemeinsamen Wahl zum neuen Parlament besiegeln können.

Um den Fahrplan einhalten zu können, trafen wir uns in größerer Runde im Mai 1995 in Berlin auf Schwanenwerder im Aspen Institut. Im Juni könnten dann die Parteitage darüber abstimmen und im Oktober die Bevölkerung in beiden Ländern. Die Fraktionsspitzen kannten den Text zwar, aber sie hatten noch nicht gemeinsam, partei- und länderübergreifend darüber diskutieren können. Das sollte nun auf der wunderbaren Insel in der Havel, die beide Länder durchfließt, geschehen. Aus Berlin kamen die Partei- und Fraktionsspitzen der koalierenden CDU und SPD. Auch aus Brandenburg kamen die Vertreter beider Parteien, obwohl sie in Brandenburg nicht an der Regierung beteiligt waren. Die CDU-Vertreter fremdelten ein wenig miteinander, da sie kaum zusammenarbeiteten und sich wenig kannten, aber wir hielten es alle gemeinsam für besser, die CDU auch in Brandenburg in den Prozess einzubinden, noch dazu, wo sie, anders als die Linke, dafür war.

Es war ein wunderbarer Frühlingstag und mancher lernte den schönen Ort an dem Tag erst kennen. Wir führten in Teilen dieselben Diskussionen wie schon in der Regierungskommission, denn es waren ja dieselben Interessen, die zusammengeführt und abgewogen werden mussten. Der Name des Landes, der Sitz von Landtag und Regierung, die Flagge – all das wurde wieder diskutiert, denn es war hoch symbolisch und zugleich konnte jeder etwas dazu sagen, hatte eine Meinung, die geäußert wurde. Auch die Frage des Übergangs der Schulden wurde noch einmal in Länge und Breite diskutiert, denn Berlin hatte in seiner langen Geschichte der geteilten Stadt weit höhere Schulden als Brandenburg, das es über 40 Jahre nicht gegeben hatte, das aber innerhalb von fünf Jahren schon erheblich nachgezogen hatte.

Die Regelung war so einfach wie bestechend. Jeder Berliner konnte so viel Schulden ins gemeinsame Land mitbringen, wie sie jeder Brandenburger zum Fusionszeitpunkt haben würde! Alles andere blieb bei der Stadt Berlin, musste von der Stadt dann mit Zins und Tilgung bezahlt werden, wie von jeder anderen Gemeinde auch.

Wir hatten bei Kaffee und Suppe, bei wachsend guter Stimmung und in Gruppen der Länder beziehungsweise Parteien bis spät in den Abend hinein diskutiert, als Diepgen zu uns lange nach 22.00 Uhr kam und zu Stolpe sagte: »Wir müssten noch einmal reden.«

Wir zogen uns zu viert zurück. Die beiden Regierungschefs, die beiden Parteivorsitzenden und der Berliner Fraktionsvorsitzende. Stolpe, Diepgen, Landowsky und ich.

»Ich habe es Dir gesagt, Eberhard, eigentlich will ich es nicht wirklich. Es muss jawohl sein. Aber wenn du die Zustimmung der Fraktion willst, dann müsst ihr von dem Wahltag in Berlin weggehen. Bleibt die Abstimmung so wie vorgeschlagen, gibt es keine Zustimmung von mir«, sagte Landowsky sinngemäß.

Wir verstanden ihn nicht wirklich. Denn der CDU würde die Zusammenlegung nicht schaden, warum auch? Ihre Wähler wollten mehrheitlich die Fusion, niemand würde deswegen zuhause bleiben oder nicht CDU wählen.

Und wenn man es nicht mit der Abgeordnetenhauswahl in Berlin machte? Im Winter könnte man die Bevölkerung nicht an die Urnen rufen und vor der Wahl in Berlin im Oktober 1995 auch nicht. Also würde alles um Monate verschoben, der Vertrag würde zerredet werden.

Warum also diese Verschiebung? Klaus-Rüdiger Landowsky gab keine einleuchtende Auskunft. Er beharrte auf seiner Forderung, machte deutlich, dass er schon so viel geschluckt habe, hier aber nicht bereit wäre, nachzugeben.

Wir redeten hin und her, ewig, obwohl alles gesagt war. Aber Landowsky bockte. Er war nicht bereit nachzugeben, er wollte sich wenigstens an dieser Stelle durchgesetzt haben. Wir redeten zu dritt auf ihn ein, aber umso länger wir redeten, umso finsterer wurde er. Es ging auf Mitternacht zu und den anderen, die auf uns warteten, war nicht wirklich verständlich zu machen, warum wir uns nicht einigen konnten. Wir resignierten. Kalender wurden gezückt, um ein anderes Datum festzulegen. Der erste Sonntag im Mai war der 5. – der Geburtstag von einem meiner Brüder und der von Karl Marx, wie ich deshalb wusste. Ich schlug ihn vor, als kleine Strafe für das

Insistieren des Bankers auf einem anderen Termin als dem vorgesehenen.

So gingen wir dann in die Runde zurück, die nur noch nach Hause wollte, da man mehr nicht trinken konnte, wenn man noch selbst nach Hause fahren wollte.

Sie stimmten zu, aber schon da war die Fusion gescheitert, ohne dass wir es wussten.

Am nächsten Morgen wurde das Ergebnis unserer Verhandlungen in einer Pressekonferenz vorgestellt und wir bereiteten eine Million D-Mark schwere Kampagne vor, um etwas zu gewinnen, was im Grunde in der Nacht schon verloren war.

Denn nach der Wahl im Oktober 1995 in Berlin musste Berlin endlich handeln, wollte es nicht von seinen Schulden überwältigt werden. Bundesprogramme für den Osten, also auch für Ostberlin, waren ausgelaufen, ein neuer Länderfinanzausgleich noch nicht ausgehandelt und Berlin konnte nicht wie bisher einfach weiter Schulden aufnehmen.

Dasselbe traf für Brandenburg zu. Wir hatten seit der Gründung des Landes 1990 pro Jahr rund 3 Milliarden D-Mark Kredite aufgenommen, mit dem Argument des Finanzministers, dass sich das alles rentieren und amortisieren würde. Wer jetzt Infrastruktur schuf, konnte mit Wirtschaftsansiedlungen in den nächsten Jahren rechnen, die dann die Investitionen amortisierten.

Aber Ende 1994 liefen zum Beispiel die Kulturprogramme des Bundes für die neuen Länder aus. Was im Jahr 1995 noch nicht so ins Gewicht fiel, da die Kürzungen zwar schmerzhaft, aber verkraftbar waren, war 1996 nicht mehr zu übersehen. Die Kürzungen wurden bestätigt, verstetigt und erhöht. Der Berliner Kultursenator Roloff-Momin musste das Undenkbare machen – ein Theater in West-Berlin schließen, das Schiller-Theater am Kaiserdamm. Überall war zu spüren, dass die Sause der Nachwendejahre zu Ende war. Das Geld saß nicht mehr so locker.

Was Berlin sparte, konnte man in Brandenburg lesen. Und hatte eine zusätzliche Erfahrung: Wenn zu DDR-Zeiten in Berlin etwas fehlte, holte man es sich aus der Republik.

Arbeiter, die nach Berlin auf die Baustellen gingen, Konsumgüter, die in Berlin ins Schaufenster gestellt wurden – um den Systemwettbewerb zu bestehen mit dem Pfahl im Fleisch, dem Schaufenster des Westens mitten im Osten. So würde es wieder werden! Davon war fast jeder Brandenburger zutiefst überzeugt.

Nicht die späteren dummflotten Sprüche von Landowsky über die sozialistischen Wärmestuben im Osten, nicht die suboptimale Werbekampagne der Brandenburger Staatskanzlei, nicht die unabgestimmte Aktion des Brandenburger Landtagspräsidenten, allen Bürgern des Landes unkommentiert auf mausgrauem Papier in jeden Hausbriefkasten den Vertrag zu legen, hat in Brandenburg die Zustimmung gekostet.

Es hat sie bestärkt, das wohl. Aber gescheitert ist sie an der alten Erfahrung der Brandenburger, was passiert, wenn in Berlin Geld fehlt. Da konnte man noch so intensiv diskutieren, den Vertrag erklären – Berlin sparte und der Brandenburger vermutete, wo man es herholt in einem gemeinsamen Land.

Der Kardinalfehler, der den Vertrag zum Scheitern brachte, war das auf Drängen von Landowsky um ein halbes Jahr verschobene Datum der Abstimmung.

Das haben wir in jener Nacht auf Schwanenwerder nicht gesehen.

Ob es Landowsky gesehen hat, weiß ich nicht, halte es aber für möglich. Aber dass es an seiner Intervention gescheitert ist, wurde am 5. Mai 1996 klar.

Und noch mehr scheiterte damit! Der Premium-Standort für einen neuen Flughafen war in einem großen und teuren Suchverfahren gefunden worden: Sperenberg im Süden von Berlin. Ein 24-Stunden-Betrieb wäre möglich gewesen und endlose Erweiterungsflächen waren vorhanden. Mit modernen Verkehrsmitteln hätte man die Menschen in kurzer Zeit von Berlin nach Sperenberg gebracht. Man hätte am Alexanderplatz schon sein Gepäck abgeben und einchecken können und wäre in kurzer Zeit in Sperenberg gewesen und hätte dann in alle Welt fliegen können.

Aber da waren nun die Berliner zu verstehen. Gibt es kein gemeinsames Land, dann muss der Flughafen in Berlin-Nähe sein, denn nur dann werden dauerhaft die, die am Flughafen arbeiten, auch teilweise in Berlin wohnen. Nur dann wird Wertschöpfung auch in Berlin stattfinden, werden die Berliner Stadtgüter auch mit für den Flughafen gebraucht. In einem gemeinsamen Land hätte man der Vernunft und der gemeinsamen Landesplanung den Vorrang geben können, aber so musste Berlin für sich sorgen und Eberhard Diepgen stimmte mit Bundeskanzler Kohl für Schönefeld. Eine verheerende Entscheidung bis heute.

Klaus-Rüdiger Landowsky steht in Verantwortung dafür, er hat diese fatale Entscheidung allein, gegen alle ertrotzt und hat Recht bekommen! Ausbaden aber müssen es die folgenden Generationen. Ob es jemals zu einer Länderneugliederung in Deutschland kommen wird, ist offen und zweifelhaft. Es gehört Mut dazu, ein solches Vorhaben anzupacken. Wie ein solcher Reformversuch enden kann, haben auch die vor wenigen Jahren abgebrochenen Kreisgebietsreformen in Thüringen und Brandenburg gezeigt.

Wir hatten viele Baustellen, die uns Schwierigkeiten gemacht haben. Ich weiß noch, dass am Tag der Volksabstimmung, als Stolpe uns in den Kabinettsaal gebeten hatte und das Scheitern ankündigte, Wolfgang Birthler ganz lapidar sagte, es ist doch kein Beinbruch. Manfred Stolpe und ich sahen das anders.

Erst hatten wir befürchtet, die Zwei-Drittel-Mehrheit in den Parlamenten sei die größte Hürde und auch die SPD-Fraktionsklausur zeigte, dass die Stimmung nicht so eindeutig war. Ich habe fast 100 Veranstaltungen zum Thema gemacht (die meisten in Brandenburg) und die Skepsis war riesig (auch zum Beispiel bei Personalversammlungen in den Ministerien). Unser Chef der Staatskanzlei Jürgen Linde ist in Frankfurt (Oder) und Martin Gorholt in Potsdam wüst beschimpft worden. Die PDS hat sich alle Mühe gegeben, die Bevölkerung gegen das gemeinsame Land aufzuhetzen.

Ich hatte in diesen fünf Jahren als Kultur- und Wissenschaftsminister viel gelernt. Ich war seit 1990 fünfmal als Landesvorsitzender der Partei gewählt worden. An das Tandem Stolpe/Reiche hatten sich alle gewöhnt, nur meine Kronprinzenrolle war im Grunde zu

Ende. Matthias Platzeck hatte durch das Oder-Hochwasser bundesweite Popularität gewonnen und der SPD zugleich geholfen, die Landeshauptstadt wieder zu gewinnen und damit in SPD-Verantwortung zu behalten, sodass er in Zukunft eine wichtige Rolle spielen würde. Potsdam wurde die schöne kleine Stadt neben der Hauptstadt, wo immer wieder Klausursitzungen der Parteien stattfanden, wo Staatsgäste für einen Tag eine Stippvisite im Osten machen konnten. Und Matthias Platzeck war dann immer der Gastgeber. Gemeinsam wollten wir das Land voranbringen. Zehn Jahre politische Erfahrung hatten mich reifen lassen, hatten mich verändert und geprägt. Ich wusste nun politische Macht zu nutzen, hatte Konzepte im Kopf und konnte sie mehrheitsfähig machen. So gingen wir in die Wahlen 1999, wohl wissend, dass wir nicht mehr hinzugewinnen würden und die neue Verantwortung der SPD im Bund mit Gerhard Schröder ihre Spuren hinterlassen würde. Die Wahl von 1994 hatte in einer außergewöhnlichen Situation stattgefunden. Die Menschen im Land hatten Stolpe für das Land behalten wollen, hatten Sorge, dass er verdrängt wird durch die CDU oder den Westen oder in dem Trommelfeuer einfach aufgibt. Und so hatten sie ihn und seine SPD gewählt, um ihn als einzigen Ministerpräsidenten aus dem Osten für den Osten zu behalten. 1999 aber war klar, Stolpe bleibt, die SPD wird in der Verantwortung bleiben und man musste nicht zur Wahl gehen oder konnte auch andere Präferenzen zeigen. Ich übernahm die Verantwortung für das Wahlprogramm, leitete die regelmäßigen Sitzungen und wollte so helfen, dass einige neue Ideen in akzeptabler, wählbarer Formulierung ins Programm aufgenommen wurden.

Die Diskussion um Bildungsfragen beschäftigte das Land und auch die Partei zunehmend. Die SPD, insbesondere unsere Bildungspolitiker hatten die absolute Mehrheit in der zweiten Legislaturperiode genutzt ohne den »liberalen Bremsklotz« der ersten Wahlperiode, um einige hehre Ziele in die Wirklichkeit umzusetzen. Aber sie hatten damit bestenfalls die Fraktion überzeugt, nicht die Bürger im Land, nicht die Menschen, die uns wählen sollten. Es gab das demografische Problem, das nun langsam aber drängend in die Schulen hineinwuchs. Die Wende, die Veränderungen von 1990 hatten bei Tausenden von Familien den Kinderwunsch verändert. Sie wollten nun weniger oder keine Kinder, zumindest aber später als sonst üblich, um ihr berufliches Fortkommen zu sichern, zu reisen oder um überhaupt einmal für sich in der neuen Situation anzukommen. Wir hatten sowohl 1990 als auch 1991 ein Kind bekommen. Aber das Jahr 1992 war das Jahr, wo am wenigsten Kinder überhaupt in der Geschichte des Landes geboren wurden. Waren 1990 noch rund 36.000 Kinder im Land geboren worden, waren es 1992 nur etwas über ein Drittel davon. Und dieses Jahr war nur der Tiefpunkt einer nur sehr langsam wieder nach oben gerichteten Entwicklung, die auch nie wieder auf dasselbe Niveau zurückkehren würde. Schulen und Schulstandorte waren gefährdet. Die Lehrerinnen und Lehrer im Land waren zwar fast die einzige Berufsgruppe, bei der es keine Entlassungen gegeben hatte, aber sie mussten sich umstellen und vor allem die Arbeit solidarisch teilen. Viele hatten einen reduzierten Arbeitsvertrag, fürchteten Gehaltseinbußen oder mussten die Schule wechseln und waren so entsprechend schlecht auf das Land, auf das Ministerium und die Politik zu sprechen. Zugleich waren die Kopfnoten für das Verhalten der Schüler abgeschafft worden, es gab nur Rahmenpläne, keine klaren Vorgaben, für das was gelernt werden musste. Vieles, was Sozialdemokraten schon immer gern umgesetzt hätten, war gültige Rechtslage in Brandenburg geworden. Und am Abitur nach 13 Jahren durfte nicht gerüttelt werden. Immer weniger Menschen verstanden, warum das, was in Sachsen und Thüringen gelungen war, Regelungen aus der DDR wie ein Abitur nach zwölf Jahren Schulzeit in die Deutsche Einheit zu retten und was nun auch im Westen diskutiert wurde und die meisten im Land selber als Normalität erlebt hatten, bei uns nicht gehen sollte. Wir brauchten ein Ventil, um den Überdruck aus der Diskussion zu nehmen. Mir war als Landesvorsitzendem klar, dass wir, wenn wir die Diskussion nicht öffneten und nachgaben, noch viel mehr verlieren würden. So stellte ich die neuen Positionen zuerst als persönliche Meinung dar, mit lautem innerparteilichem Streit. Viele waren überrascht, wie eindeutig dieser Streit in der SPD für meine Positionen ausging. Dann flossen die Vorstellungen in das Wahlprogramm ein, nämlich die Bereitschaft, in der neuen Wahlperiode über Fragen wie Kopfnoten oder das Abitur in zwölf Jahren neu zu entscheiden. Diese Änderung wurde uns nicht als Wankelmut, sondern als Bereitschaft zur Diskussion angerechnet.

Kapitel 10

Die umkämpfte Bildung und der jähe Amtsverlust

Am Abend des Wahlsonntages, am 5. September 1999, hatten wir dramatisch verloren. Mehr als befürchtet hatten wir verloren, waren von 54 Prozent auf knapp unter 40 Prozent gestürzt. Aber wir kamen auch von ganz oben und wir hatten mit Rot-Grün eine neue Konstellation auf Bundesebene. Normalerweise übernahm in einer solchen Situation jemand die Verantwortung. Wie aber sollten wir das machen? Wir alle wussten doch, dass unser Wahlergebnis auch nach dem Absturz noch immer eines der besten für die SPD in der Republik war. Stolpe hätte den Landesvorsitz übernehmen können? Aber warum gerade jetzt, wo er selbst von dem Ergebnis angeschlagen war und es zehn Jahre lang nicht wollte? Sollte ich den Landesvorsitz aufgeben? Stolpe riet davon ab, gerade weil wir jetzt eine Koalition bilden mussten und es darüber heftige Diskussionen in der Partei gab.

Wir führten die Koalitionsverhandlungen mit der CDU und der PDS ganz offen, Stolpe mit einer Präferenz zur CDU und zu dem Verhandlungspartner Schönbohm, der die CDU durch seine Klarheit zu diesem Ergebnis geführt hatte. Ich hatte eine größere Offenheit für die PDS. Aber wir merkten schon bald, dass die PDS nicht wirklich willens und vor allem nicht in der Lage war, mit uns gemeinsam Verantwortung zu tragen. Sie kamen unvorbereitet und fahrig in die

Sitzungen und Wahlkampf in Thüringen war ihnen wichtiger, als mit uns zu klaren Verabredungen zu kommen. Für Wohltaten, die sie in Brandenburg planten, brachten sie die Goldreserven der Bundesbank ins Spiel. So legten wir einhellig kurze Zeit später der SPD unsere Empfehlung vor: eine Koalition mit der CDU. Regine Hildebrandt ging in eine leidenschaftliche Opposition, die man bei ihr persönlich auch gut nachvollziehen konnte. Nicht nur, weil sie für ihr Verantwortungsgebiet Arbeit und Soziales bei der PDS die größeren Schnittmengen sah, sondern vor allem, weil sie von der CDU im Wahlkampf persönlich derart verunglimpft worden war mit ehrabschneidenden Vorwürfen, dass sie uns klarmachte, sie würde in keine Regierung mit der CDU gehen. Das war ein schwerer Verlust, aber es gab eine klare Mehrheit in der Partei für die Koalition mit der CDU, mit der auch auf kommunaler Ebene viele gut zusammenarbeiteten.

Die Koalitionsverhandlungen führten in kurzer Zeit zu einem guten Ergebnis, aber die Regierungsbildung war schwieriger als 1994. Damals hatten wir drei Ministerien neu besetzen können – Bildung, Wissenschaft und Wirtschaft, diesmal mussten wir vier Ministerien abgeben. Die CDU schickte nur Männer ins Kabinett – neben Schönbohm noch drei weitere, die sich, obwohl mit viel Vorschusslorbeeren bedacht, innerhalb weniger Jahre als Fehlbesetzungen erwiesen und lange vor dem Ende der Legislaturperiode ihre Ämter aufgeben mussten. Georg Hackel übernahm von mir das Wissenschafts- und Kulturministerium, Fürniß erhielt von dem soliden Burkhard Dreher das Wirtschaftsministerium, der am meisten gelobte, mit Schönbohm gut bekannte Kurt Schelter bekam das Justizministerium von Hans Otto Bräutigam. Was für ein Kulturwechsel in den Häusern! Nicht nur war nun spürbar die Aufbruchszeit vorbei und alles würde in den konsolidierten Bahnen einer etablierten Ministerialverwaltung laufen, sondern es waren auch ganz andere Charaktere, die Stolpe beziehungsweise Schönbohm mit der Verantwortung betrauten. Stolpe konnte Menschen sehr viel besser einschätzen als Schönbohm, legte auf andere Dinge wert als er und so waren auch die, die Schönbohm aussuchte, merkwürdig unzuverlässig und verfingen sich bald in ihrer eigenen Sprunghaftigkeit. Für Stolpe war es ein Grund mehr, Schönbohm, als Hackel schon nach weniger als einem Jahr gehen musste, besser zu beraten und ihm Johanna Wanka vorzuschlagen, die parteilose Rektorin, die ich in den Brandenburger Hochschulrat berufen hatte.

Bei uns musste Alwin Ziel, der in Volkskammerzeiten schon bei Regine Hildebrandt als Staatssekretär gearbeitet hatte, ihre Nachfolge übernehmen. Angelika Peter hatte schon vor der Wahl gesehen, dass sie nicht wieder berufen werden würde. Ihre Stelle wollte gern Frank Szymanski aus Cottbus übernehmen, der jahrelang in Stolpes Wahlkreis die Stadtverordnetenfraktion geleitet hatte und als Gerd Harms 1998 als Kultusminister nach Sachsen-Anhalt ging, Staatssekretär von Angelika Peter wurde. Stolpe hatte ihm schon vor der Wahl öffentlich signalisiert, dass er ihn als Minister für das Bildungsressort für geeignet hielt. Nun aber schlug er mir einen Wechsel in das Bildungsministerium vor. Ich hatte auch große Lust und so sehr ich mich 1990 mit der Aufgabe für überfordert gehalten hätte, so sehr freute ich mich nun. Denn in keinem Ressort kann man als Minister tatsächlich so viel gestalten wie im Bildungsressort. Alle anderen Ressorts arbeiten im Rahmen der Bundesgesetzgebung und setzen das bundesweit Vorgegebene nur landesbezogen um. Im Wissenschafts- und Kulturbereich hingegen hat man zwar die Landeshoheit, aber die Einrichtungen sind in hohem Maße autonom, Wissenschaft und Kultur sind grundgesetzlich geschützt selbstständig. Im Bereich Bildung und Schule hingegen hat das Land den Gestaltungsauftrag. Auch wenn ich der einzige Minister in der Kultusministerkonferenz war, der nicht nur bereit, sondern auch willens war das zu ändern und dem Bund mehr Kompetenzen zu übertragen, wurde mir nun diese Gestaltungshoheit übertragen. Frank Szymanski wurde mein Staatssekretär und ging damit allzeit fair um, bis 2013 Martin Gorholt mein Staatssekretär wurde.

Die vielleicht heikelste und schwierigste Personalie war, dem gerade erst auf Platzeck im Umweltministerium gefolgten Gunter Fritsch eine neue Funktion zu übertragen. Stolpe wollte seinem über fast ein Jahrzehnt loyalen Fraktionsvorsitzenden Wolfgang Birthler

Oranienburg 2000: Matthias Platzeck wird als Nachfolger von Steffen Reiche SPD-Landes-vorsitzender.

nun auch ein Regierungsamt geben. Aber die Umsicht und Leiden-schaft, der Esprit und die Fortune, die Wolfgang Birthler als Frak-tionsvorsitzender gezeigt hatte, konnte er im neuen Amt so nicht zeigen, was Gunter Fritsch, der gern im Amt geblieben wäre und es auch gut ausgefüllt hatte, umso bitterer machte. Gunter Fritsch wur-de Fraktionsvorsitzender.

Die Partei kam nicht richtig zur Ruhe. Da waren zum einen die Stimmenverluste bei den Wahlen, zum anderen die bei vielen un-geliebte Koalition mit der CDU. Im März 2000 führten wir einen Strategieparteitag durch, der gute programmatische Beschlüsse fass-te. Im Vorfeld des für den Juli 2000 in Oranienburg geplanten Partei-tages kam es zu Personaldiskussionen, in denen Gunter Fritsch seine Kandidatur für den Landesvorsitz ankündigte. Wir verabredeten dann jedoch, dass Matthias Platzeck, seit 1998 Oberbürgermeister in Potsdam, als mein Nachfolger Landesvorsitzender werden sollte. Er wurde am 8. Juli mit überwältigender Mehrheit gewählt und Gunter

Fritsch einer seiner Stellvertreter. Mit 30 Jahren war ich Landesvorsitzender geworden, hatte entscheidende Jahre geprägt, die Partei aufgebaut, Grundlagen für erfolgreiche Arbeit gelegt. Mit 40 machte ich nun Platz für Matthias Platzeck. Ich war zunächst traurig, der SPD-Landesvorsitz hatte mir viel Spaß gemacht. Aber ich sah auch die großen Aufgaben, die mich als Bildungsminister erwarteten. Matthias Platzeck war jetzt auch offiziell der Kronprinz und wurde im Juni 2002 Nachfolger von Manfred Stolpe als Ministerpräsident.

Im Wahlkampf werden manchmal Dinge ausgesprochen, zu denen sonst der Mut fehlt. So ist es auch 2002 geschehen, als Gerhard Schröder im Wahlkampf mehrfach in Gummistiefeln beim Hochwasser zu sehen war. Die Enttäuschung, ja das Entsetzen über die unerwartet schlechten Ergebnisse Deutschlands im Rahmen der PISA-Vergleichsuntersuchungen hatten Antworten nötig und möglich gemacht, wie sie bisher noch nicht gegeben worden waren. Zu meiner großen Überraschung und Freude trat Gerhard Schröder für mehr Bundesregelungen in der Bildung ein. Schritte in diese Richtung waren in Deutschland bisher nie gegangen worden, obwohl die anderen Länder in der EU selbstverständlich nationale Regelungen in Bildungsfragen hatten. In Deutschland hatte erstmals im Kaiserreich der legendäre Abteilungsleiter Althoff im Dienst seiner Kaiserlichen Majestät Wilhelm I. einige Jahre nach der Reichseinheit einen Vorstoß unternommen, was aber an den Ländern scheiterte. In der Weimarer Republik unternahm dann Reichskultusminister Becker einen nächsten Versuch ein Reichsschulgesetz zu verabschieden. Auch er scheiterte an den Ländern. Nun war Gerhard Schröder der erste im 21. Jahrhundert, der diesen Schritt vorschlug. Er konnte sich dabei zweier Dinge sicher sein. Er hatte die Mehrheit der Bevölkerung auf seiner Seite, aber die 16 Bundesländer gegen sich. In allen Umfragen sprachen sich deutlich über 70 Prozent für nationale Regelungen im Bildungsbereich aus, im Osten sogar über 90 Prozent. Insofern wäre hier eine Änderung herbeizuführen mit dem Respekt vor dem Souverän geboten. Als ich im selben Jahr in den Kultusministerkonferenzen in Hamburg und Stuttgart eine Initiative startete, um wenigstens nationale Bildungsstandards auf den Weg zu bekommen, bedrängte mich Jürgen Zöllner heftig und sagte zu mir:»Wir sind die Lordsiegelbewahrer der Würde unserer Ministerpräsidenten.« Ich will es mir merken, antwortete ich und sagte in unserem Kabinett, als man wieder Kürzungen im Bildungsbereich vorschlug genau diesen Satz, um an die Verantwortung der Länder in diesem Bereich zu erinnern. Das Lachen wollte nicht enden und Platzeck sagte dann verwundert, dass er noch nicht einmal auf den Gedanken gekommen wäre. Dabei ist es nur in etwas antiquierten Worten genau die Rechtslage in Deutschland seit Kaiserzeiten. Als nach dem Deutsch-Französischen Krieg die Reichseinheit unter Führung von Preußen endlich zustande kam, war das die Zusage an die Länder, dass ihnen in ihre Kulturhoheit niemand hineinreden würde. In den 150 Jahren, die seitdem vergangen sind, hatte der Bund auch in diesem Bereich bei allem Respekt vor den Ländern sich einige Kompetenzen genommen. Gerhard Schröder hatte sogar mit einem von vielen beklatschten Tabubruch 1998 erstmals einen Staatsminister für Kultur und Medien ernannt. Den Länderministern war dadurch nichts weggenommen worden, sondern im Gegenteil, sie waren nun gestärkt, weil es den Bund gab, der mit Programmen sie in die Lage versetzte, in ihren Kabinetten für mehr Geld als Kofinanzierung zu kämpfen. Zuvor hatten wir die absurde Situation, dass es überall Kulturzuständigkeiten und Zuständige gab – auf kommunaler Ebene, auf Landesebene und auf europäischer Ebene, nur eben nicht in Deutschland auf der nationalen Ebene. Die Bundesministerin für Wissenschaft und Forschung wird meist nur Bundesbildungsministerin genannt. Der permanente Vorwurf, dass man damit die Subsidiarität untergraben würde, ist absurd, denn Subsidiarität heißt doch nur, dass jede Kompetenz auf der Ebene wahrgenommen wird, auf der der Verantwortliche dafür am kompetentesten sein kann. Das heißt, wo die Aufgabe am besten gelöst werden kann, gehört die Kompetenz hin. Aber es gibt eben auch im Kultur- und im Bildungsbereich nationale Kompetenzen, Aufgaben, die auf nationaler Ebene am besten gelöst werden können. Zum Beispiel bundesweite Bildungsstandards, die dann von den Ländern ergänzt, ausgefüllt und vor allem mit den

Schulen des Landes gemeinsam umgesetzt werden müssen. Als Vizepräsident der KMK hatte ich auf der Didacta in Köln mit den Vertretern der Schulbuchverlage lange darüber gesprochen, weil die es als absurd ansehen, dass sie bei der geltenden Rechtslage für jedes Land extra Schulbücher entwickeln und drucken müssen. Ich fragte sie, um wie vieles billiger die Schulbücher würden. Sie überlegten gemeinsam kurz und sagten dann, um ca. ein Drittel. Viele Millionen also, die man besser in die Bildung von Kindern als in ähnlich bedrucktes Papier investieren könnte.

Bundesbildungsministerin Edelgard Bulmahn war 2002 auch im Wahlkampf, durfte aber zu den Bildungsfragen, die zu der Zeit aber alle interessierten nichts sagen, da sie nicht zuständig war. Sie fand einen guten Weg, sich zu äußern und einzumischen, ohne dass ihr ein Vorwurf gemacht werden konnte. Denn es besteht ja auch für die Bundesbildungsministerin Reisefreiheit. Die nahm sie sich und fuhr nach Finnland, das Land, das bei der PISA-Untersuchung völlig überraschend und unangefochten den Platz eins erreicht hatte. Sie lud die Länder ein mitzufahren. Sechs Minister begleiteten sie, nur sozialdemokratische. Wie überrascht waren wir, als die Finnen uns herzlich willkommen hießen und uns dann fragten, was gerade wir hier wollten? Denn als sie sich neu orientieren mussten, seien sie damals in den Osten Deutschlands gefahren und hätten dort gefunden, was ihnen eingeleuchtet habe, nämlich eine integrierte Bildung für alle Schüler von der Klasse ein bis zur Klasse zehn. Und die hätten sie übernommen und das sei nun die Grundlage für diesen Bildungserfolg, sagten sie uns.

Wir besuchten dann unter anderem die deutsche Schule in Helsinki und trafen begeisterte Lehrer, die uns erzählten, was sie alles an dieser Schule hier machen konnten. Wir hörten interessiert zu, aber als die Diskussion begann, fragte ich, welches Gesetz in Deutschland sie denn gehindert habe, dass genauso bei uns zu tun, wie sie es hier mit Erfolg taten? Sie waren verdattert, aber die Schüler fassten sich schnell und klatschten plötzlich. Wenig später kam ich mit einer finnischen Gymnasiallehrerin ins Gespräch und fragte sie, was sie verdienen würde. Als sie mir einen Eurobetrag nannte, der deutlich unter dem vergleichbaren Lehrergehalt in Deutschland lag, war ich verdutzt. Sie auch, denn sie dachte, es erschiene mir zu hoch und erklärte mir, wie der finnische Staat sie in der Phase ihrer Mutterschaft unterstützt hätte.

Als ich zurückkam, wurde ich in vielen Diskussionen gefragt, was ich mitgebracht hätte. Immer wieder wurde ich aufgefordert, auch mehr Zusatzlehrer pro Klasse einzustellen, so wie das beim PISA-Gewinner Finnland üblich ist. Ich sagte, dass ich dazu sofort bereit wäre, aber dann auch zu finnischen Konditionen, denn man kann ja nicht wie beim Rosinenpicken nur das heraussuchen, was einem schmeckt. Ich bot den Lehrern und ihren Vertretern Tarifverhandlungen an. Wenn ich dann das Gehalt der finnischen Gymnasiallehrerin nannte, sind sie leider nie zustande gekommen.

Ich fühlte mich in jener Zeit so gut und glücklich wie nie zuvor. Ich hatte bei Stolpe viel über Politik gelernt und an der Seite von Friedrich Buttler lernen können, wie man ein Ministerium führt. Ich überwand eine schwierige persönliche Krise, unsere Töchter waren nun alle drei schon einige Jahre in der Schule und ich fühlte mich für die neue Aufgabe als Minister für Bildung, Jugend und Sport bestens gewappnet.

Wieder aber kam ich ins Amt und musste eine finanzielle Last schultern. Der Solidarpakt, der den neuen Ländern zusätzliche Mittel sicherte, galt zwar bis 2019, aber die Mittel waren degressiv angesetzt und die Finanzministerin Wilma Simon wusste, dass sie die Ausgaben den Einnahmen angleichen musste. Für sie war klar, dass den größten Teil dieser Aufgabe der schultern muss, der den größten Einzeletat hatte und dem noch dazu die Zahl der Kinder und damit die Größe der Aufgabe rasant wegbrach.

Der höchste in der Geschichte des Landes in einem Ressort und noch dazu in einem Titel einzusparende Betrag traf mein Ressort und damit mich. 60 Millionen D-Mark sollte ich, gerade erst ins Amt gekommen, quasi über Nacht im Bereich der Kindertagesstätten einsparen. Wir allen wussten, dass wir den höchsten Kitarechtsanspruch hatten, das heißt für alle Kinder galt von Geburt an bis zum Ende der Grundschule, also bis zum Ende des 12. Lebensjahres ein unkonditionierter Rechtsanspruch. Jedes Kind konnte unbegrenzt in die Krippe, den Kindergarten und den Hort gehen. Die Kommunen mussten das für alle Kinder vorhalten, da sich Eltern auch darauf einklagen konnten. Angelika Peter und Regine Hildebrandt hatten das gemeinsam in der vergangenen Legislaturperiode ins Gesetz geschrieben. Wilma Simon war unerbittlich und nicht bereit, die Kürzung zu schieben. Ich kämpfte, aber konnte mich nicht gegen sie und alle anderen am Kabinettstisch durchsetzen, denn alle wussten, was sie mir erließen, mussten sie erbringen. In der neuen Konstellation mit der CDU hatte ich erst recht keine Chance, weil sie in der Frage der Kinderbetreuung eine völlig andere Position vertraten. Wilma Simon konnte also jederzeit das ganze Kabinett gegen mich mobilisieren. 20 Jahre später sieht es reichlich reaktionär aus, was wir taten. Heute wird für kleinere Gruppengrößen, bundesweiten Rechtsanspruch und Gebührenfreiheit Jahr für Jahr mehr Geld für die Kitas in den Haushalten veranschlagt. Aber damals stand ich mit meiner Kritik allein auf weiter Flur. Ärgerlich war, dass ich in beiden Ministerien gleich beim Amtsantritt mit dem dramatischen Wegfall von Ressourcen konfrontiert wurde und so eine riesige Einsparleistung erbringen musste.

Doch wie sollte ein so hoher Betrag in kurzer Zeit eingespart werden? Wir mussten den Kommunen die Möglichkeit geben, das, was wir ihnen nicht an Mitteln wie bisher gaben, auch nicht ausgeben zu müssen. Unsere starke kommunale Lobby hatte in der vergangenen Legislaturperiode durchgesetzt, dass in der Verfassung der Grundsatz der strikten Konnexität festgelegt wurde. Das heißt, das Land durfte nur dann Aufgaben auf die kommunale Ebene übertragen, wenn sie auch die Mittel dafür mit übertrug. Hätten wir nur einfach das Geld nicht mehr gegeben, die Aufgabe aber unverändert gesetzlich normiert, wären wir vom Verfassungsgericht verurteilt worden, die Mittel weiter so zu geben. In einem intensiven Diskussionsprozess suchten wir nach einem Lösungsweg und fanden ihn in einem Paradigmenwechsel. Wir stellten von einer globalen Finanzierung um auf eine Kinderkostenpauschale, die bald den Spitznamen KiKoPa bekam. Für jedes Kind wurde den Kreisen, die das Geld dann an die Kommunen kopfbezogen weiterleiteten, eine Pauschale zur Verfügung gestellt. Und wir reduzierten den Rechtsanspruch. Während bisher alle Kinder von 0 bis 12 unbegrenzt in Einrichtungen gebracht werden konnten und die Kommune Plätze vorhalten musste, wurde der Rechtsanspruch für die 0- bis 2- und die 10- bis 12-Jährigen konditioniert, das heißt, die Kinder hatten nur dann ein einklagbares Recht, wenn die Eltern arbeiteten. Und die Betreuungszeit, auf die sich der Rechtsanspruch bezog, wurde auf sechs Stunden reduziert, mehr Stunden wurden nur nach Bedarf eingeräumt. Noch immer hatten wir mit Sachsen-Anhalt den höchsten Rechtsanspruch der Republik gesetzlich normiert, aber ich versuchte in der Fraktion Partner zu finden, die mithalfen, gerade die Auswirkungen der Änderung auf sozial schwache Familien zu reduzieren. Aber erst das Erdbeben, das die Veröffentlichung der PISA-Untersuchung ein Jahr später auslöste, schuf eine neue Sensibilität für die Investitionen in die Bildung. Plötzlich wurden Familie und Kinder Priorität, auch bei denen, die die Kürzungen zuvor noch für richtig befunden hatten.

Während der Kultur- und Wissenschaftsministerzeit war ich ungern zu den Ministerkonferenzen gefahren und hatte mich oft durch meinen Staatssekretär vertreten lassen. Mindestens zweimal im Jahr tagte die Kultusministerkonferenz, dann gab es noch die Bund-Länder-Kommission und den Wissenschaftsrat, die Kulturstiftung der Länder und vieles mehr. Man konnte also ständig unterwegs sein und dabei zugleich wenig verändern, denn meist waren die Kompromisse schon von den zuvor tagenden Staatssekretären so weit ausgehandelt, dass nichts mehr zu ändern war. Nun aber hatte ich mich über fünf Jahre so weit eingearbeitet und wurde mit Amtsantritt im neuen Haus gleich Vorsitzender der Sportministerkonferenz. Ich nahm die Herausforderungen in neuer Weise an.

Für alle Minister gibt es bundesweite Konferenzen. Sie sind für die Abstimmung der Länder wichtig und zugleich gibt es die Möglichkeit, sich mit dem in der Bundesregierung zuständigen Minister abzustimmen. Der Vorsitz rotiert zwischen den Ländern, bei vielen Ministerkonferenzen wechselt er alle zwei Jahre, bei der Kultusministerkonferenz jedes Jahr. Sie ist im Grunde auch die wichtigste, denn nur dort kann die Abstimmung stattfinden, die die Vergleichbarkeit der Abschlüsse und zugleich die Mobilität von Schülern, Lehrern und Studenten zwischen den Bundesländern sichert. Dort liegt bis heute viel im Argen und ist strukturell ungelöst. Bei vielen Fragen galt und gilt zum Teil heute noch das Einstimmigkeitsprinzip.

Ich war also mit Amtsantritt Vorsitzender der SMK, der Sportministerkonferenz. Ich hatte den Wunsch, das für alle zu einem Erlebnis zu gestalten. Gemeinsam mit dem Referat Sport organisierten wir zwei Tage SMK in Potsdam, die viele in Erinnerung behalten haben. Das begann mit einem Geschenk, was ich mir ausgedacht hatte und was alle auf den Zimmern vorfanden, was man nicht wie sonst oft üblich auf dem Rückweg irgendwo entsorgte oder in flüssiger Form zu sich nahm, sondern behielt. Ich lud alle zum morgendlichen Joggen durch den Park von Sanssouci ein, denn Sportminister treiben Sport. Wir waren zwar nur eine Handvoll, aber mehr als erwartet. Die Intensität unserer Zuwendung nicht nur beim gesamten Programm, sondern auch bei allen Sitzungen war so anders als sonst, dass viele uns dankbar erklärten, wir hätten eine neue Form der Sportministerkonferenz geschaffen. Für mich war es der Beginn einer jahrelangen Freundschaft mit dem Vorsitzenden des Deutschen Sportbundes, Manfred von Richthofen, der vielen eher als unnahbar schien. Er fragte mich am Ende der Konferenz, ob ich für die Sportminister der Republik nicht nach Sydney zu den Olympischen Spielen wollte. Auch meine Kollegen im Haus waren begeistert, denn wir hatten uns nun von dem Nischendasein des Landes Brandenburg in der Sportpolitik mit einem Schlag befreit.

Die Olympischen Spiele in Sydney waren nicht nur für mich, sondern für die Sportler und die vielen Begleiter die wohl schönsten, die es je gab. Nicht nur, weil es die Millenniumsspiele waren, nicht nur, weil Sydney eine so schöne Stadt ist, sondern weil alles so wie noch nie zuvor stimmte und die Bürger von Sydney sich in atemberaubender Weise den Sportlern, den Spielen und ihren Gästen widmeten und so fantastische Spiele organisierten.

Die wichtigste Aufgabe im neuen Ministerium aber war, endlich Zufriedenheit und Ruhe, Gelassenheit und Stolz in den großen Bereich Schule hineinzubringen. Immer wieder wies ich darauf hin, dass Schule das größte und fast wichtigste Unternehmen im Lande ist. Täglich, fünf Tage in der Woche, waren an über 800 Orten über 240.000 Schüler im Dienst, die von 37.000 Lehrerinnen und Lehrern angeleitet wurden und von ca. 400.000 Eltern dabei unterstützt wurden. Rechnet man die Großeltern ein, die große Hoffnungen für ihre Enkel haben, waren eigentlich fast alle Bürger im Land täglich irgendwie mit Schule befasst. Alle waren Experten und das ist gar nicht zynisch gemeint, denn sie waren ja oft zehn Jahre und mehr in der Schule gewesen, verstehen also etwas davon. Das hat genau da seine Grenze, wo ein weit über 70 Jahre alter Großvater in den Diskussionen, die ich nun täglich meist mehrfach irgendwo im Lande führte, mir die Schule seiner Kindheit als die Schule für die Zukunft seiner Enkel anpreisen wollte. Aber es war eben auch richtig, dass nach 1990 gerade in Brandenburg zu viel Neues ausprobiert und zu viel Altes, aber Bewährtes, nur weil es schon in DDR-Zeiten galt, über Bord geworfen worden war. Die Herausforderung, der ich mich nun stellen musste, war, bei dem großen Dampfer Dinge wieder an Bord zu nehmen, die man vorher über Bord geworfen hatte. Bevor ich ins Amt ging, hatte ich mir vorgenommen, einen wirklich breiten Dialog zu führen und nicht nur über die Probleme zu reden, sondern ununterbrochen darauf hinzuweisen, wo etwas gelingt. Dazu gehörte auch, Lehrer nicht zu kritisieren, sondern sie zu loben und zu würdigen. Das hatte ich aus dem, wie Bildungspolitik bisher gemacht worden war, gelernt, aber auch aus den Fehlern, die ich bisher gemacht hatte. Ich wollte ein neues Klima schaffen, in dem Schule gedeihen konnte, in dem es Freude machte, Schule gemeinsam zu organisieren und zu verantworten. Das begann damit, dass ich ein Eckpunktepapier für eine Schulgesetznovellierung mit den Kollegen im Haus entwickelte und dann öffentlich vorstellte. Ich fuhr in jeden der 18 Kreise und kreisfreien Städte und veranstaltete dort Diskussionen. Ich hatte das als SPD-Landesvorsitzender schon einmal gemacht, als wir beschließen wollten, dass bei der Landtags- und Kommunalwahl alle ab dem 16. Jahr wählen dürfen. Ich war dafür, sah es als Zeichen von Modernität für das neue Land. Andere waren dagegen. So schlug ich vor, dass wir alle, jeder in seinem Wahlkreis, Veranstaltungen organisieren sollten. Bei den Jugendlichen erfuhr ich eine überraschende Ablehnung. Nicht nur in manchen Regionen, sondern überall und mit einer frappierenden Mehrheit und auch Klarheit der Argumentation. Einmal sagte am Ende einer Diskussion ein Jugendlicher zu mir: »Und was machen Sie nun? Jetzt fahren sie nach Potsdam in den Landtag und machen es trotzdem! Oder?« Er ahnte nicht, dass er mich genau damit überzeugt hatte. Radio Fritz, der Jugendsender des rbb glaubte uns nicht, dass wir auf Drängen der Jugendlichen die Gesetzesänderung zu ihren Gunsten nicht machen würden und machte eine Extrasendung dazu, in der sie votieren ließen und erst als sie in ihrer eigenen Sendung eine überdeutliche Mehrheit dagegen erlebt hatten, glaubten sie uns.

So fuhren wir ins Land. Viele Kollegen aus dem Ministerium begleiteten mich zu den Schulpolitischen Ratschlägen, wie wir sie genannt hatten. Sie protokollierten die Änderungswünsche, stellten sie zusammen und wunderten sich immer neu darüber, dass ich die Öffentlichkeit im Lande suchte, die meine Vorgänger aus Angst vor allfälligen Protesten gescheut hatten. Auch die Landtagsabgeordneten bat ich, mit dabei zu sein, damit sie die Stimmung und die Wünsche erlebten. Zum Schluss stellten wir aus den vielen Vorschlägen eine Liste zusammen mit den Punkten, die wir ändern wollten. Wir entwickelten daraus ein Gesetz und diskutierten das breit in der Öffentlichkeit. Ein wenig wurde diese Offenheit dadurch konterkariert, dass ich vom Koalitionsvertrag her gezwungen war, eine bestimmte Zahl von Schnellläuferklassen zuzulassen, das heißt Klassen, in denen Kinder schon nach der vierten Klasse grundständig am Gymnasium anfangen konnten. Brandenburg hatte von Berlin die Regelung übernommen, dass die Grundschule von Klasse 1 bis 6 integrativ alle Schüler bildete. Die Alliierten hatten damals in ihren Westsektoren einführen wollen, dass alle Schüler bis zur 8. Klasse integrativ unterrichtet wurden, denn sie meinten, das frühe Aufteilen der Schüler nach Klasse 4, wie es in Deutschland üblich war. Man einigte sich in der Mitte, Grundschule bis einschließlich Klasse 6 gemeinsam. Im Osten, in den sowjetisch geprägten

Gebieten hatte es gar eine integrative Bildung bis zu Klasse zehn gegeben, die zehnklassige Allgemeine Polytechnische Oberschule, die auch ich durchlaufen hatte. Marianne Birthler und ich, die wir beide uns 1990 für das Bildungsministerium warm liefen, hatten immer wieder in den Diskussionen gesagt, dass man vor allem die Inhalte von Schule ändern sollte, aber nicht gleich auch die Strukturen. Aber die Eltern bestanden mit der gleichen Vehemenz, mit der sie sich wenige Monate zuvor das Westgeld erkämpft hatten, darauf, dass sie nun auch endlich das Westschulsystem bekamen. Die Eltern wurden von den Lehrern unterstützt und insbesondere von den Schulleitern, bei denen sich die besonders hervorhoben, die am Revers ihres Anzuges eine kleine helle ovale Stelle vom früheren SED-Abzeichen hatten.

In der Demokratie bekommt man eben, was man sich wählt. Das geht auch in Ordnung. Was nicht geht, ist, dass man die Fehler, die auf Druck der Bürger gemacht werden, dann der Politik in die Schuhe schiebt. Ich schreibe das so klar, weil wir in fast allen Bundesländern den nächsten Fehler auf Druck der Bürger machten, nämlich die flächendeckende Einführung des Abiturs nach zwölf Jahren. Besser wäre gewesen, beides zu lassen, jeden nach seiner Fasson in zwölf oder 13 Jahren zum Abitur gehen zu lassen und dann aber, damit die Vergleichbarkeit gesichert wird, ein zentrales Abitur einzuführen.

Wir schufen nun die Möglichkeit, dass an maximal 44 Standorten Gymnasialklassen ab Stufe fünf geschaffen wurden. Ich hatte in der Konstellation der Koalition mit der CDU oft die Chance, einen sinnvollen Weg zwischen den Fronten mehrheitsfähig zu machen. Wir stritten alles fair aus und mal gab die eine Seite nach, mal die andere. Keine Novelle eines Schulgesetzes ging so geräuschlos und zum Schluss fast unbemerkt über den Tisch des Parlaments wie unsere. Sie bestand vor allem darin, neu zu justieren, Altes wieder einzuführen und so quasi den Hegelschen Dreischritt zur Synthese zu gehen. Denn auf das Gegebene, die These bis 1990 folgte 1990 die Antithese und meine nun endlich mal schöne Aufgabe war, auf höherer Ebene eine Synthese zu stiften.

Besonders deutlich ließ sich das immer in Bezug auf die Unterrichtsgrundlage zeigen. In DDR-Zeiten gab es vom Fichtelberg bis Kap Arkona Lehrpläne, in denen alles einheitlich und bis in Detail geregelt war. Die Reaktion darauf war, 1990 Rahmenpläne einzuführen. Die waren nun auch von der Form her wie ein großer Swimmingpool, in dem Kompetenzen beschrieben wurden, die erreicht werden sollten, aber in dem jede Konkretion fehlte. Das führte nun zu Unsicherheiten, zu sehr unterschiedlichen Schulrealitäten oder dazu, dass viele sich letztlich an die alten Pläne klammerten. Wir fanden nun einen guten Mittelweg von Rahmen und konkreten Festlegungen.

Einige Zeit, nachdem unsere Regierungszeit begonnen hatte, änderte sich in Berlin die Regierung. Nicht mehr Ingrid Stahmer, sondern Klaus Böger wurde mein Kollege. Klaus Böger und ich waren beide leidenschaftliche Vertreter eines gemeinsamen Landes und verstanden uns auch menschlich wunderbar. Wir waren uns in verschiedensten Konstellationen seit 1990 begegnet, waren befreundet und hatten großes Vertrauen zueinander. Uns gelang vieles, was vorher und nachher nicht gelungen war, nicht mehr gelingen konnte. Wir verständigten uns auf ein Projekt, wollten es und setzten es auch durch. Ein Beispiel sind die gemeinsamen, länderübergreifenden Rahmenlehrpläne für die Grundschule. Es war naheliegend und schlicht vernünftig, denn wir haben fast 200 Kilometer gemeinsamer Grenze. Berlin ist von Brandenburg umgeben, Tausende Schüler wohnen in Brandenburg und gehen in Berlin zur Schule, umgekehrt einige weniger. Aber es hatte das noch nie zuvor gegeben in Deutschland, dass es länderübergreifende Lehrpläne gab. Ich hatte mich in der KMK dafür stark gemacht, die A-Seite, die Sozialdemokraten hatten mich dafür verteufelt, die baden-württembergische Ministerin Schavan hatte kurz damit geliebäugelt, mich dann aber im Regen stehen lassen. Mit Klaus Böger hatte ich nun einen Partner, der auch Taten sehen wollte. Gemeinsam überzeugten wir Mecklenburg-Vorpommern, holten sogar Bremen mit Senator Willi Lemke ins Boot und gaben in einer großen Veranstaltung mitten in Berlin, der gemeinsamen Vertretung von Brandenburg und Mecklenburg-Vorpommern den Auftrag und den Startschuss.

Wir hatten eine gemeinsame Aufgabe, mit einer Reform des Schulgesetzes auf die Ergebnisse der PISA-Studie zu reagieren. In Brandenburg waren wir, da ich schon länger im Amt war als Klaus Böger, auf diesem Weg schon etwas weiter, hatten unsere ersten Folgerungen in einem Änderungsgesetz für das Schulgesetz zusammengestellt. Klaus Böger übernahm in Teilen unsere Gesetzesnovelle für Berlin, sodass wir für einige Jahre sehr ähnliche Gesetze hatten. Klaus Böger übergab mir damals das in Berlin gerade beschlossene Gesetz mit einer Widmung, die freundlich und liebevoll den Dank des Berliner Kollegen ausdrückte, dass wir ihm mit unserer Vorlage und Begleitung geholfen hatten, für Berlin diese Reform zu stemmen. Klaus Böger war auch derjenige, der ein paarmal im Abgeordnetenhaus in Berlin sich öffentlich bereit erklärte, den in Brandenburg gültigen, vom Bundesverfassungsgericht gebilligten Kompromiss in Fragen des Religions- und Ethikunterrichtes zu übernehmen. Er machte das jedoch verständlicherweise davon abhängig, dass unsere Landeskirche ihn nicht dafür kritisieren würde. Seine eigene Fraktion und der Koalitionspartner »Die Linke« wollten etwas anderes, einen eigenen Berliner Weg, der über die Situation in Brandenburg zulasten der Kirchen hinausging. Die Kirche versäumte die Möglichkeit des Kompromisses und als die absehbare Lösung dann beschlossen war und die Kirche das Nachsehen hatte, strebte sie dagegen noch einen Volksentscheid an, den sie, wie abzusehen war, verlor.

Ansonsten habe ich keinen Bischof so verehrt und geschätzt bis heute wie Wolfgang Huber. Er konnte und kann wunderbar Dinge auf den Punkt bringen, hat unsere Landeskirche und die EKD geprägt wie kaum einer vor ihm und hat beide Institutionen nicht nur zu neuer geistiger Ausstrahlung geführt, sondern auch zu einer neuen Dienstleistungsqualität befähigt.

Klaus Böger und mir gingen die dauernden neuen Sparauflagen auf die Nerven, die wir von Jahr zu Jahr zu tragen hatten trotz wohlfeiler Worte über die Bedeutung von Bildung aus dem Mund der Regierungschefs und aller Kabinettskollegen, die aber immer vergessen waren, wenn es an den Haushalt ging. So suchten wir nach Wegen, Dinge gemeinsam zu machen. Wir beschlossen die Integration der beiden Landesinstitute, die für Schule und für Jugend zuständig waren. Wir hatten wunderbare Abteilungs- und Referatsleiter, die auch was meine betraf, zumeist aus Berlin kamen und dort wohnten. Sie freuten sich mit uns darüber, über zehn Jahre nach dem Aufbruch der Deutschen Einheit, wo zunehmend alles im Kleinklein des Sandes der Bürokratie ins Stocken geraten war, wieder einmal etwas nachhaltig, offen und ohne Denkblockaden gestalten zu können. Wir wollten die Einrichtungen jeweils an einem Standort zusammenführen, eine in Berlin, eine in Brandenburg, beide in der Nähe der Landesgrenze. Das gemeinsame Institut für Jugend fand im Jagdschloss Glienicke seinen Ort und das gemeinsame Institut für Schule und Medien in Ludwigsfelde.

Das Förderprogramm Präsenz kam im Bildungsministerium zu neuen Ehren. Mehrfach in der Woche besuchte ich Schulen und Kindertageseinrichtungen, wurde zu Eröffnungen und Diskussionsveranstaltungen eingeladen oder um zu helfen, ein Problem zu lösen. Alles schrieb ich mir auf Zettel, von denen wohl keiner verloren ging, nur manche etwas später erst wieder auftauchten. Manches Problem ließ sich wunderbar auf der Fahrt im Auto lösen. Am Ende meiner Amtszeit hatte ich weit über 500 Schulen besucht, viele von ihnen mehrfach, was einen Kollegen veranlasste, mich zum Schulbesuchsweltmeister zu erklären.

Ich nahm mir auch einmal im Monat Zeit, den Landesschulbeirat zu besuchen. Die Beteiligung der Mitwirkungsgremien der Schüler, der Eltern und Lehrer lag mir am Herzen. Ich wollte, dass wir alle mit Respekt von Schule in Brandenburg sprechen, von dem, was Schüler, Eltern und Lehrer in diesem größten System des Landes täglich leisten. Immer wieder erzählte ich, dass man, wenn man sich in einem Restaurant schlecht bedient fühlt, darüber immer wieder spricht, wenn es einem aber gut gefallen hat, man das für normal hält und nicht weiter erwähnt. Ich wollte, dass wir es gemeinsam anders machten und die guten Dinge thematisierten. Auf Pressekonferenzen habe ich oft Schulen oder Kitas vorgestellt, die schon weit und gut auf dem Weg waren und von dem ich wollte, dass andere ihn auch gehen sollten. Natürlich wusste ich von meinen Besuchen und von den Vergleichsstudien, was alles noch im Argen lag, aber mir war zugleich klar, dass man Lehrern wie Schülern zeigen sollte, wo schon etwas gelungen ist, anstatt immer mit dem erhobenen Zeigefinger darüber zu reden, was noch fehlte und warum das Glas nur halb voll ist. Der Staat kann nicht alle öffentlichen Aufgaben wahrnehmen und in einer freien und demokratischen Ordnung ist das auch nicht sinnvoll. Die Bürger und die Zivilgesellschaft sind mit gefordert, Herausforderungen zu übernehmen. Aber es braucht auch Formen der Anerkennung und des Dankes. Ich begann damit, in dem ich einmal im Jahr aus jedem der 18 Kreise die von den Verantwortlichen vorgeschlagenen Ehrenamtler nach Potsdam zu einer Veranstaltung einlud. Es waren jährlich 54 Personen, je 18 aus den Bereichen Bildung, Jugend und Sport, die von den Kreisschulräten, den Kreisjugendämtern und den Kreissportbünden vorgeschlagen wurden. Auf einer Dampferfahrt wurden alle mit einer Urkunde, einem Geschenk und einem guten Essen geehrt. Das Geschenk hatte ich mir ausgedacht – es war ein großer Teepott aus Rheinsberger Keramik mit einem kleinen Stövchen und einem Teesieb, dass man auf einem Teller abstellen konnte und auf dem beispielsweise zu lesen war »Ehrenamtler 2002«.

Jahrelang hatte mich mein für berufliche Bildung zuständiger Referatsleiter Peter Wolters gedrängt, nach Vietnam zu kommen und nicht nur ihr Bildungsprojekt dort zu besuchen, sondern auch mit der Regierung einen Vertrag abzuschließen. Im März 2004 sollte es nun endlich so weit sein. Ich hatte kaum Zeit gehabt, mich auf die Reise vorzubereiten, denn es gab zu viele Termine und Akten im Büro. Nach meinem letzten Termin im Ministerium nahm ich noch Akten mit nach Hause, die ich nach der Rückkehr machen wollte, trug sie ins Haus und achtete auf der Treppe eine Sekunde nicht auf meine Füße. Ich war zu kurzgetreten und als ich die Stufe nehmen wollte, drehte ich mir mit meinem ganzen Körpergewicht den Fuß ab. Ich hatte mir noch nie etwas gebrochen, doch diesen Bruch hatte ich gehört, gespürt und sagte zu Katrin, kaum dass ich vor ihr hingefallen war, dass es doppelt gebrochen sei. Ich hatte recht und es dauerte vier Wochen, ehe ich erste Termine mit zwei Krücken wieder wahrnehmen konnte. Den Beitritt der zehn osteuropäischen Staaten zur EU am 1. Mai erlebte ich noch vom Bett zu Hause aus und konnte erst dann wieder zum Dienst gehen.

Mitten im Wahlkampf 2004 wollten Klaus Ness und Martin Gorholt mit mir sprechen. Die beiden sprachen regelmäßig und häufig miteinander, immer seltener sprachen wir zu dritt.

Klaus Ness, den ich 1991 auf Vorschlag von Martin als meinen persönlichen Referenten nach Potsdam geholt hatte, der, als mir Martin Gorholt als Büroleiter ins Wissenschaftsministerium folgte, unser Landesgeschäftsführer geworden war, stand in einer neuen Loyalität, für die ich Verständnis hatte. Ich freute mich mit ihm und auch für ihn, dass Platzeck Vertrauen zu ihm gefunden hatte und ihn brauchte, und ich wollte das genauso wenig wie Ness selbst gefährden. Ich arbeitete an jenem Tag zu Hause, um in aller Ruhe einen Vortrag zu entwickeln, der unsere Bildungspolitik nach dem PISA-Schock weiterentwickelte, zugleich aber deutlich machen sollte, wie bundesweit mit der Herausforderung umzugehen sein würde. Brandenburg sollte 2005 das erste Mal den Vorsitz in der Kultusministerkonferenz übernehmen. Es war die älteste und wichtigste Ministerkonferenz, denn in keiner anderen Fachministerkonferenz mussten derart viele gemeinsame Entscheidungen getroffen werden wie dort. Hier lag die Zuständigkeit bei den Ländern, die mussten sich verständigen, um bundesweit gültige Verabredungen zu treffen, um einheitliche Normen und Durchlässigkeit im System zu ermöglichen.

Die Zeitungen spekulierten in dieser Zeit viel, wen Platzeck in sein neues, sein erstes eigenes Kabinett nach einer möglicherweise gewonnenen Wahl berufen würde. Immer wieder wurde geschrieben und abgeschrieben, dass vermutlich alles offen sei und nur einer als gesetzt gelten könnte. Nicht nur wegen alter Loyalität und langer Freundschaft, sondern vor allem, weil Reiche sein schwieriges Ressort am besten in schwierigen Zeiten geführt hatte, galt ich vielen Journalisten als der Einzige, der als gesetzt gelten konnte. Mich freute das, nicht nur, weil Katrin einige Male besorgt gefragt hatte, ob Matthias mich wieder berufen würde. Sie fragte das weniger wegen unserer familiären Situation, sondern weil sie Sorge für mich empfand. Sie spürte und ich hatte es ihr auch oft genug voller Freude gesagt, dass ich mich selten, vielleicht gar nie in meinem Leben so wohl gefühlt hatte, wie in gerade jener Zeit. Ich fühlte mich der Herausforderung gewachsen, merkte, wie viel ich gestalten konnte, hatte einen guten Kontakt zu meinen Mitarbeitern und konnte mich auch ganz auf die Aufgabe als Bildungsminister konzentrieren. Ich hatte in der Zeit, als ich die Sportministerkonferenz geleitet hatte, gespürt, wie viele neue Ideen ich einbringen konnte, wie sehr wir diese Konferenz in nur zwei Jahren hatten verändern können. Insofern war ich gespannt auf die Zeit in der KMK, wusste ich doch auch, wie sehr sich Edelgard Bulmahn, die Bundesbildungsministerin auf meine Amtszeit freute. Endlich war da einer, der den Bund nicht aus allem heraushalten wollte, der ängstlich und kleinlich auf die Kompetenzen der Länder achtete, sondern der bereit war, mit dem Bund gemeinsam gestalterische und finanzielle Verantwortung zu teilen.

Wir trafen uns an einem warmen Junitag in Babelsberg in einem Café. Die beiden wollten mir etwas sagen, gemeinsam sagen, das lag irgendwie in der Luft. Sie nahmen Anlauf, brachen ab und dann sagte es Martin, Klaus saß sozusagen nur zur Beglaubigung daneben. Das war die übliche Aufgabenverteilung bei uns gewesen, denn Martin und ich kannten uns so lange. Das Vertrauen war nie erschüttert worden, und wir hatten quasi im Blindflug immer füreinander entschieden, wohlwissend, was der eine entschied, galt auch für den anderen, beziehungsweise würde sich über kurz oder lang als bestes erweisen. Zugleich sagte mir auch Martin so klar und hart wie sonst wohl nur Katrin seine Meinung, bremste mich, korrigierte mich, wusste, dass ich auf ihn achte, höre und akzeptiere, was er durchdacht hatte. Das galt vor allem auch deshalb, weil Martin in all den Jahren, immer all das, was ich angedacht, vorgedacht, entschieden hatte, in mühsamer Kleinarbeit umsetzte, während ich andere dafür begeisterte, Mehrheiten suchte und gewann. Wir waren ein optimales Team geworden.

»Steffen, wir denken, Platzeck wird dich wohl nicht wieder berufen. Wir wollten es dir sagen, damit du dich darauf einstellen kannst!« Nun war es raus. Ich war verwundert, weil auch Katrin, die mit beiden nicht darüber geredet hatte, aus ganz anderen Beobachtungen heraus zur ähnlichen Schlussfolgerung gekommen war.

»Nein, ihr täuscht euch!«, protestierte ich. »Ihr kennt ihn nicht gut genug. Niemals würde Platzeck so etwas machen. Das hat er auch gar nicht nötig. Er weiß, was er mir verdankt, er weiß, dass ich sein Amt nicht nur nicht haben will, sondern es auch nicht so gut könnte wie er. Wir kennen uns so lange, haben fast alles miteinander abgesprochen. Ja, nicht mehr in der letzten Zeit. Und ein wenig nervt ihn auch, dass ich immer so viel will. Aber er will doch in der nächsten Legislatur Bildung zu seinem Schwerpunktthema machen. Da braucht er mich, braucht er uns! Und nachdem wir die Bildungspolitik aus einem jahrelangen Tiefschlaf erweckt haben, können wir ja jetzt auch etwas langsamer werden.« Ich erinnerte sie an all die Male, wo ich für Platzeck eingetreten war, wie loyal ich ihm den Landesvorsitz übergeben hatte und damit auch die Verantwortung für die Partei, die ich vorgedacht, aufgebaut und in die Position gebracht hatte, in der sie heute war. »Nein, ihr täuscht euch!« »Und dennoch, wir haben es dir gesagt.«

Drei Wahlergebnisse hatte ich zu verantworten. Das erste von 1990 hatte uns in die Lage versetzt, eine andere Koalition zu bilden als in allen anderen neuen Ländern. Wir waren das einzige Land, in dem es keine Beteiligung der CDU gab, in dem wir sie aber bei der Verfassungsfrage und bei der Länderneugliederung intensiv beteiligt hatten, obwohl sie in der Opposition war. 1994 dann hatten wir das beste Ergebnis, was wir überhaupt je in Brandenburg hatten, eines, wo man als Vergleich nur die CSU in Bayern aufrufen konnte, waren dann 1999 abgestürzt um über zehn Prozent. Ich hatte dafür bezahlt. Und Platzeck sackte nun 2004 noch weiter ab, auf ein neues Tief, das viele mit ihren Direktmandaten bezahlten, auch Wolfgang Birthler, unser Landwirtschaftsminister und ich. Wir verloren sie an die CDU und an die PDS. Wolfgang und ich waren dank der Liste wieder im Landtag.

Uns war klar, wir würden wieder eine Koalition mit der CDU bilden, obwohl wie 1999 auch eine mit der Linken möglich war. Ich war unausgesprochen, aber für viele erkennbar, offen auch für eine Koalition mit der Linken. Sie hätte uns erlaubt, schon jetzt Akzente zu setzen, die dann erst ab 2009 gesetzt wurden. Aber ich hatte keine Präferenz, ich war nur für die Koalition offen, die Regine Hildebrandt schon 1999 wollte, als die Zeit dafür noch nicht reif war. Sie war mittlerweile leider schon tot, sonst hätte sie wohl deutlich ihre Stimme erhoben. Unser Parteihaus trägt und trug, wie zur Mahnung ihren Namen.

Platzeck lud mich wenige Tage nach der Wahl in sein Büro ein. Ich musste warten, bis er zu Ende telefoniert hatte, dann bedeutete mir Frau Jäger aus seinem Vorzimmer, ich könne hineingehen. Er kam mir entgegen, wir setzten uns in die schwarze Couchgarnitur, in der ich auch schon öfter bei Stolpe gesessen hatte. Er schenkte uns Kaffee ein und kam dann unvermittelt zur Sache. »Großer, ich werde dich nicht wieder berufen«, sagte er und ließ mir Zeit, das Gehörte zu verdauen, darauf zu reagieren.

»Warum?«, wollte ich wissen!

»Es ist entschieden.«

»Mach es bitte nicht. Zumindest jetzt noch nicht. Es schadet dir, es schadet uns. Lass mich das Jahr 2005 noch den KMK-Vorsitz machen, Edelgard braucht mich, der Bund braucht mich. Und dann kann ich 2005 ohne Probleme ins Europaparlament gehen. Bitte, lass es uns so machen.«

Ich versuchte, ihn zu überzeugen, dann ließ ich es und bemühte mich, so schnell wie möglich zu gehen.

Ich wollte nichts Unbedachtes sagen, wollte nur noch mit mir allein sein, nach Hause fahren, nachdenken.

Ich wurde täglich weiter gefragt, was aus mir würde, aber sagte meistens, dass ich es noch nicht wisse. Nur als Edelgard Bulmahn anrief, sagte ich ihr, was ich wusste. Sie war sprachlos, verwundert und besorgt. »Ich rede mit ihm«, sagte sie zutiefst entschlossen.

So viel Veränderung war selten zuvor in unserer Familie. Rebecca, die älteste, hatte auf Anhieb einen Studienplatz in Zahnmedizin in Marburg bekommen und ich hatte schon vor Wochen gesagt, dass wir sie bringen würden. Ich war in den Tagen zutiefst niedergeschlagen. Es hatte sich unter mir ein Abgrund aufgetan, in den ich noch nicht hineinglitt, aber fürchtete, es könnte so kommen. Noch hatte ich Hoffnung.

Dann kam ein Anruf von Martin aus meinem Büro. Katrin mochte es nicht, dass ich während der Fahrt telefonierte, diesmal hatte sie ein Einsehen und Verständnis.

»Johannes Rau hat bei Platzeck angerufen und sich wohl für dich eingesetzt. Hast Du es ihm erzählt?«, fragte er. »Martin«, sagte ich warnend. »Never. Du weißt genauso gut wie ich, dass ich das nicht machen würde. Und wie sollte ich ihn so schnell erreichen? Nein, ich habe ihm nichts gesagt. Vielleicht Edelgard?«

»Platzeck ist außer sich. Er hat Johannes Rau höflich abblitzen lassen. Nichts gesagt. Aber jetzt gibt er seine Entscheidung an die Presse. Er will vorbauen. Er hat es der Berliner Zeitung gesagt, die werden es morgen bringen.«

»Dann ist es gelaufen. Ich hätte ihm das nicht zugetraut. Aber dann ist es so. Schade«, gab ich mich kühl und routiniert. Ich stand neben mir, war außer mir. Ich wusste keine Erklärung, die wirklich sinnvoll war. Das Einzige, was ich mir denken konnte, war, dass ihm die Aufgabe so wichtig war, dass er jemanden gefunden hatte, der in der PISA-Diskussion nationalen Rang hatte, der allein durch seinen Namen und seine Person deutlich machte, dass Brandenburg besser werden würde, aufschließen könnte zu den Spitzenländern in Skandinavien.

Am Abend traf sich die Kirkel-Runde von Bildungspolitikern der SPD von Ländern und Bund in Mainz. Ich hatte mich auf das Treffen gefreut, war es doch vermutlich das letzte, bevor Brandenburg knapp ein halbes Jahr später den KMK-Vorsitz übernehmen würde. Insofern musste ich hin, wusste, dass ich wohl wieder der Einzige von den Brandenburger Bildungspolitikern sein würde. Ich schwankte hin und her, denn dort wollte ich jetzt zuallerletzt gesehen werden, reden, erklären müssen. Aber das Pflichtbewusstsein, Freundschaft zu vielen, die sich dort trafen, gab dann den Ausschlag. Katrin ließ mich ungern ziehen, machte sich Sorgen, befürchtete, dass mir wegen Unaufmerksamkeit während der Fahrt etwas zustoßen konnte. Ich sagte es nur dem Abgeordneten Jörg Tauss und einigen engeren Freunden, aber es war sofort rum, schlug ein wie eine Bombe. Erwartungen, Hoffnungen, Planungen ließen sich jetzt weniger gut gemeinsam weiterverfolgen.

Einige Wochen danach, die Koalitionsverhandlungen, an denen ich nicht mehr beteiligt war, hatten klar die Fortsetzung der Großen Koalition mit der CDU ergeben (es war die kleinere der beiden denkbaren, denn Die Linke hatte ein besseres Ergebnis als die CDU!) war der Landesparteitag. Ich hatte mich bis zuletzt in meinem Arbeitszimmer im Keller verschanzt, vor mir selbst verborgen, bereitete mich vor auf drei Anträge, zu denen ich reden wollte, um deutlich zu machen, dass ich nicht abgestürzt war, dass ich nicht schmollte, sondern lebte, etwas wollte, mich an die Planung von Zukunft machte.

Platzeck begann den Parteitag, indem er denen dankte, die nicht wieder mit dabei sein würden. Mit mir begann er, würdigte, all das was ich geleistet hatte, aber es klang in meinen Ohren eher wie Hohn. Der Parteitag applaudierte, als Platzeck geendet hatte. Nach wenigen Sekunden war ich der Einzige, der noch saß. Sie hatten sich alle erhoben, um ihrem alten Parteivorsitzenden Danke zu sagen, um zu danken, was ich für manchen Ortsverein oder manchen Kreis gemacht hatte, für Entscheidungen, die ich in 14 Jahren getroffen hatte. Sie klatschten lange und dann auch rhythmisch. Platzeck suchte nach einer sinnvollen Möglichkeit das Ganze zu beenden: »Kommt, ich will doch auch noch anderen Dank sagen. Außerdem Steffen lebt ja noch und bleibt uns erhalten!«, rief er in den Raum und wenig später setzte sich die Basis und erhob sich auch nicht wieder.

Am Dienstag darauf, nach der Fraktionssitzung, ich hatte mir einen Platz inmitten der Abgeordneten gesucht, lud mich Klara Geywitz auf einen Kaffee in die Stadt ein. »Lass uns reden.« Und dann saßen wir in einem der hippen Cafés in Potsdam, das ich noch nicht kannte. Ich saß da, wollte eigentlich nur, dass Zeit vergeht, sich Wunden schließen und ich irgendwie darüber hinwegkäme und neu beginnen konnte. Es war weniger das Gefühl, nicht mehr Minister zu sein, sondern es war die Traurigkeit, eine Aufgabe weggenommen zu bekommen, gerade jetzt, wo so viel wie seit Jahren nicht zu gestalten war, und ich auf Bundesebene den KMK-Vorsitz hatte.

Klara, die ich politisch hatte groß werden sehen – sie war die erste Landesvorsitzende der Jusos, die ich mit allen Kräften unterstützt hatte, sie ging bei uns zu Hause ein und aus und wir tauschten uns über vieles aus. Klara sagte in der Fröhlichkeit, die wir beide meist miteinander hatten, plötzlich und überraschend, aber auch abschließend: »Du bist politisch tot.« Sie sagte das nicht, um mich zu kränken, nicht in irgendeinem Auftrag, sondern sie sagte es aus Freundschaft, aus Sorge, dass ich etwas machte, was ich bereuen würde. »Lass es hinter dir, fang etwas Neues an, aber setz nicht mehr auf etwas, was vorbei ist«.

Der Landtag war für mich zu einem »Unort« geworden. Was hatte ich da noch zu suchen? Auf welche Chance wollte ich warten? Was wollte ich bewegen, welche Entscheidungen mitprägen? Sollte ich die Politik gleich ganz verlassen? Oder sollte ich auf eine andere Ebene wechseln? Die Europapolitik hätte mich gereizt, da ich den Europaausschuss im Landtag nun auch übernommen hatte. Er hatte bisher immer nur ein Schattendasein im Land gefristet, denn wirklich mitzubestimmen hatten wir nichts, aber ich ging für Brandenburg in den Ausschuss der Regionen in Brüssel und leitete den Ausschuss so, dass er erstmals sichtbar wurde im Land und ich öfter zu Sitzungen an attraktiven Orten einlud, die mit europäischen Mitteln gefördert worden waren. Dennoch auch diese Arbeit war keine auf Dauer oder mit Perspektive, und Norbert Glante wollte und sollte erneut für das Europaparlament kandidieren.

Ich entschied mich dafür zu reisen. Seit 14 Jahren konnte ich reisen, hatte nicht nur einen Pass, der mich dazu berechtigte, sondern auch Geld, was mich in die Lage versetzte. Aber ich hatte keine Zeit, um allein die Welt zu erkunden, denn entweder ich arbeitete oder ich machte Urlaub mit der Familie. Jetzt wollte ich reisen, um nicht depressiv zu werden, reisen, um zu vergessen, reisen, um auf neue

Gedanken zu kommen, reisen, um die Zeit mit Sinn zu nutzen. Meine Familie war einverstanden, hoffte, dass ich auf andere Gedanken käme und mich wieder selbst aus der Situation befreien würde, in die ich geraten war. Im März 2005 fuhr ich das erste Mal für 14 Tage in den Libanon, nach Syrien und Jordanien, in die Länder der frühesten Kirchengeschichte, die Länder des Reisens des Paulus, von denen ich so viel gelesen hatte, sie aber noch nie gesehen hatte. Nun fuhr ich von der bitter zerstörten Schweiz des Nahen Ostens in den Norden bis ins traumhaft schöne, heute nun total zerstörte Aleppo und dann über Damaskus und Amman bis zum Roten Meer nach Akaba. Es waren muslimisch geprägte Länder, in denen aber damals noch einige Christen, die viel früher dort gewesen waren, mit den Muslimen gemeinsam lebten. Der 11. September 2001 hatte mich in dieser Frage wie Millionen anderer sensibel gemacht und mein Respekt vor dieser im Vergleich zum Christentum jungen Religion mischte sich mit vielen Fragen und mit wachsender Furcht. Zugleich wollte ich aber, und das war ein wesentlicher Grund, in den arabischen Halbmond zu fahren, die Rolle Israels besser verstehen, der einzigen intakten Demokratie in dieser Region.

Und ein anderes Land wollte ich endlich kennenlernen: China, das Reich der Mitte, Wiege von Kulturtechniken, das Land, das eine so unglaubliche wirtschaftliche Dynamik vor unseren Augen entfaltete. Ich kam nach fast drei Wochen verändert zurück, der Mief der Dinge, die mich bedrückten, war nun verflogen. Wäre ich nicht gefahren, sondern geblieben, hätte ich zu diesem Zeitpunkt wohl die Beratung und Begleitung eines Psychologen gebraucht, der mir geholfen hätte, mich aufzurichten. So aber stand ich plötzlich über den Dingen, die mich zuvor niederdrückten. Mein Blick hatte sich geweitet, der Horizont war ein anderer geworden. Reisen bildet, hatte ich nun in einem weiteren Sinne erlebt, so wie bei den beiden großen Reisen durch die Sowjetunion. Man wird nicht nur klüger und gewinnt neue Erkenntnisse, sondern wird auch gebildet und verändert in einem tieferen Sinn. Die eigenen Bilder von Werten verändern sich, manches, was vorher so wichtig schien, wird plötzlich nebensächlich, ordnet sich anders ein, bekommt einen neuen Stellenwert.

KAPITEL 11

ABGEORDNETER IM DEUTSCHEN BUNDESTAG

Gerhard Schröder und ich hatten unsere gegenseitige Abneigung verstanden, als ich mich mit Vehemenz 1994 für Rudolf Scharping einsetzte, gegen den Rat von Martin Gorholt und Klaus Ness. Beide waren klare Schröder-Verfechter, wir aber hatten als Landesverband Brandenburg bei der damaligen ersten Mitgliederbefragung in der SPD das deutlichste Ergebnis für Rudolf Scharping. Jetzt aber hatte ich höchsten Respekt für seine Agenda-Politik und tiefe Abneigung gegen all die, die glaubten, es besser zu können oder die gar wie Lafontaine mit der PDS eine neue Linke bilden wollten. Ich verstand Schröder, dass er mit Müntefering verabredet die Vertrauensfrage stellte und Neuwahlen anstrebte. Ich verstand so wenig wie er, dass er vielleicht einen großen Fehler machte, denn wenn er mit stahlharten Nerven durchgehalten hätte bis 2006, wäre zu dem Zeitpunkt infolge seiner Agenda-Politik die Situation vielleicht eine andere als bei der vorgezogenen Wahl gewesen. Der Aufschwung wäre sein Aufschwung gewesen und das Ergebnis hätte wohl ähnlich knapp ausgesehen, aber er wäre möglicherweise Sieger vor Merkel gewesen. Ich verteidigte seine Entscheidung, noch dazu, wo ich nun ein Jahr früher in die Lage versetzt wurde, den Landtag zu verlassen und in den Bundestag zu gehen. Als der Cottbuser Wahlkreisabgeordnete Winfried Schreck überraschend erklärte, dass er nicht wieder kandidieren, sondern sich auf seinen Gesamtbetriebsratsvorsitz konzentrieren wolle, war allen klar, dass ich in diese Lücke springen könnte.

Mich kannten in den verschiedenen Teilen des Wahlkreises alle am ehesten und würden mich wählen.

Ich blühte zu neuem Leben auf, denn nun konnte ich Wahlkampf machen, hatte es schon fünfmal selbst als Kandidat und viele Male mit der Partei für andere auf allen Ebenen gelernt – Kommune, Kreis, Land, Bund und Europa. Platzeck unterstützte mich und ich wurde als Spitzenkandidat nominiert. Das war im Grunde nur eine Sache der Ehre, weil unsere Bundestagsliste noch nie gezogen hatte, da wir immer mehr Mandate direkt gewinnen konnten, als uns nach Zweitstimmen zustanden.

Die Parteifreunde vor Ort, die in der alten, über 130 Jahre alten Tradition Genossen genannt wurden, hatten Freude an dem Wahlkampf und engagierten sich mit großem Elan. Wir wussten, dass es knapp werden würde und umso mehr brachten sich diesmal alle mit ein. Viele erzählten mir, als wir gewonnen hatten und im Café Zelig in Cottbus vergnügt feierten, dass sie einen solchen Wahlkampf noch nie erlebt hatten und glücklich waren, dabei gewesen zu sein. Wahlkampf hat auch immer etwas von Prostitution, denn man muss sich anpreisen, um gewählt zu werden. Man muss mit Menschen reden, mit denen man sonst nicht ins Gespräch kommen würde. Vor allem ist man die letzten sechs Wochen nur noch im Einsatz, rund um die Uhr. Ich mochte vor allem den Kaufhallenwahlkampf, weil man da die Leute traf, die man in den Veranstaltungen nicht traf, die davon weitererzählten und überrascht waren, dass sie den Kandidaten vom Plakat an der Laterne getroffen hatten. Und die machten viel aus, denn einmal wurde mir von Freunden erzählt, die im Bus ein Gespräch zweier älterer Damen belauschen mussten und die sich darauf verständigten, den Hübscheren zu wählen. »Ne, ick wähl den anderem, der sieht netter aus.«

Ich kam im Bundestag an und war von allem überrascht. Alles war größer, dynamischer, effizienter als ich gedacht hatte. Es ist ein Parlament wie ein Landtag, aber eben von einer ganz anderen Größe und Qualität. Wir wurden von Peter Struck als die Neuen nicht nur in der Fraktion begrüßt, sondern auch in einer gesonderten Veranstaltung, in der er versuchte, uns vor diesem gigantischen Betrieb ein wenig die Sorge zu nehmen. Statt knapp 100 Abgeordneten das Siebenfache, ein unvergleichlich viel größeres Büro, mit dem rund Fünffachen an Mitarbeiterpauschale. Die Abgeordneten konnten ganz anders Menschen beschäftigen, die mit einem arbeiten und die einem zuarbeiten. Nicht aus einer Wahlbevölkerung von rund 2,6 Millionen, sondern von über 80 Millionen waren sie gewählt worden und sie hatten sich durchsetzen müssen. Die hier versammelt waren, gehörten in ihren Wahlkreisen, die in der Regel wie bei mir vier Landtagswahlkreise umfassten, fast immer zu denen, vor denen Menschen Respekt hatten. Da waren Menschen, die sich wichtig fühlen konnten, wohl auch welche, die es wirklich waren, aber nun hier im Bundestag mit über 750 und in der Fraktion mit fast 250 Mitgliedern wieder auf ein Normalmaß zurechtgerückt wurden. Man musste schon etwas zu sagen haben, wenn man etwas sagen wollte, ohne sich lächerlich zu machen und um durchzudringen. In diesem riesigen Betrieb von fast 4.000 Menschen, die im Bundestag im politischen Bereich arbeiteten und von einer doppelt so großen Zahl von Lobbyisten beeinflusst, von einer großen Zahl von Journalisten begleitet und einer unüberschaubar großen Zahl von Menschen beobachtet wurden. Wenn man neu dazu kam, musste man sich hinten anstellen, um etwas zu werden. Nur wer dort etwas zu sagen hat, erfährt in seiner Arbeit auch Sinn. Sonst ist man als Hinterbänkler nicht nur austauschbar, sondern es ist auch letztlich zweitrangig, ob man da ist oder nicht. Am Abend geht man nach einer Vielzahl interessanter Veranstaltungen, in denen man viel Neues erfahren hat, von dem man im Wahlkreis auch interessant erzählen kann, ins Bett, ohne etwas bewegt zu haben. Um nicht missverstanden zu werden: Auch Sisyphos hat etwas bewegt, auch wenn der Stein dann wieder runterrollt. Jemand der Minister war wie ich, weiß, wie es sich anfühlt, wirklich politisch gestalten zu können, wie es ist, wenn man etwas sagt und man bewirkt und verändert etwas.

Der Bundestag ist eines der größten Reisebüros der Republik. Nicht nur, dass die Abgeordneten ständig frei hin und her fahren und fahren müssen zwischen Wahlkreis und Parlament. Es gibt so viele Einladungen, die direkt mit dem Mandat und dem Ausschuss, in dem man ist, zusammenhängen. Es gibt auch weit über 50 Parlamentarische Freundschaftsgruppen, denen man angehört, die Partnerschaft zu allen Ländern der Erde pflegen. Dazu bereisen Bundestagsdelegationen die Staaten, zu denen sie die Freundschaft im Namen der Republik bekunden. Mein Terminkalender war hier genauso voll, oft voller als in der Zeit als Minister in Brandenburg. Durch das Ausscheiden von Abgeordneten oder durch neue Aufgaben werden Vorsitze frei. Mir wurde der meiner Fraktion zufallende Vorsitz der Parlamentarischen Freundschaftsgruppe Südkaukasus angetragen, da mein Engagement für die Erinnerung an den Völkermord am armenischen Volk aufgefallen war.

Einmal im Jahr kann jeder Abgeordnete eine Gruppe aus dem Wahlkreis zu sich in den Bundestag einladen. Allen Teilnehmern werden vom Steuerzahler die Fahrt und Unterkunft und alles weitere bezahlt. Das ist vernünftig und jeder ist gut beraten, es weit zu streuen, um viel mit diesen Reisen zum Abgeordneten zu erreichen. Ich machte dabei die Erfahrung, dass sich außerordentlich gute Gespräche entwickelten, in denen nachhaltig politische Bildung vermittelt werden kann. Zugleich spürte ich, wie sehr ich bei meinen Führungen durch den Reichstag die Menschen aus dem Wahlkreis begeistern konnte an dem Ort, der auch mich in seiner Schönheit und Klarheit begeisterte. Das war der Grund, weshalb ich begann, 100 Menschen aus dem Wahlkreis einzuladen, ihnen mit Brandenburg-Tickets die Hin- und Rückfahrt und einen kleinen Imbiss in einem besonders schönen Saal zu bezahlen, in dem man den Blick auf die Spree und ins Parlamentsviertel hatte. Der erste Besuch war ein so überwältigender Erfolg für uns alle, dass ich mich entschied, dass nun monatlich zu machen und mich mit über 500 Euro pro Fahrt auch privat zu beteiligen. Es war eine Reise, die einmal monatlich an einem Sonnabend in Cottbus morgens gegen 9.00 Uhr begann, gegen 11.00 Uhr war die Gruppe dann bei mir, und ich führte sie bis gegen 15.00 Uhr durch alle Häuser des Parlaments, oft von »Sitzungen« mit Diskussionen an schönen Orten und schönen Ausblicken unterbrochen.

In vier Jahren habe ich an die 50 Reisen mit meinen Mitarbeitern in den vier Wahlkreisbüros organisiert, mit über 4.000 Menschen aus dem Wahlkreis, der ca. 260.000 Bürger hatte. Gemeinsam mit Johannes Kahrs aus Hamburg war ich ungekrönter Meister in Besuchen von Bürgern aus dem Wahlkreis.

Nach zehn Jahren Landesvorsitz und nach zehn Jahren Dienst als Minister war ich 2004 in weit über 70 Vereinen, Stiftungen und Kuratorien Mitglied. Oft war es nur ein Zeichen von Solidarität und Verbundenheit. Als ich dann für den Wahlkreis Cottbus/Spree-Neiße im Bundestag war, gab es neue Wünsche und mein Mitarbeiter, mit dem ich als er Vorsitzender vom Landesjugendring war, gut zusammengearbeitet hatte, stöhnte oft. Er hätte mich am liebsten nicht mehr aus dem Büro gelassen, denn oft kam ich von Besuchen mit neuer Verantwortung wieder, die wir dann auch noch mit dem Team unseres Büros schultern mussten. Er drängte mich, nichts Neues mehr anzunehmen. Ich war dann überrascht, dass er der erste war, der seinen Vorschlag unterlief, denn er bat mich, Präsident des Jugendherbergswerkes Berlin-Brandenburg zu werden, ein immerhin mit 17 Herbergen und über 200 Mitarbeitern kleines Unternehmen. Das Beispiel zeigt, wie sehr man sich bei der Übernahme eines Ehrenamtes falsch entscheiden kann. Die Jugendverbände betrachteten den gemeinnützigen Verband als ihr Unternehmen und sahen, dass der von ihnen zuletzt vorgeschlagene Präsident seinen Aufgaben nicht gewachsen war. Ich sprach mit dem Geschäftsführer des Landesjugendringes, der mir versicherte, dass nicht so viel an neuer Belastung auf mich zukäme. Nicht mehr als zwei bis drei Termine im Monat, aber ich würde es so viel besser machen. Und gewählt würde ich sowieso, da müsse ich mir keine Sorgen machen. Ich wurde dann auf der Mitgliederversammlung 2008 gewählt und trug mehr Verantwortung, als mir lieb war. Es gab Spannungen im Verwaltungsrat und zwischen Verwaltungsrat und Hauptamtlichen. Unsere Titel waren alle etwas hochtrabend. Ich war Präsident, der Geschäftsführer hieß Vorstandsvorsitzender. Der Verband hatte, obwohl er der Verband der Hauptstadtregion war, keinerlei Reputation in der Republik. Es war seit Jahrzehnten kein neues Haus mehr dazu gekommen und obwohl Berlin der angesagte Hotspot für viele Jugendliche aus Europa und der Welt war, jedes Jahr 10 Prozent mehr

Besucher nach Berlin kamen, stagnierten unsere Übernachtungszahlen. Die Spannungen im Vorstand wollte ich beenden und es besserte sich. Jetzt, da wir in der Lage waren, auch eine Mitgliederversammlung des Bundesverbandes zu empfangen, kamen wir endlich unserer aufgeschobenen Verpflichtung nach und brannten ein Feuerwerk von guter Laune ab. Immer wieder versicherten mir Besucher aus anderen Landesverbänden, dass sie eine so exzellent vorbereitete Versammlung noch nie erlebt hätten. Die Musiker, die ich besorgt hatte, spielten auch nachts um 1.00 Uhr noch, so sehr freuten sich alle.

Aber noch immer hatten wir kein neues Haus in Berlin, denn auch das von meinem Vorgänger initiierte Projekt war gescheitert. Bis zum Staatssekretär im Umweltsenat war ich gegangen, um die immissionsschutzrechtliche Genehmigung zu bekommen. Denn neben dem Haus für die Jugendherberge war die Kindl-Bühne, auf der mehrfach im Jahr Konzerte stattfanden. Aber es waren genau die Konzerte, zu denen unsere zukünftigen Besucher gern gehen wollten, wenn sie überhaupt vor Mitternacht in der Wuhlheide wieder zurück sein würden. Und ich hatte ein Anrecht mit der Kindl-Bühne erkämpft, mit der alle Jugendlichen, die das wollten, auch eine Karte kaufen konnten. Es gab also in Wirklichkeit kein Problem, aber die links geführte Jugendverwaltung des Berliner Senats sah keine Möglichkeiten einer Genehmigung. 300.000 Euro waren so im Berliner Sand durch einen gemeinnützigen Verein, der dafür lange arbeiten musste, fehlinvestiert. Endlich gelang es mir durch die lange Freundschaft zu Jürgen Zöllner, der neuer Wissenschaftssenator war, einen günstigen und langen Erbpachtvertrag für einen großen Schulpalast aus der Kaiserzeit 1906 zu bekommen, mit dem wir 500 neue Betten durch nur 6 Millionen Euro Investition in einigen Jahren hätten anbieten können. Aber nun wollte auch ich den Vertrag des Vorstandsvorsitzenden nicht mehr verlängern. Er hatte keine Ideen den Verband nach vorn zu bringen und demotivierte die Mitarbeiter, immer mehr Arbeit blieb bei mir liegen. Die von ihm erbetene Verlängerung mit kürzerer Laufzeit gewährte ich, aber dann ließ er sich dahin beraten, dass er gegen die Nichtverlängerung klagen solle. Da mir keiner seinen Vertrag zeigen konnte, kannte auch keiner die Klausel, auf die er sich nun überraschend berief. Ich nahm die Schuld auf mich, aber musste nun nach einer nachhaltigen Lösung suchen. Ich wurde bedrängt, es selbst zu machen. Aber wie sollte ich das können ohne Ausbildung im Hotelgewerbe oder wenigstens als Ökonom, was jetzt gebraucht wurde? Zudem gab es ein im Grunde allen bekanntes, bundesweites Problem, an das sich nur keiner heranwagte. Fast alle Landesverbände waren zu klein, um für ihre Aufgabe das an Kompetenz vorzuhalten, was man brauchte, um auf diesem schwieriger werdenden Markt bestehen zu können. Wir hätten mindestens doppelt so groß sein müssen, um unsere Aufgaben professionell bewältigen zu können. Da ich für die Nachfolge für den Vorstandsvorsitz mit Mecklenburg-Vorpommern sowieso im Gespräch war und mit ihrem Präsidenten befreundet, entwickelten wir die Idee einer langjährigen Zusammenarbeit, die in eine Fusion übergehen könnte. Der Respekt auf der Bundesebene wuchs. Denn nun hatte ich gleich zwei seit Jahren nicht angepackte Dinge aufgegriffen. Die Vorständin aus Schwerin nahm nun beide Aufgaben wahr und das neue Team harmonierte besser als das alte. Aber dieselben, die mich für die Aufgabe geworben hatten, begannen gegen mich zu intrigieren und meine Abwahl zu betreiben. In der Mitgliederversammlung 2012 setzten sie den alten Präsidenten wieder durch. Warum hatte ich mir das zugemutet und dann uns allen so viel zugetraut und zugemutet?

Ich war bedrängt worden, die Aufgabe hatte mich gereizt und ich traute es mir zu, Lösungen zu finden. Wir hatten alle in einem Partizipationsprozess, wie es ihn davor nicht gab, beteiligt. Aber natürlich schmerzen Veränderungen, denn das Alte ist noch so vertraut, und dem Neuen traut man noch nicht. Ich war verführt worden, eine Aufgabe anzunehmen, und hatte das Pech, das genau zu dem Zeitpunkt neu gewählt werden musste, wo die Veränderung besonders groß war.

2009, nach vier Jahren Großer Koalition war wieder Wahl. Ich hätte es gern gesehen, dass die Große Koalition unter Merkel fortgesetzt wird. Aber für eine Große Koalition kann man nicht kämpfen und die andere Option, dass wir uns einen Koalitionspartner hätten aussuchen können, war nicht wirklich wahrscheinlich und konnte auch niemand im Wahlkreis, im Land und der Republik überzeugen. Auch der Kandidat, Frank-Walter Steinmeier, war der beste, den die SPD aufbieten konnte, war Vizekanzler und Außenminister. Jeder traute ihm zu, diese Aufgabe so gut zu machen, wie sie bisher gemacht wurde, aber ob besser wusste man auch nicht. So rutschten wir, wegen weiter fallender Wahlbeteiligung und weil sich viele für Protest entschieden, auf das bis dahin schlechteste Wahlergebnis der SPD im Bund und in Brandenburg und die Zahl der Direktmandate für die SPD halbierte sich. Auch mein Wahlkreis war dabei, damit hatte eigentlich fast keiner gerechnet, auch ich nicht.

Kapitel 12

Vom Politiker zurück zum Pfarrer

Nun stürzte zum zweiten Mal innerhalb von fünf Jahren alles für mich zusammen. Doch anders als 2004, wo ich plötzlich keine Perspektive sah, schockierte es mich nicht so sehr. Mir war schlaglichtartig klar, dass das im Grunde für mich nach 20 Jahren das Zeichen war, die Politik als Beruf aufzugeben. Ich wollte nicht vier Jahre warten und die Zeit überbrücken, um nachzurücken. Ich wäre der Erste gewesen, der nachgefolgt wäre, aber bei fünf Abgeordneten war das eher unwahrscheinlich. Und nachrücken, um dann in der Opposition zu sein? »Opposition ist Mist.« Der Satz von Müntefering ist noch eine freundliche Untertreibung. Und was stand nach vier weiteren Jahren anderes an als wieder Opposition oder wieder Große Koalition? Ich nahm mir länger Zeit, um zu überlegen, ob ich als Lobbyist irgendwo tätig werden wollte. Anfragen hatte ich bisher nicht beantwortet, aber das ließ sich ja ändern.

Nein, ich hatte die Wahl verloren, hatte zwar ein spürbar besseres Erststimmenergebnis, das heißt, die Zustimmung zu mir war größer als zur Partei. Aber die Partei war so weit abgesackt, dass plötzlich der Kandidat der Linken gewählt war, der sich in den vier Jahren keine zehnmal im Wahlkreis hatte blicken lassen, der für die Bürger nichts organisiert hatte und der sich auch im Wahlkampf nur ein paar Mal hatte blicken lassen. Politikerverdrossenheit, manchmal stellt sich dann auch eine Wählerverdrossenheit ein. Ich stand kurz davor.

Zäsuren muss man durchleben, man sollte nicht einfach darüber hinweggleiten, denn dann holt das nicht Verarbeitete einen später ein. Zudem braucht es länger, um alles zu bewältigen. Nun wollte ich erst einmal alles hinter mir zurücklassen, Distanz gewinnen, um in Ruhe, mit einem völlig anderen Blickwinkel die vergangenen Jahre Revue passieren lassen. Ich hatte Zeit und ich ahnte, dass es mir guttun würde, wenn die Fragen und Probleme, die sich vor mir auftürmten, sich in der Ferne auf ein anderes Maß reduzieren würden.

Zwei Monate hatte ich nach der Wahl Zeit, mein Büro aufzulösen und alles zu mir nach Rehbrücke in mein Arbeitszimmer zu bringen. Mit der Perspektive, am Ende des Jahres eine Weltreise anzutreten, gelang das. Ich wickelte mein nun vergangenes Leben ab, kündigte Mitgliedschaften in Vereinen, die ich in der neuen Situation, in der ich leben würde, sowieso nicht mehr sinnvoll unterstützen konnte.

Wir machten in der Gaststätte in Spremberg, in der wir oft unsere Parteiversammlungen gemacht und in der wir das Ergebnis von Wahlen erwartet hatten, mit den Mitarbeitern meines Büros im Berlin und der vier Wahlkreisbüros einen Abschied im kühlen und von Endzeitstimmung geprägten November und dann konnte jeder in Ruhe seines Weges gehen. Ich feierte mit meiner Familie Weihnachten – im Gefühl, dass das nächste Weihnachten schon ganz anders durch meinen neuen, alten Beruf geprägt sein würde. Ich hoffte, die Kraft zu haben, eine Art Auferstehung mitten im Leben zu erleben, neu zu beginnen.

Als ich am letzten Tag des Jahres kurz vor dem Jahreswechsel wie durch ein Wunder doch noch in Goa, 300 Kilometer südlich von Mumbai ankam und meinen Freund traf, mit dem ich einen Monat lang durch Indien fahren wollte, fiel die Last der vergangenen Wochen von mir ab. Ich hatte den letzten Flug von Mumbai nach Goa bekommen, von einer Stadt, in der längere Zeit Station zu machen sich nicht lohnen würde, wie mir gesagt wurde. Sie war so überfüllt und ungepflegt, obwohl mitten in einer der schönsten Regionen Indiens gelegen, von wo aus wir bis nach Trivandrum an der Südspitze des Kontinents selbstbestimmt reisen wollten. Wir buchten alles vor Ort selbst und blieben dort, wo es uns gefiel. Wir erkundeten das Land von Panaji in alle Richtungen, und wenn wir vom Baden, Joggen und Essen genug hatten, spürte ich mit allen Sinnen, wie schön das Leben ist, auch wenn gerade so viel geendet hatte. Ich schaute mir an, was die Kolonialmächte hinterlassen hatten, vor allem mit den Schulen, die sie gegründet hatten. Mit dem Zug über Hampi weiter nach Süden gehört zu den großen Abenteuern und Erinnerungen meines Lebens, denn das war das, was man sonst nur im Fernsehen zu sehen bekam. Der Zug war so überfüllt, dass wir uns kaum bewegen konnten, die Aussichten hingegen so grandios, dass ich nur mit Mühe dazu kam, mit den freundlichen Mitfahrern in der gewünschten Weise ins Gespräch zu kommen. Hampi ist eine so überraschende und uralte Tempelstadt, in der wir einige Tage Station machten, denn es war alles so anders, dass es alle bisher erlebten kulturellen Erfahrungen sprengt. Dann sind wir durch die Backwaters von Kerala von Cochin nach Kollam gefahren, haben die Gastfreundschaft der Inder genossen und vor den Goldgeschäften in den beiden Städten gestanden und konnten nicht fassen, dass diese armen Menschen mehrere Jahresgehälter nicht nur für die Hochzeit, sondern auch für den Brautschmuck ausgaben, der dann nur höchst selten getragen wird. Meine Erwartungen an Indien waren aber dadurch, dass es immer wieder mit China verglichen wird und den beiden Ländern ein riesiges Potenzial bescheinigt wird, hoch, wie ich bald merkte, zu hoch. Als wir in Bangalore angekommen waren, hatten wir gehofft, Inseln von Entwicklung und Wohlstand zu sehen, aber wir fanden sie eigentlich nirgends, alles war, selbst wenn es einmal gut gebaut worden war, vernachlässigt. Das Geld und der Wille, den Stand zu halten, fehlte überall und vor allem die unüberschaubar, unbegreiflich vielen Menschen, forderten von der Politik und der Wirtschaft schon zu viel. Noch deutlicher merkte ich das auf meiner Reise, die ich allein von Neu-Dehli aus durch den Norden Indiens machte und nachdem ich den Goldenen Tempel in Amritsar besucht hatte, über Khajuraho nach Varanasi, in die gewiss indischste Stadt Indiens mit dem Zug gefahren war. Der Goldene Tempel von Amritsar als Zentrum der Sikhs ist weltweit der Ort, der mich in eine fremde Religion am tiefsten hinein gezogen hat, denn es ist ein so schöner Tempel, so voller

Leben, in dem den ganzen Tag für alle hörbar von den Mönchen aus dem Heiligen Buch gesungen wird und jeden Tag weit über 20.000 Tempel-Gäste kostenlos versorgt werden, in der jeder Mensch in gleicher Weise die Schuhe ausziehen und den Kopf bedecken muss. Es ist ein Tempel, der immer geöffnet ist und der mit seinen vier Toren in alle Himmelsrichtungen die Offenheit der Sikhs für alle Menschen nicht nur beschwört, sondern auch wirklich lebt. Der Vater meines Gastgebers sagte mir, wenn ich die erste Seite des Heiligen Buches mitsprechen könnte, dann würde ich als Sikh gelten. Das ist das einzige Mal, dass ich so vereinnahmt worden bin und nichts dagegen hatte, sondern dachte, dass uns mehr verbindet, als uns trennt. Ich habe das allabendliche Einholen der Fahnen in Pakistan auf beiden Seiten der Grenze miterlebt, auf das ich durch einen Film, dem wir in der Jury des Deutschen Kurzfilmpreises auf mein Bitten einen Preis gegeben hatten, schon vorbereitet war. In einer sehr skurrilen Zeremonie, die die Absurdität von Staatlichkeit auf unüberbietbare Weise vorstellt, spürt man die Bedrohung, die von dem Gegeneinander der beiden Atommächte ausgeht.

In Shanghai machte ich wunderbare Entdeckungen und Erfahrungen, wie dieses großartige Volk mit seiner phänomenalen Kultur die Begegnung mit dem Westen als Herausforderung erlebt und sich ihr gestellt hat. Den Chinesen ist das wie den Japanern und anderen Kulturen gelungen und ich habe größten Respekt vor dieser Leistung. Von hier war ich auch wegen der noch frühlingshaften Witterung nach Südvietnam geflogen und von Ho-Chi-Minh-Stadt, früher Saigon, aus mit einem wunderbaren Bus bis Hanoi gefahren. Ein faszinierendes Land, ein Land, bei dem man merkt, wie es ist, wenn ein Tiger anfängt zu springen.

Zu reisen und ganz gefangen zu sein von den Menschen, ihrer Kultur, dem was sie bewegt und prägt, erlaubt die eigenen Probleme neu zu ordnen, einzuordnen, reduziert sie auf ihren eigentlichen Kern. Reisen bildet, aber Reisen formt einen Menschen auch. Ich habe das in diesen acht Wochen dankbar erlebt.

Ich war gereist, um nicht verrückt zu werden. Es war gelungen. Im Vergleich zu dem, was ich ausgegeben hätte für einen Mentalcoach oder eine Psychotherapie, war das aufgewandte Geld wenig und vor allem, ich hatte es für mich und nicht für einen nervigen Heilungsprozess investiert.

Nun war ich in der Lage mich zu entscheiden. Zurück zu den eigenen Wurzeln? Ich hatte mich die ganzen Jahre auch immer als Pfarrer verstanden, und nun wollte ich Taten folgen lassen. Schon im Dezember 2009 hatte ich im Konsistorium, der Verwaltung meiner Landeskirche gesagt, dass ich im März meine Wartezeit beenden wollte und wieder in meinen eigentlichen Beruf als Pfarrer zurückkehren wolle.

Nun also fand das Treffen statt, mit großen und gemischten Erwartungen von beiden Seiten. Ob ich und was ich im Konsistorium machen wolle, fragte mich Herr Muhs.»Gar nichts«, sagte ich,»denn, wenn ich Verwaltung machen wollte, hätte ich irgendeines der Angebote angenommen, die mir gemacht worden sind.« Nein, in den alten Beruf wollte ich! Verwunderung und Erleichterung mischten sich bei ihm auf für mich amüsante Weise.»Wo ich denn dann arbeiten wolle? In Brandenburg?« Wir waren beide überzeugt, dass das nicht sinnvoll wäre, dort, wo ich 20 Jahre in sichtbarer Funktion Politik gemacht hatte, nun Pfarrer sein zu wollen.»Dann eher in Berlin.«»Gern.«»Aber wir haben nichts Adäquates für Sie, wir haben keine Stelle frei, wo wir Sie mit ihren Gaben und Erfahrungen sinnvoll einsetzen können.« Er fragte, ob ich erst eine Vertretung machen wolle, um mich wieder einzuarbeiten, bis eine Stelle frei geworden wäre, die man mir guten Gewissens geben könne. Ich ging dann von März 2010 bis zum Oktober desselben Jahres nach Michendorf, um einem ehemaligen Kommilitonen, der eine volle Stelle als Pfarrer und die ganze Superintendentur, also 180 Prozent seit Jahren allein schulterte, zu helfen, in einer Zeit, in der er auch eine Operation an sich vornehmen lassen musste.

Wie richtig die Entscheidung für Berlin war, merkte ich, als ich bei einem Beerdigungsgespräch vom Sohn der Verstorbenen mit den Worten begrüßt wurde:»Wie würde sich die Mutter freuen, wenn sie wüsste, dass sie ein leibhaftiger Minister unter die Erde bringt!« Ich habe nie zu denen gehört, die sich eine Visitenkarte machen ließen mit Minister a. D. Ich wollte mich nicht über meine früheren Funktionen ausweisen.

Dankbar war ich hingegen, als nach einem der Gottesdienste in Michendorf, die ich mit derselben Leidenschaft und Ernsthaftigkeit machte, wie ich bisher meine anderen Aufgaben wahrgenommen hatte, ein Gemeindeglied sagte: »Wissen Sie, wir dachten, nun würden wir einen Politiker bekommen, aber wir haben einen leibhaftigen Pfarrer.«

Wenige Monate später begann der Sommer, und in der Gemeinde war nur am Sonntag der Gottesdienst zu machen und ein paar Beerdigungen. Ich dachte, das kann doch nicht alles gewesen sein. Ich entschied mich, mit Unterstützung meines Kollegen Uwe Breithor, der zum Glück sehr gelassen und souverän war, mit der Hilfe des katholischen Kollegen und der wundervollen Unterstützung von Annette Gerlach, die den Gemeindekirchenrat leitete, »Ökumenische Sommerabende« zu veranstalten. Es wurde ein wunderbarer Erfolg, denn was keiner erwartete, gelang. Oft kamen weit über 30, manchmal 50 Personen, um den Dreiklang von Andacht in der Kirche, Vortrag mit Gespräch und einem gemeinsamen Abendessen mitzuerleben.

So gelang es mir, mich Stück für Stück neu zu erfinden, die bisher gemachten Erfahrungen und mein Netzwerk für meine neuen Aufgaben zu nutzen.

Nun hatte ich kein eigenes Büro mehr. Ich musste lernen, Mails zu schreiben. Ich lernte, mit dem Computer umzugehen. Was für ein Segen war es für mich, dass wir genau in dieser Zeit nicht mehr nur das Handy zur Verfügung hatten, sondern mit dem Smartphone und seinen in wenigen Jahren gewachsenen Funktionen nun mein Büro in der Hosentasche mit mir trug. Wie hätte ich ohne mein Smartphone alle meine Termine verwalten sollen, wie hätte ich eine immer größer werdende Zahl von Kontakten jederzeit zugriffssicher haben und zugleich mir Nachrichten und Informationen zugänglich halten können? Mit dem Smartphone konnten nun auch einfache Menschen ein Büro betreiben und ein Telefon, einen Computer, eine Kamera, verschiedenste Bücher wie zum Beispiel Kurspläne und Fahrpläne, in der Hosentasche haben und sich jederzeit optimal organisieren.

Ich gebe überrascht zu, dass ich auf diese Weise das erste Mal von einem Gerät abhängig geworden bin. Das hatte ich zuvor noch nie erlebt, mich im Gegenteil erhaben gefühlt, wenn ich merkte, dass andere vom Fernsehen oder von ihrem Auto abhängig geworden waren. Ich wollte von nun an nicht mehr auf die Vorteile verzichten, mich ohne Not entschleunigen lassen, denn alles war so ohne viele Probleme sekundenschnell und dauerhaft abrufbar und überall hin zu senden. Vielleicht fühlte ich auch deshalb so, weil ich 29 Jahre meines Lebens hinter der Mauer verlangsamt und von Freiheiten und Möglichkeiten ausgeschlossen gewesen war.

Meine bisherigen Interessen, meine Erfahrungen und Begabungen musste ich nun in ganz neuer Konstellation einbringen und verwirklichen. Hatte ich in den Anfangsjahren als Landesvorsitzender und im Parlament lernen müssen, statt zu predigen zu reden, machte ich nun die Erfahrung, wie es sich anfühlt sich sehr bewusst zu ändern und lernte zu predigen, statt zu reden. Gottesdienste zu feiern wurde mir zu einer großen Aufgabe, zu einer wirklichen Erfüllung. Das Jenseitige im Diesseits präsent werden zu lassen, mit einer großen Freude und Andacht Menschen schon jetzt teilhaben zu lassen an dem, was uns erwartet, wurde mir zur wöchentlichen Freude. Wieder kam mir eine Entwicklung zugute, deren Vorteile ich am Ende meines Studiums erlebt hatte, über die ich in 20 Jahren auch viel geredet hatte, sie für mich aber kaum genutzt hatte. Mit dem Computer schrieb ich alles auf, konnte sogar problemlos die Predigt nicht nur niederschreiben, sondern auch jederzeit ändern und gelungene Passagen älterer Texte übernehmen. So konnte ich mich selber in einer mir sehr angenehmen Weise professionalisieren, konnte den Gemeindegliedern und vielen Interessierten nicht nur die Predigten regelmäßig zu senden, sondern auch die Reden von Beerdigungen, Taufen und Trauungen den Menschen zur Verfügung stellen. Ich merkte an den Reaktionen große Dankbarkeit, dass Kirche zwar vom Jenseits redet, ihre Professionalität aber mit der Zeit Schritt hält.

Meine Aufgabe sehe ich heute darin, Menschen glaubhaft Gottes Nähe zu bezeugen, sie die Gnade Gottes spüren zu lassen und zugleich ihnen in meinem Verhalten die Zugewandtheit Gottes erlebbar zu machen.

Besonders wichtig ist das, wenn sich ein Leben vollendet hat und der Kern unseres Glaubens gefragt ist, er sich dem Verstorbenen schon als wahr gezeigt hat oder eben nicht. Ich sehe es als meine Aufgabe, das nun vollendete Leben über dem Grab noch einmal aufzurufen, Gott Dank zu sagen für das, was uns in dem uns schon Vorangegangenen geschenkt worden ist.

In den politischen Jahren war ich für die einen ganz links und war dann doch wieder mit manchen Ansichten ganz konservativ. Ich bin vermutlich der einzige Bundestagsabgeordnete, der bei den »Netzwerkern« war, also bei der pragmatischen Mitte, die Hubertus Heil zunächst organisiert hatte, und zugleich von den Seeheimern und von der parlamentarischen Linken als einer der ihren angesehen wurde. Nun bin ich nie einer gewesen, der die Spur nicht halten konnte, im Gegenteil. Ich mache das, was mich überzeugt. Ich denke das, was für mich logisch und konsistent ist und deshalb ist eine parlamentarische Gruppe für mich eigentlich zu eng.

Ebenso ist es heute in der Kirche. Ich bin rational und aufklärerisch in dem, wie ich Glauben und Kirchengeschichte sehe und zugleich fromm oder besser zutiefst gläubig. Publikationen, die viele meiner Kollegen mit spitzen Fingern anfassen, wie das Nachrichtenmagazin »Idea« oder die Veröffentlichungen der Märtyrerkirche, lese ich, verteile sie in der Gemeinde und veröffentliche immer wieder dort.

Einige Monate später bat mich Herr Muhs die reformierte Schlosskirchen-Gemeinde in Köpenick, deren Pfarrerin ins Babyjahr ging, für einige Zeit zu betreuen. Ich sagte zu und hatte eine winzige Gemeinde mit nur 200 Mitgliedern zu betreuen. Wenn ich das einem Kollegen erzählte, dachte der anfangs immer, dass er sich verhört habe, denn normalerweise hat man mindestens das Zehnfache an Gemeindegliedern zu betreuen. Heute habe ich in Nikolassee allein 3.300 Gemeindeglieder in meiner Gemeinde. Da ich mich in einer unierten Kirche 1988 auf die lutherischen und die reformierten Bekenntnisschriften ordiniert hatte, war ich gespannt auf die Erfahrung in einer nach Calvin und Zwingli reformierten Gemeinde zu arbeiten.

Ich hatte vor Augen, dass das prophetische Zeugnis die große Gabe bei den Reformierten ist, dass sie genauer einen *status confessionis* ausrufen kann, also in einer bestimmten Situation erkennt, jetzt muss der Christ auch gegen Missstände im staatlichen beziehungsweise im politischen Bereich klar Position beziehen. So hatten es die Reformierten 1934 in Barmen gemacht, als sie als Bekennende Kirche die Theologische Erklärung von Barmen ganz maßgeblich mit auf den Weg brachten. Die Reformierten um Professor Karl Barth trugen die Lutherischen um die Bischöfe Koch und Wurm damals zum Jagen, heißt es aus jener Zeit. Als ich mich in der Gemeinde das erste Mal vorstellte, nahm ich einige Papiere, die dort aus lagen mit und war zutiefst überrascht und verwundert, als ich das mir noch nicht bekannte»Bekenntnis von Accra« von 2004 dort fand. Noch nie davor oder danach habe ich ein Bekenntnis gefunden, dass in der Weise aus tiefem Glauben den Verhältnissen in unserer Welt den Kampf ansagt, sie als unchristlich verwirft und das nicht in Form des Beschlusses einer Synode, sondern in Form eines Bekenntnisses. Das heißt, wer heute Christ sein will, muss um seines Christseins wegen den Kapitalismus in der heutigen, neoliberalen Form ablehnen, muss ihn offen kritisieren und seinen Teil dazu beitragen, dass die Verhältnisse in der Welt geändert werden. Neun Monate blieb ich in der Gemeinde und damit im Reformierten Kirchenkreis, der insgesamt nur rund 2.000 Gemeindeglieder hat bei rund 1,1 Millionen Christen insgesamt in der Evangelischen Kirche Berlin-Brandenburg-Schlesische Oberlausitz. In der Zeit haben wir in der Französischen Kirche am Berliner Gendarmenmarkt eine Reihe von Gottesdiensten abgehalten, in denen erst zu sozialkritischen Bibelstellen gepredigt und dann ein Vortrag zu den Problemen unserer Zeit gehalten wurde – zum Beispiel von Friedrich Buttler, der nach dem wir zusammen gearbeitet hatten zur ILO, der UN-Arbeitsorganisation als stellvertretender Präsident berufen wurde, auf Vorschlag der ehemaligen Bundesentwicklungshilfeministerin Heidemarie Wieczorek-Zeul und von Sven Giegold, dem Europaabgeordneten der Grünen.

Als ich eine Anfrage aus der Epiphanien-Gemeinde von der dortigen Vorsitzenden bekam, ob ich nicht eine der beiden Pfarrstellen übernehmen wollte, sagte ich nach kurzer Bedenkzeit zu. Alle wussten, auf was ich mich da einließ, nur ich nicht. Alle hofften auf ein Wunder, was am Anfang auch zu passieren schien, denn der Kollege, dem viele Gaben, die für ein sinnvolles Miteinander zwingende Voraussetzung sind, nicht hat entwickeln können, rief bei meiner Einführung in die volle Kirche: »Steffen, zwischen uns passt kein Blatt.« Einen Monat später hatte ich mit ihm Dinge erlebt, die ich für den Raum der Kirche ausgeschlossen hätte. Als sich der Superintendent bei meiner Einführung öffentlich wunderte, wie viele Gäste gekommen waren, warnten mich meine Freundin Klara Geywitz und ein Mitglied des Kreiskirchenrates: »Der sieht dich lieber wieder gehen.« Als ich merkte, dass er in dem Konflikt so tat, als ob beide Kollegen in gleicher Weise Verantwortung trügen, informierte ich die Kirchenleitung, dass ich zu gehen bereit wäre. Der neue Personaldezernent, der das Problem schnell erfasste, da er den Pfarrer leidvoll kannte, bat mich, statt dieses Problems ein noch größeres zu übernehmen. Eines, dass er gern gelöst hätte, aber sich dafür dort ganz hätte einbringen müssen. Das bat er nun mich zu tun. Wieder erlebte ich Menschliches, musste erfahren, dass Dinge in Gemeinden geschehen, die ich in meiner politischen Laufbahn und in meinem bisherigen Leben nicht erlebt hatte. Dort geht es meist nur um Einfluss und Macht und Geld, in der Gemeinde kommt noch die Ewigkeit hinzu. Menschen, die sich ehrenamtlich in der Gemeinde engagieren, hoffen wie wir alle, dass nicht nur Menschen, sondern dass auch Gott das gnädig ansieht. Wehe, wenn sich nun auch nur gefühlt jemand dazwischen stellt oder man denkt, dass ein anderer im Wege steht. Heute lebe ich in der Gemeinde Nikolassee, in der so vieles möglich ist. Volle Gottesdienste, zu denen die Frauen und Männer kommen, Alte und Junge, Gesprächskreise, die gut besucht sind, Gespräche, die eine Tiefe erreichen, dass wir alle gemeinsam lernen, denn dort wo leidenschaftlich gefragt wird, kann auch leidenschaftlich geantwortet werden. Menschen, die in einer gut bürgerlichen Gemeinde mit ihren Problemen zum Pfarrer kommen und Erwartungen haben, die eine anspruchsvolle Predigt als Segen erfahren und nicht als Belastung. Eine Gemeinde, in der offen geredet wird und in der natürlich auch der Pfarrer gefragt, angefragt und kritisiert werden kann, was viele immer wieder und immer noch überrascht. Aber wenn Kritik als Frage, als Hilfe in Sympathie formuliert wird, dann kann man doch ganz offen und auch dankbar dafür sein. Unsere Gemeinde steht in der Tradition der Bekennenden Kirche, und das ist bis heute nicht nur im Stolz auf Gewesenes, sondern an der Art, wie man heute Gemeinde lebt, zu spüren. Es ist die Gemeinde, in der Jochen Klepper, der neben Martin Luther und Paul Gerhardt wichtigste Kirchenlieddichter lebte und sich mit seiner jüdischen Frau und deren Tochter suizidierte, da er sie nicht allein ins KZ gehen lassen wollte. Eine Gemeinde, die so spendenbereit ist, für soziale Probleme in der Welt, aber auch für Projekte vor Ort und die nicht nur dankbar ist, sondern dass auch zeigt.

So sehr mich vieles wundert, mir fremd ist, was die Partei, die ich mit Freunden für Brandenburg gegründet habe, heute macht, eines ist für mich unumstößlich klar: Die Partei, die ich selbst mitgegründet habe, werde ich nie verlassen.

Ich werde auch in Zukunft versuchen, gerade zu gehen, links und rechts zu gucken und dabei das Gute aufzunehmen, was sich zeigt. Ich werde immer gegen rechts kämpfen, gegen alle Formen, die Fragen von heute oder gar von morgen mit den Antworten von gestern lösen zu wollen, immer gegen jede Form von Antisemitismus, denn das ist ein wirklich böses Krebsgeschwür. Ich werde mich für eine globale Republik engagieren und dafür werben, sie als unser Ziel, unsere Vision zu sehen.

Wir haben globale Krisen und Herausforderungen zu bewältigen und wir haben die globale, die »Allgemeine Erklärung der Menschenrechte«, die für alle Menschen an allen Orten dieser Erde gilt ebenso wie das Völkerrecht. Wir haben globale Unternehmen wie Google und Amazon, wie VW, Toyota und General Motors, wie Pfizer und Bayer, wie Coca-Cola und Nestlé. Und diesen global tätigen Unternehmen fehlt ein globales Gegenüber, das ihnen den Rechtsrahmen setzt, in dem sie tätig sind und das sie besteuert, sodass sie nicht in Steueroasen ausweichen oder sich zwischen den Nationalstaaten arm rechnen können. Jedes Ding, jede Form hat ihre Zeit. Die feudalen Strukturen, die adligen Herrscher mit ihren Lehensnehmern sind mit der Französischen Revolution bekämpft und abgelöst worden durch den Nationalstaat, der, obwohl angefeindet, seinen Siegeszug um die Erde angetreten hat. Der demokratische Nationalstaat war ein großer Fortschritt und hat große Fortschritte gebracht. Aber das, was er an Fortschritt gebracht hat, verlangt nun kategorisch nach einem neuen Rahmen und genau wie die adligen Strukturen in den Ländern, in den Regionen Europas ihren Sinn und ihre Aufgabe gefunden hatten, so werden die Nationen in der globalen Republik ihre Aufgabe haben. Sie sind unersetzlich. Wenn sie es begreifen könnten, wären sie nicht so unersättlich und hätten nicht so viel Angst davor, in der Europäischen Union oder in einer globalen Republik überflüssig zu werden. Sie werden bleiben und ihre Aufgaben haben, aber damit es Menschen auch in Zukunft gibt, müssen wir diese eine Erde gemeinsam verantwortlich regieren und organisieren. Die großen Aufgaben, die über den Lebenswert unserer Zukunft entscheiden, die können nicht mehr regional und national entschieden werden. Und die Gremien, die gebildet worden sind von klugen Vordenkern wie Helmut Schmidt und Giscard d'Estaing sind undemokratische Hilfskonstruktionen, Krücken, die man nehmen muss, weil nichts anderes da ist. Aber ich meine, sie sind undemokratisch, weil sie nicht aus einer Wahl hervorgegangen sind, weil sie in ihrer Arbeit in den beiden Formaten G 7 und G 20 nicht von Vertretern des Volkes kontrolliert werden. Und die Regierungschefs müssen, es geht gar nicht anders, denn dafür sind sie gewählt, zuallererst im Sinne ihrer nationalen Bürger denken und nur, wenn es in deren Interesse ist, können sie Weltfragen entscheiden. Aber Demokratie heißt immer, dass die Bürger einer Region, eines Ortes diejenigen wählen, die in der Struktur dann Entscheidungen treffen. Der Ort, um den es in diesen Fragen geht, ist unsere Erde. Eben weil wir global leben, kommunizieren, produzieren, Ressourcen verbrauchen, muss es auch für diesen Ort eine demokratisch legitimierte Struktur, muss es auch für die Erde ein Gremium geben, das Entscheidungen trifft, die für die Erde nachhaltig sind. Das klingt wie Zukunft? Natürlich, aber der Klimawandel ist Gegenwart, er spielt sich vor unseren Augen ab. Und wenn es der Letzte akzeptiert und verstanden hat, dann ist er uneinholbar im Gange, dann ist er nicht mehr reversibel und dann wird es so viele Male teurer für die Menschheit, wenn es dann überhaupt noch irgendwie in den Griff zu bekommen ist.

Viele denken heute, die Demokratie wäre an ihrem Ende. Das Gegenteil ist richtig! Sie ist an einem neuen Anfang. Die Republik in Griechenland oder Rom war etwas anderes als in Frankreich heute. Aber gekümmert hat sich die Republik immer um die *res publica*, um die öffentlichen Dinge. Die öffentlichen Dinge von heute sind die globalen Fragen. Die globalen Unternehmen sollen so viel verdienen, wie sie können. Kein Problem. Aber ihnen muss ein Rahmen gesetzt werden und sie müssen besteuert werden. Und wenn wir dies nicht in einer globalen Republik tun, dann lassen wir sie asozial werden, wie es die Unternehmen in der Zeit von Karl Marx waren. Nicht seine Philosophie hat den Wandel gebracht, sondern der National-staat, der diesen nationalen Unternehmen gesetzliche Vorgaben gemacht und sie besteuert hat und ihnen ein Gegenüber war. Diese globalen Unternehmen haben dieses Gegenüber nicht, und deshalb können sie so asozial sein und ihre Gewinne an absurd reiche Aktio-näre ausschütten, die sie in Steueroasen vor dem nationalen Fiskus gewaschen und gerettet haben. Wenn ein Nationalstaat sie mit zu hohen Steuern oder Umweltschutzvorgaben reizt, dann gehen sie eben woanders hin, und tragen dort dazu bei, dass die globalen Probleme, die sie verursachen, weiterwachsen. Das Geld, was sie nicht zahlen, weil sie nicht besteuert werden, fehlt bei der Bekämpfung der Armut, bei einer globalen Umweltpolitik, bei einer globalen Armee wie den Blauhelmen, die eigentlich in dieser globalen Welt die einzige Armee ist, die es noch geben dürfte.

»Wer die Welt gestalten will, muss tiefer träumen und wacher sein als andere!«, hat der berühmte Stauden-Foerster in Potsdam, Gärtner und Philosoph, einmal gesagt. Für mich ist dieser Satz von Karl Foerster zum Leitsatz geworden. Die Weltregierung als Utopie zu verleumden und abzuschreiben ist, seitdem der wichtigste Philo-soph in Deutschland, Jürgen Habermas sie gefordert hat, zumindest nicht einleuchtender geworden. Natürlich brauchen wir einen langen Atem. Aber vor allem müssen wir mehr Menschen werden, die vor Augen haben, dass es nach kontinentalen Zusammenschlüssen wie der EU auch eine globale demokratische Ebene geben muss, eine für globale Entscheidungen legitimierte Struktur. Nach dem Finanzcrash von 2008 sind 11 Billionen Dollar von den Nationalstaaten für ihre global agierenden Banken aufgewandt worden, um die nationalen Wirtschaften aus der globalen Krise herauszuführen. Das Corona-Virus hat eine Pandemie, die globale Ausbreitung einer Krankheit ausgelöst. Die Nationalstaaten haben den Virus unterschiedlich erfolgreich bekämpft. Die führenden Politiker von Nationalstaaten beschimpften sich gegenseitig, für das Ausbrechen der Krankheit verantwortlich zu sein. Wir brauchen globale Strukturen, die Transparenz schaffen und in Kooperation mit den Nationalstaaten den Ausbruch von neuen und gefährlichen Viren an der Quelle verhindern oder wenn das nicht gelingt rechtzeitig die Ausbreitung eindämmen. Aber der Präsident der USA versagte nicht nur bei der Bekämpfung im eigenen Land, er zieht auch noch gegen die Strukturen der WHO, der Weltgesundheitsorganisation, zu Felde.

Was ich und all die, die für eine globale Republik kämpfen nur einfordern, ist, dass wir heute zumindest beginnen zu denken, in welchen Strukturen wir morgen die Probleme von heute lösen können. Die Probleme von heute mit den Lösungen von gestern anzugehen, führt nur dazu, dass die Probleme größer werden und in Zukunft schwerer lösbar sind. Globalisierung gehört zur Bewegung unserer Welt. Wir kommen aus dieser Dynamik nicht mehr heraus, weil alle unsere Werte sie heute schon abbilden, weil unser Wohlstand, auf den niemand verzichten will, ohne diese globale Entwicklung nicht denkbar wäre. Globalisierung hat eben nicht erst mit dem doppelten Weltkrieg begonnen, hat nicht erst mit Marco Polo oder Kolumbus begonnen, sondern schon vor 2.000 Jahren, seit dem Zeitpunkt, ab dem wir global heute auch gemeinsam unsere Zeit zählen, wenn auch ganz viele noch parallel ihre eigene Zeit zählen.

Seit Jesus nach seiner Auferweckung, die seine Gefährten, seine Jünger an ihm erlebt haben, gesagt hat: »Gehet hin in alle Welt und machet zu Jüngern alle Völker und lehret sie halten alles, was ich euch gesagt habe!«, ist erstmals in der Weltgeschichte die ganze Menschheit im Blick. Zumindest glaubt man erstmals, dass da etwas geschehen ist, das alle Menschen zu allen Zeiten an allen Orten in gleicher Weise betrifft.

»Die Vorteile des Wirtschaftswachstums müssen breiter verteilt werden, um die Inklusion zu fördern,« hat nicht Attac oder ein Gewerkschaftsbündnis geschrieben oder gar Kommunisten. Dieser Satz stammt aus dem Abschlussdokument vom Treffen der G-20-Finanzminister 2016 in Chengdu. Sie haben nämlich Angst bekommen und fürchten zu Recht, dass die vom Wachstum und Wohlstand Ausgeschlossenen, oder die, die sich ausgeschlossen fühlen, weil alles Wachstum des Wohlstandes auf der Erde um sie einen Bogen macht, sich zusammen schließen und die Gegner der Globalisierung wählen könnten! Genauso wie die, die in Deutschland die AfD, in Frankreich Marine Le Pen oder in den USA Donald Trump wählen.

Soweit zumindest haben diese aus Angst rechten Wähler Recht, dass das, was Jesus wollte, was er mit seinem Globalisierungsauftrag, dem Taufauftrag begonnen hat, immer schlecht umgesetzt wurde.

Die großen Konzerne wollen Globalisierung, damit sie immer mehr Geld verdienen können, aber sie wollen kein globales Recht. Die Neoliberalen glauben daran, dass bei den Reichen der Kuchen immer größer werden muss, damit die Armen davon leben können, was von der Reichen Tische fällt. Trickle down nennt man diesen asozialen Unfug. Aber mit dieser Haltung kann man keinen Staat machen, kann man keine »Eine Welt« bauen. Wenn die Unternehmen heute auf der ganzen Erde, wie früher in den Nationalstaaten immer mehr Einfluss bekommen, dann brauchen wir diesen einen globalen Rechtsrahmen, um diese globalen Unternehmen zu lenken, um sie gerecht zu besteuern.

Die Klima- und Ressourcenkrise, deren Folgen wir immer deutlicher spüren, können nicht die Staaten allein lösen, die wie Deutschland heute drei Erden bräuchten, wenn alle acht Milliarden Erdenbürger so leben würden wie die deutschen Bürger.

Wenn wir nicht unsere Welt für morgen gestalten, werden wir morgen hier nicht mehr sinnvoll leben können. Die Antworten von gestern taugen nicht, um das Leben für morgen zu gestalten. Dazu müssen wir für das Zusammenleben von derzeit acht Milliarden gleichberechtigten Erdbürgern einen Rahmen schaffen, dass nicht einige wenige asozial reich werden und Milliarden anderer spiegelbildlich asozial arm bleiben. Und dieser Rahmen kann nur eine *global republic* sein, in der die globalen Fragen global gemeinsam gelöst werden. Natürlich ist das nicht alternativlos. Aber es ist die einzige vernünftige Alternative. Die Alternative »Weiter so, mal sehen was kommt«, bringt nur größere Probleme, vermutlich gar einen Crash, bei dem alle verlieren. Aber oft finden beziehungsweise wählen wir die vernünftige Alternative erst nach solchen Zusammenbrüchen.

Ich will auch in Zukunft mit anderen gemeinsam die Welt gestalten und werde dafür tief träumen und hellwach sein.

BILDRECHTE

Paul Glaser: S. 84, 103, 147, 148, 149, 158, 171, 173, 215.
Privat: S. 56, 67, 78, 121, 123, 126, 132, 140, 146, 172, 175, 179.
Jupp Darchinger: S. 80.